もっと飛ばせる!
ゴルフの体幹トレーニング

1エクササイズ
15秒!

ゴルフピラティスで
ブレない軸をつくる

LPGAティーチングプロフェッショナル
ネバダ州立大学公認ピラティス指導者
竹内弓美子

CONTENTS

3章

Yumiko Takeuchi received her Pilates certification from DK Body Balancing Method at the University of Nevada Las Vegas in 2006. As her Pilates teacher and mentor Yumiko was an exceptional student and has a very good understanding of the foundation of Pilates. Yumiko has done many hours of study linking her education of Pilates to her area of expertise Golf. She has work with me on this project and dedicated herself to this fusion of Golf/Pilates for the last two years. In This book Yumiko has carefully structured information of injury prevention that will bring a very special insight to the Golfer. Enjoy the insight of fusion of Golf/Pilates by Yumiko Takeuchi

Message for Readers

竹内弓美子さんはネバダ州立大学ラスベガス校のDKボディバランシングメソッドで学び、2006年にピラティスの指導者資格を取得されました。弓美子さんは非常に優秀な受講生であり、かつピテラィスに対してもすばらしい知識の習得をされたと、彼女にピラティスを指導した者として感じています。彼女はピラティスを自身の専門分野であるゴルフに関連づけて研究することに多くの時間を費やしました。この2年間、私たちはこの研究で作業を共にし、ゴルフとピラティスの融合に打ち込んできました。本書では傷害予防に関する知識を丁寧に体系立てており、これはゴルファーに大いなる発見をもたらすことでしょう。竹内弓美子さんによるゴルフとピラティスの融合の成果をお楽しみください。

ドリー・ケラペス
Dolly Kelepecz

ネバダ州立大学ラスベガス校教授
DMJボディバランシング総合監修者
ゴルフピラティス(TM) 総合監修者

1956年生まれ。13歳でロサンゼルス・バレエ・カンパニーのプロ・バレエダンサーとしてデビュー。30年にわたりトップダンサーとして世界各地のショーに出演する。アメリカで活躍中、怪我に見舞われ、リハビリ過程でピラティスと出会う。1997年に独自のピラティスメソッド D.K Body Balancing Methodを確立。現在、ネバダ州立大学にて同プログラムの教鞭を執るほか、公認指導者資格も発行。ショーパフォーマーへのピラティス指導の第一人者であり、シルク・ドゥ・ソレイユやバレエ団でのプログラムを開発している。

GOLF PILATES®

ゴルファーのための
体幹トレーニング
「ゴルフピラティス」とは

ゴルフピラティスは、ネバダ州立大学のドリー・ケラペス教授とLPGAティーチングプロフェッショナルの竹内弓美子が共同で開発したプログラムです。ゴルフスイングを効率的に行なうための身体作りを目的とし、ゴルフに特化したエクササイズがネバダ州立大学公認メソッドに基づいて構成されています。日本では2007年にDMJボディバランシングにて指導者資格の認定制度がスタートし、パーソナルトレーナーやティーチングプロが資格を取得。現在では約20名の認定指導者が誕生しています。ピラティスは、身体のコアを鍛える体幹トレーニングとして様々な競技のアスリートに注目されており、ゴルフ界においても一部のツアープロがいち早く取り入れています。ゴルフピラティスは、DMJボディバランシングが運営する東京・大阪のスタジオのほか、認定指導者主催のセミナー等で受講することができます。

DMJボディバランシング公式ウェブサイト
www.pilates.co.jp

ピラティスとの出会い

それは、ピラティス講習会でのことでした。私は世話係。皆、何で出来ないのかしらと疑問が。そのあと講習会に参加。簡単に見えたことができなくて反省。でも、終わった後のここちよさ。そして自分で気付き、感じる驚き。ゴルフの指導も同じ。相手は私ではなく、他の感覚を持った人。私の身体の感覚で指導してもわからなくて当然。ピラティスを取り入れて、感覚的に理解していただいたことが嬉しくて。ピラティスに感謝。

日本女子プロゴルフ協会副会長
中村悦子
Etsuko Nakamura

はじめに

私がゴルフレッスンに携わるようになってから20年が経ちました。現在は、練習場やコースでのプライベートレッスンやグループレッスンを主に行なっているほか、「DMJボディバランシングスタジオ」では、ゴルフピラティスの指導を通して、多くの方に体幹トレーニングを体験いただいています。

これまで、のべ6万人のゴルファーの方々との交流で感じたこと、気づいたことがあります。それはゴルフを楽しむ方の多くが、身体に故障を抱えながら、その状態を諦めているということです。自分の身体についてあまり関心がない、またはゴルフスイングと身体の状態は無関係だと捉えている方が非常に多いのです。アマチュアの方は、どうしてもスイングの形ばかりを考え、また道具に頼りすぎている気がします。たしかにスイングは大切ですし、自分にあったクラブを使用することも大切です。しかし、それを行なう自分の身体を毎日の少しの努力と習慣で改善できることを知っていただきたいのです。

実は、かつての私自身もそのひとりでした。幸い私は多くの試行錯誤を重ねた結果、ピラティスの体幹トレーニングを取り入れたことにより、身体と精神状態を改善することができました。

はじめに

「これはきっと同じような悩みを持つゴルファーにもあてはまるはずだ。いろいろな悩みの解決に結びつくかもしれない」

　ゴルフを通して自分の身体を見直すことにより、ゴルフの目標達成の助けになる。その結果、長くゴルフを楽しめるだけでなく、人生をより充実したものにできる。そのお手伝いができるかもしれない。悩めるゴルファーの力になりたい――そう強く思うようになったのです。

　ゴルフの調子が悪くなれば整体に行ったり、クラブを買い替えるというのもひとつの方法です。でも、それではあまりに他人任せなのでは？と考えるようになりました。後手にまわるのではなく、先手で自分の身体をできるだけ良い状態に保つことが大切だと思うのです。それには専門的なむずかしいトレーニングではなく、時間をかけず、時には道具がなくても、いつでもどこでもできるエクササイズがベストです。

　この本では、自宅や練習場、コースで簡単にできるメニューを紹介しています。もちろん長い年月をかけて身についた動きのクセや身体の歪みは、なかなか自分では気づけないものですし、すぐにはとれないでしょう。変化を認識できるまでには、ある程度の時間をかけて少しずつ意識を変えることが必要です。がんばりすぎず、身体をニュートラルに保つことがまず第一。それにより、無意識で行なう動きと身体の状態に変化が現われ、やがてゴルフも変わっていくのです。

　身体の状態が良く、スイングに対する正しい取り組みがあれば、効率の良いエネルギー伝達が生まれます。ヘッドを感じクラブを使いこなす感性、いろいろな自然条件を感じる五感、直感

はじめに

的な第六感の働きも良くなっていきます。

　ティーチングプロからスイングについてアドバイスを受けたとき、「頭では理解できているけど、身体がいうことをきかない」と悩んだ体験をお持ちの方も多いと思います。思いどおりに身体を動かせることはとても重要なことです。日常の習慣を変えてゴルフを変える！　普段の姿勢、身体の状態を良くすればゴルフの上達にも必ず結びつくのです。

　現在レッスンを受けていただいているお客様は、40代～60代以上の男性の方が多く、「年齢とともに柔軟性を欠いてきた」という相談をよく受けます。そのため、通常のゴルフレッスンに、一人ひとりの身体に合わせたピラティスエクササイズをプラスするようにしています。実践する生徒さんたちからは、「飛距離が伸びた」「フェアウェーウッドが打てるようになった」「4番、5番アイアンも打てるようになった」という声をいただいています。

　たとえば、60代男性Mさんは、体幹トレーニングをレッスンに取り入れて4年目ですが、16だったハンディは12になり順調にスコアアップしています。「ゴルフの上達において、身体についてこれまで考えたことがなかった。自分の弱点の原因が身体にあることを理解し取り組んだ結果、ドライバーの飛距離は30ヤード伸び、アイアンも2クラブ飛距離が伸びた。これまで力まかせにスイングしていたが、身体を良い状態に保ち、効率よく振るほうが飛距離も出て、安定したゴルフにつながるということが分かった」とおっしゃっています。

　シングル入りが目標の50代男性Yさんも、こう言って胸を張ります。

「ゴルフに身体のケアが大切ということがよく分かった。自分の身体の硬さに気づき、体幹トレーニングを行なうことで柔軟性がアップした。できなかったスイングができるようになり、飛距離が20ヤード伸びて、スコアも安定。ハーフ30台が出るようになり、まとまるようになった」

　２００７年からは日本女子プロゴルフ協会（ＬＰＧＡ）会員のための勉強会で「ゴルフに役立つピラティス講習会」を実施する機会をいただいています。これまでにたくさんの女子プロの方に体験してもらい、プレーに役立てたり、レッスンに取り入れて成果を出してくださっていることを嬉しく思います。

　トレーニングにはいろいろな目的があり、それぞれに応じた方法があります。ピラティスはそのなかでもお腹のインナーマッスルで骨盤を安定させ、筋肉を伸ばしながら鍛える体幹トレーニングです。

　本書をゴルフの上達に、そして健康な身体作りに役立てていただけたら、これ以上の喜びはありません。

竹内弓美子
Yumiko Takeuchi

日本女子プロゴルフ協会会員
ティーチングプロフェッショナル資格Ａ級
ネバダ州立大学公認ピラティス指導者
ゴルフピラティス監修者

ゴルフピラティスのエクササイズは、
次の３点を大切にしています。

■ひとりでできること
■いつでもできること
■簡単にできること

形にとらわれず、今の自分の状態を知り、
その状態でできることにベストを尽くしましょう。
感じ方は人それぞれです。
自分で発見し、自分流に解釈し、身につける。
オリジナルを作ることが上達への早道です。

ケガや故障なく、
自分流に楽しめるゴルフの実現。
それがゴルフピラティスの発想です。

1章

なぜトッププロは体幹を鍛えるのか？

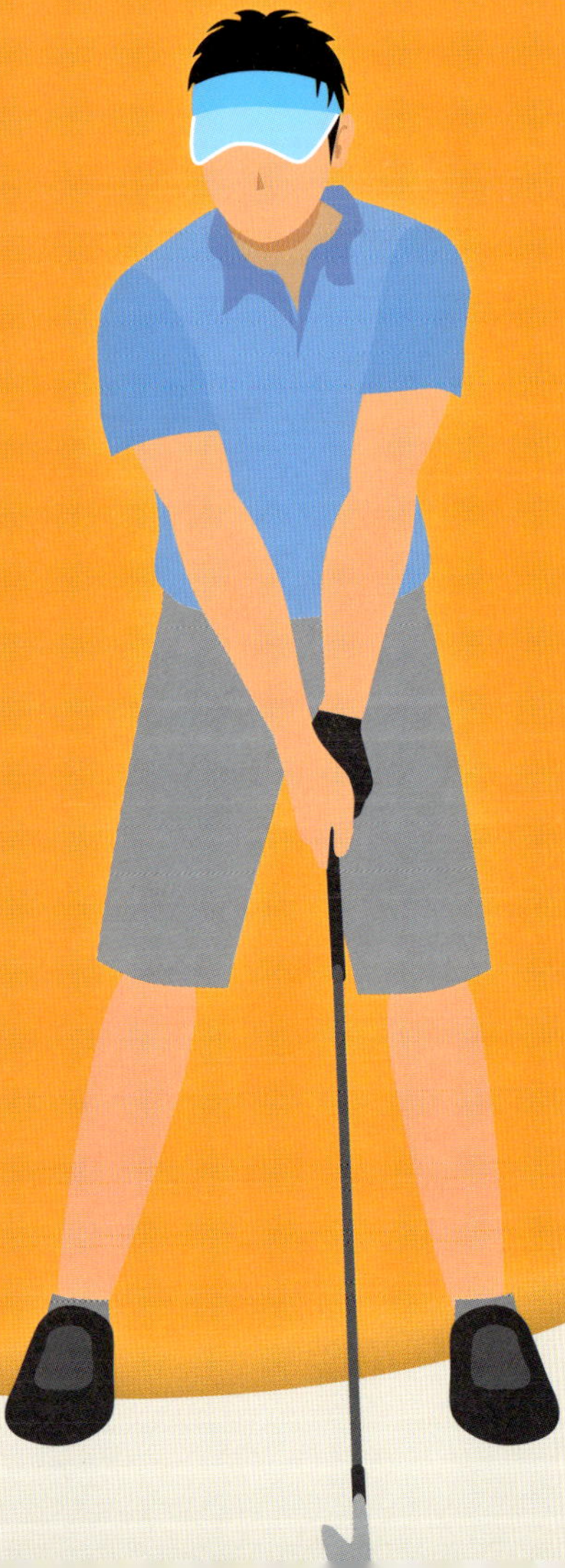

ゴルフと体幹の密接な関係

ここ数年、トッププロたちのコメントから、「体幹」や「股関節」「肩甲骨」といった言葉がひんぱんに聞かれるようになりました。

「体幹が強くなったぶん、ショットのブレが減った」

「股関節の可動域が広がって、バックスイングで体重をしっかり乗せられるようになった」

「肩甲骨まわりを柔らかくすると、飛距離も出るしケガもしない」

ニュースや雑誌でよく登場するこれらの言葉、皆さんはなんとなく聞き流していませんか？　アマチュアの方はどうしてもスイング技術や新しいクラブばかりに注目してしまいがちですが、じつはトッププロたちの言葉にゴルフ上達の鍵が隠されているのです。

彼らが鍛えている「体幹」とは何なのか。そしてなぜ「体幹」がゴルフに大切なのか。まずはそこから解説していきましょう。

1.

体幹を鍛える プロゴルファーたち

近年のプロゴルフ界では、幼い頃からゴルフに親しみ、ジュニアゴルファーとして育ってきた選手がどんどん成績を伸ばし、世界で活躍するレベルになっています。彼らは、物心ついた時からゴルフの英才教育を受けてきた、いわばサラブレッドたちです。

なぜ彼らは、これまでのプロたちを凌ぐ活躍を見せることができたのか？　違いは何か？　その答えのひとつに「フィジカルトレーニング」があると言えます。

若いトッププロたちは、天性の才能と向上心を持ち合わせ、さらに自己の成長を楽しむ力に長けています。そして、進化し続ける道具を使いこなす適応力にも優れています。そして身体をバランスよく鍛えることの重要性もしっかりと身につけている世代です。

彼らは早くからゴルフにフィットした身体を作り上げているのでケガや故障も少なく、これから30年、40年とプロ生活を送る上で、非常に大きなアドバンテージになると言えるでしょう。

若い選手の活躍によって、プロゴルフの世界ではフィジカルトレーニングが急速に注目されるようになりました。とくにクローズアップされているのが身体の内側の筋肉を鍛える〝体幹《たいかん》トレーニング〟です。多くのツアープロは、パーソナルトレーナーと専属契約を交わし、目標達成のため肉体改造に取り組んでいます。

トーナメント会場の風呂場では、バランスボールやヨガマットを持ち込んだプロたちが、念入りにトレーニングする姿が普通になりました。十数年前には見られなかった光景です。オフシーズンの自主トレでも「体幹を鍛えてスイング軸を安定させます」とコメントするプロが増えています。

いまやゴルフのスキルアップに体幹トレーニングは欠かせない時代となったのです。

LPGAプロへのレッスン。参加者たちはみな、体幹トレーニングに対する意識が非常に高い

Column

昔のツアープロはどうしていた?

プロゴルフ界で体幹トレーニングが盛んになったのはごく最近のこと。私がゴルフを仕事としてスタートさせた1980年代は、まだ「ゴルファーはトレーニングなど必要ない。とにかく球を打っていればいい」という考え方が一般的でした。

日本のゴルフ界の先駆者である偉大な先輩方が成長された過程では、現在のように〝プロゴルファーをコーチする専門家〟がいたわけでもなく、「見て盗め」のような環境だったように思われます。昔のトッププロは誰に教わるでもなく自分の身体で感じ取り、失敗から学び発見し、鋭い感覚で身体をコントロールする技術をつかんでいたのでしょう。

もちろん彼らは群を抜いて優れた才能があり、たゆまぬ努力を重ねた結果、成功し活躍されてきたわけですが、私たちもレベルの差こそあれ、自分の身体を感じ学ぶ方法があるということを知れば、まだまだ眠っている才能を呼び起こすチャンスはあるのです。

体幹を鍛え、身体の内部からスイングを変えていく——。

その方法が分かり、そして「本当に上手くなりたい!」という熱い気持ちがあれば、かならず身体もスイングも改善されるはずです。

2.

体幹とはいったい何か？

体幹の定義を知ろう

ツアープロが鍛えている「体幹」とは、いったい何のことなのでしょうか？「体幹」の定義はさまざまで、トレーナーや関連書籍によって解釈に違いが見られます。単純に胴体部分を指すこともあれば、お腹の深層筋肉群（インナーマッスル）である〝コアユニット〟だけを指すこともあります。

とはいっても「体」の「幹」と書くとおり、どの定義においても身体を樹木に例えた幹の部分を「体幹」と呼ぶことに変わりはありません。

ゴルフで考える体幹とは、コアユニットを形成する「横隔膜《おうかくまく》・腹横筋《ふくおうきん》・骨盤底筋群《こつばんていきんぐん》・多裂筋《たれつきん》」のほかに、首から胴体にかけて連なる「脊柱起立筋《せきちゅうきりつきん》・腹直筋《ふくちょくきん》・内外腹斜筋《ないがいふくしゃきん》」、骨盤まわりを支える「腰方形筋《ようほうけいきん》・殿筋群《でんきんぐん》」、脚部の「内転筋《ないてんきん》・大腿四頭筋《だいたいしとうきん》・ハムストリングス」、そして肩まわりを支える筋肉群で〝第二の体幹〟とも呼ばれる「棘上筋《きょくじょうきん》・棘下筋《きょくかきん》・肩甲下筋《けんこうかきん》・小円筋《しょうえんきん》」までを含みます。

体幹の筋肉を体感しよう

体幹を構成するインナーマッスルは、身体の奥深くにあり意識しにくい筋肉ですが、一部は日常的な動作で感じることができます。

例えば、お腹を包むように広がっている腹横筋。口から息を吐いてお腹をへこませてみましょう。このとき、お腹を背骨側に押しつけているのが腹横筋です。咳をしたときにも動くので、腰骨の少し前に手をあてて感じてみてください。この筋肉は背骨のS字カーブを保つのに大変重要です。

もうひとつ、有名なインナーマッスルが骨盤底筋群です。これは文字通り骨盤の底の筋肉で、穴があいて空洞になっている骨盤の底をバスケット状の筋肉群で支えている、まさに縁の下の力持ち筋です。この筋肉群は、排尿を止めるときに働きます。

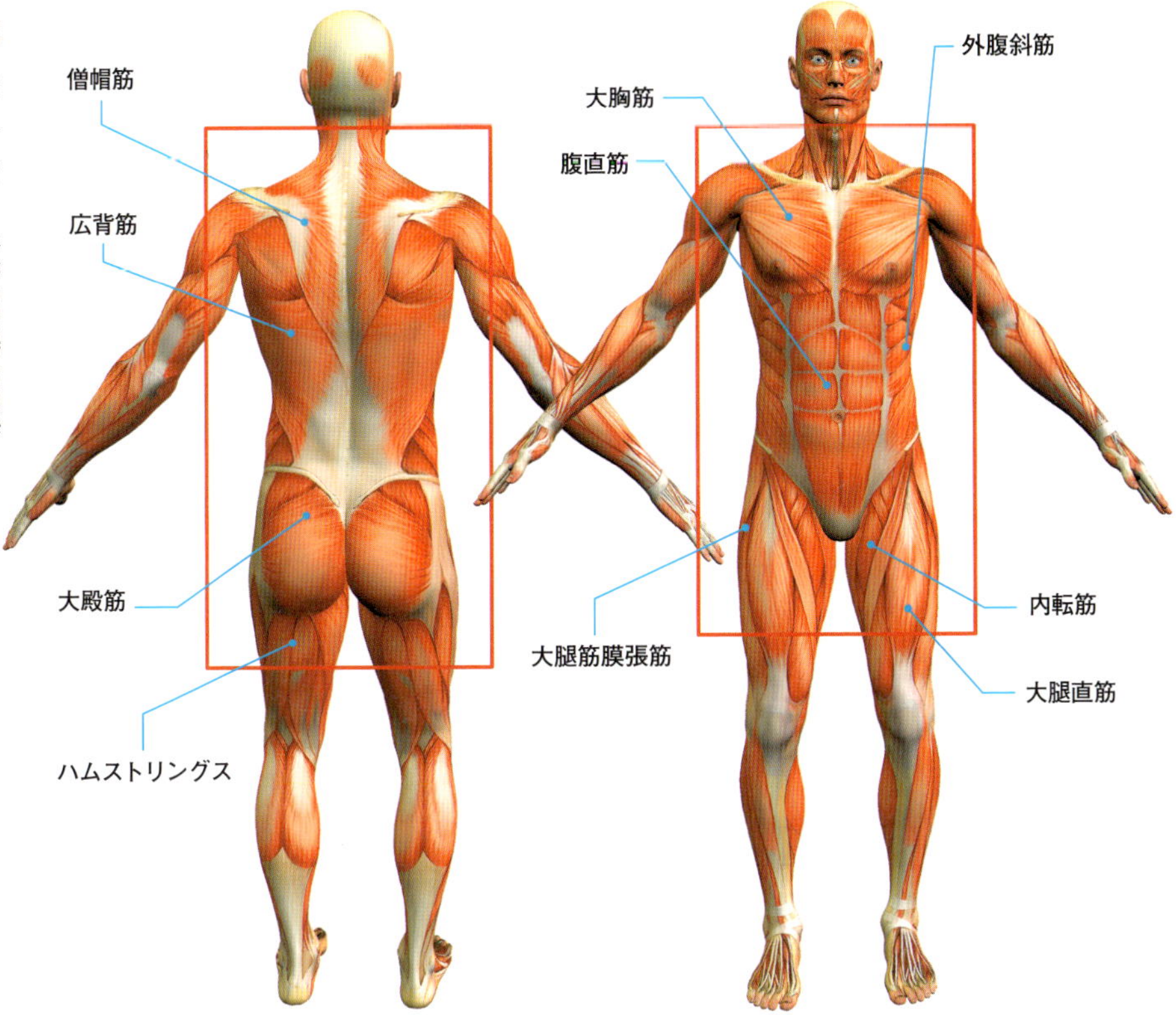
僧帽筋
広背筋
大殿筋
ハムストリングス
外腹斜筋
大胸筋
腹直筋
大腿筋膜張筋
内転筋
大腿直筋

▲広義の体幹「胴体」

広い意味での体幹とは、胴体全体と首、肩、太ももまでを含める。上の図で、体幹の主なアウターマッスルを見ることができる

▶狭義の体幹「コアユニット」

狭い意味での体幹とは、「コアユニット」を構成する腹部のインナーマッスル群を指す。内臓をくるむように四方を囲んでいることから、家に例えて「パワーハウス」と呼ばれることもある

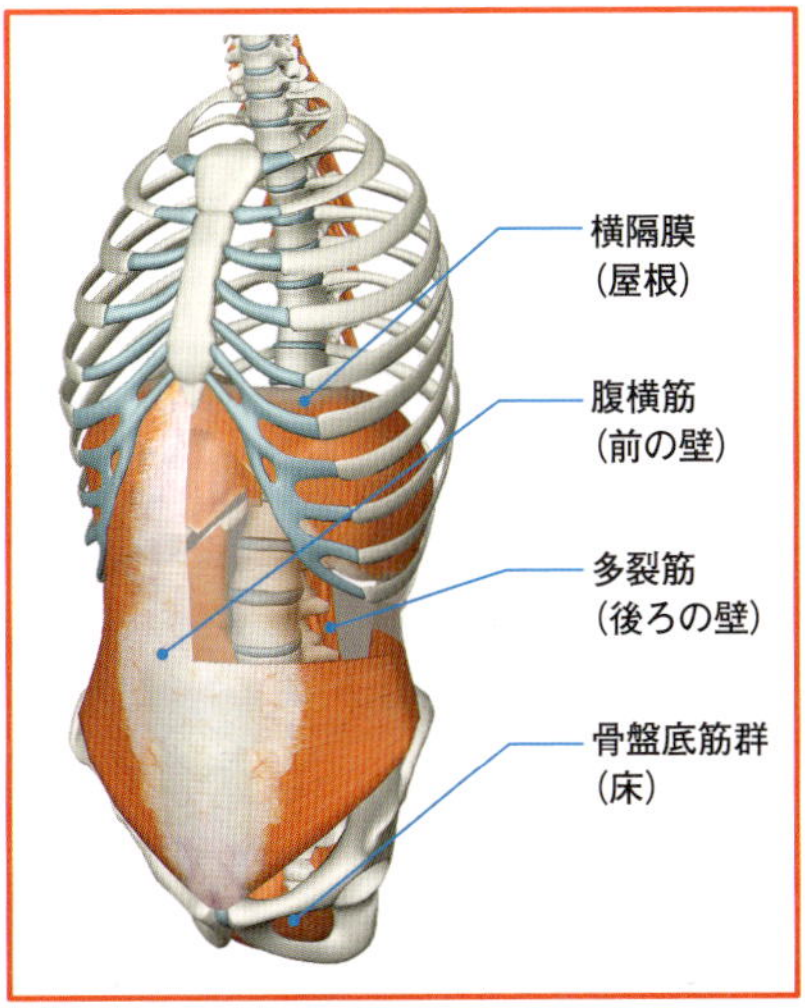
横隔膜
（屋根）
腹横筋
（前の壁）
多裂筋
（後ろの壁）
骨盤底筋群
（床）

3.

なぜゴルファーにとって体幹が大切なのか?

体幹の筋肉は、骨盤を安定させたり背骨を支えたりすることで、身体のバランスを保っています。ドライバーからパターまで、すべての動作が軸回転によって行なわれるゴルフスイングでは、まさにその軸を安定させるために体幹の力が必要なのです。

体幹の筋肉は、起伏の激しいコースのあらゆるライにおいてもスイングを安定的に完了させる働きをするほか、どんな場所でも小さな体重移動が可能となり、ボールを芯に当てる確率を高める助けをします。

しかし、体幹も柔軟性がなければ、しなやかな動作ができず、パワーの損失につながります。強さだけではなく、十分な可動域が保たれていることも大切です。

またゴルファーにとって腰痛は悩みの種ですが、腰まわりの筋肉の弱さや硬さが原因になっていることが多く見受けられます。さらに体幹の弱さはほとんどの場合、腕の力で補われ、手打ちスイングを引き起こしています。体幹は、パワーと安定性を生むだけでなく、ゴルファーのケガを防ぐ、大変重要な鍵を握っているのです。

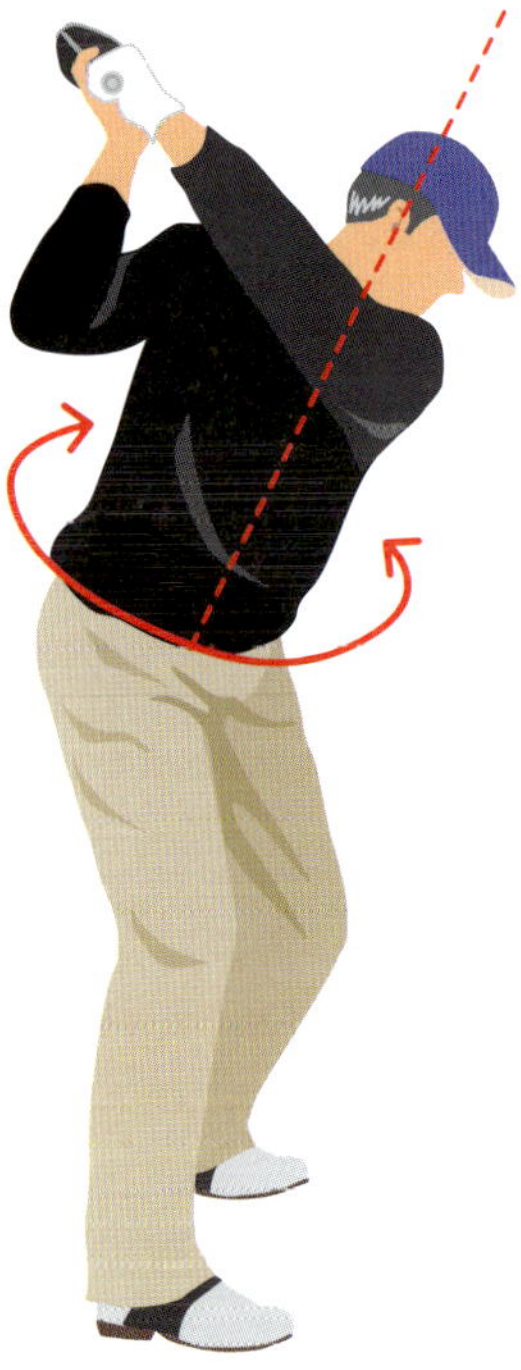

スイングは軸回転によって行なわれる。その軸を正しい角度に保ち、安定させているのが、体幹のインナーマッスルなのである

人体図で見るインナーとアウターの筋肉群

右半身にアウターマッスル、左半身にインナーマッスルを描画した人体の正面図と背面図
外側からは見たり触ったりすることが難しいインナーマッスルの存在を知ることが大切

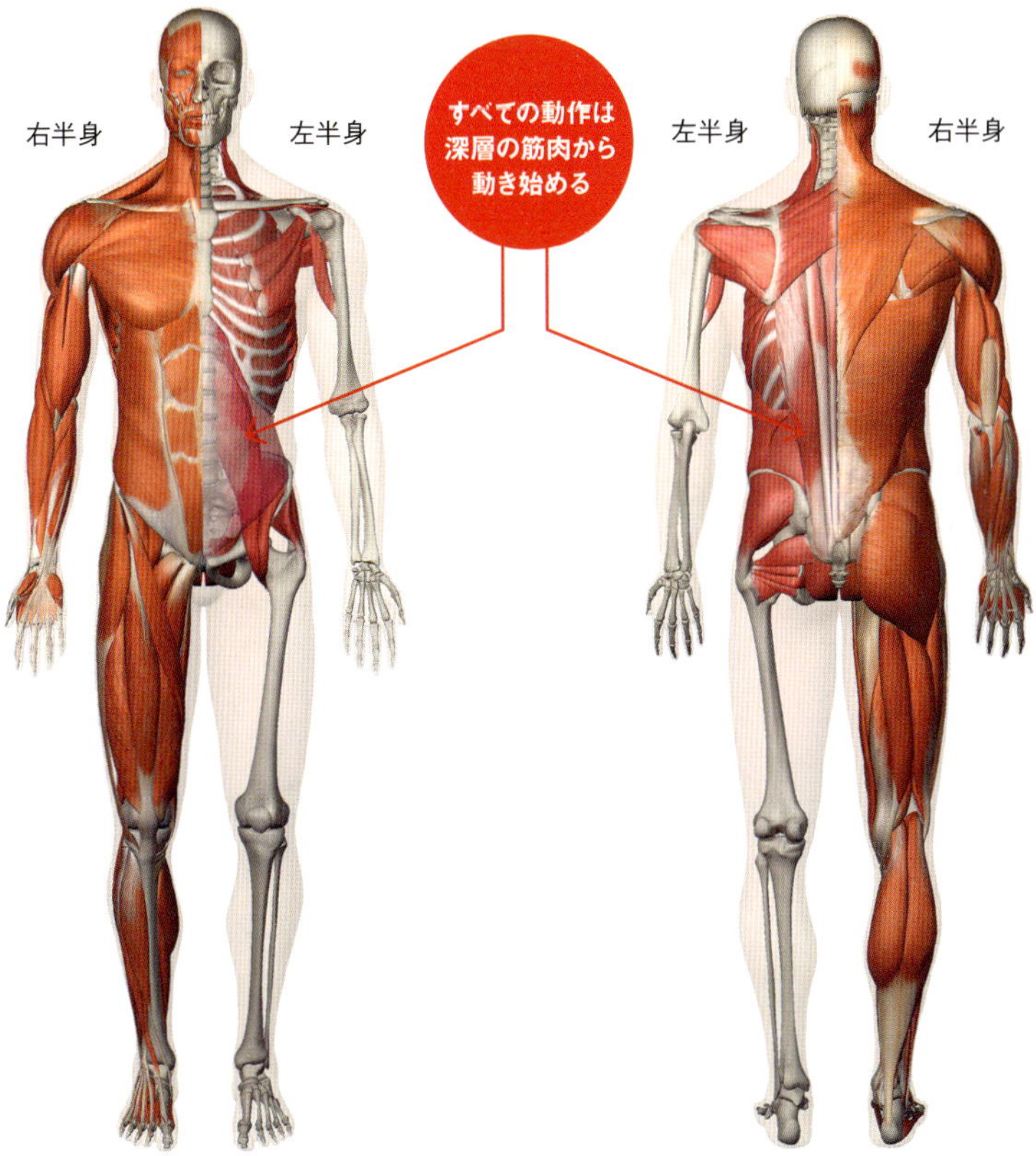
右半身
左半身
すべての動作は
深層の筋肉から
動き始める
左半身
右半身

〔正面〕　〔背面〕

インナーマッスルとアウターマッスル

多くのフィットネスプログラムでは、強力なパワーをつけることを目的とし、ウェイトトレーニングでアウターマッスル(表層筋)に働きかけることを重要視しています。もちろんそれが強いに越したことはありません。

しかし、アウターの強さを活かし、最大のパワーを引き出すのはインナーマッスル(深層筋)の強さなのです。本書で考える体幹とは、このインナーマッスルを含めた胴体とそれに付随する筋肉群を指します。

どんな動作でも、まず最初に深層部の腹筋から動くことがわかっています。つまり、すべての動きは体幹から生み出されるのです。力を生み出すためにはアウターのみならず、それを陰で支えるインナーと身体全体が連携してバランスよく働かなければなりません。

 ※インナーマッスルについては42ページの解説もあわせてお読みください

ゴルフは10代と60代のプレーヤーが同時に楽しめる数少ないスポーツ。きちんと身体のケアを行なえば、生涯現役でいることも夢ではない

4.

ゴルファーの高齢化で求められる体幹のメンテナンス

日本の総人口約１億３０００万人のうち、ゴルファーは約９５０万人と言われています。「レジャー白書２００９」によると、そのうち50代以上の人が５００万人を超えています。10代は10万人以下。これからの少子高齢化の現実を踏まえると、50代以上のゴルファーはますます増えていく傾向にあるでしょう。

年齢と共に、身体はどんどん変化していきます。端的に言うと衰えていきます。衰えていく身体のケアをせずに放置すれば、ゴルフのパフォーマンスは確実に低下します。実際に、無理なスイングをして腰痛や首痛を起こし、ゴルフから遠ざかってしまう人を何人も見てきました。楽しみにしているゴルフが原因で身体を壊してしまっては本末転倒です。

ゴルフ上達には、たくさんの方法や過程があります。レッスンプロに習う、練習場でひたすらボールを打つ、雑

日本のゴルフ人口の推移

「レジャー白書2009」より

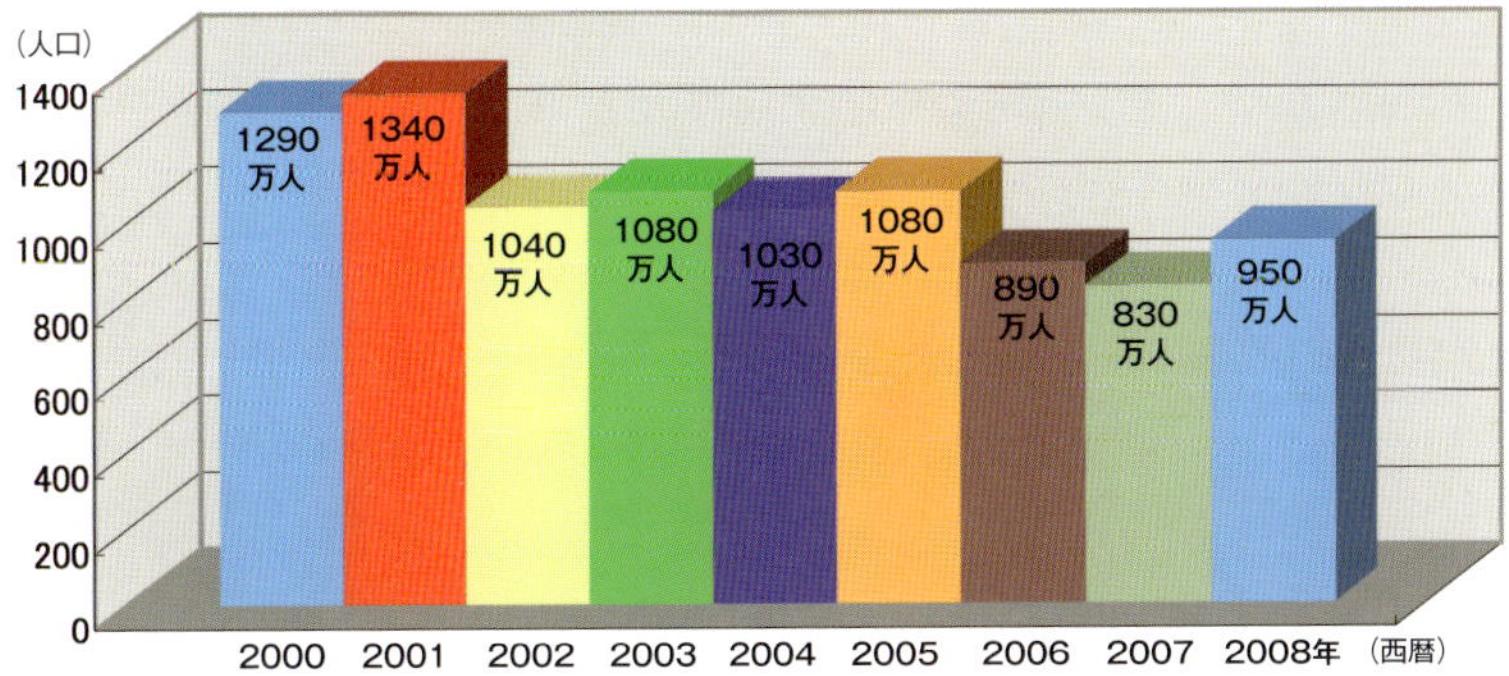

（人口）
1400
1200
1000
800
600
400
200
0
1290万人
1340万人
1040万人
1080万人
1030万人
1080万人
890万人
830万人
950万人
2000
2001
2002
2003
2004
2005
2006
2007
2008年
（西暦）

バブル崩壊後、減少が続いていたゴルフ人口が増加傾向を見せ始めた。若手プロの活躍によるゴルフブームが到来していると考えられる

ゴルファーの年代別割合

「レジャー白書2009」より

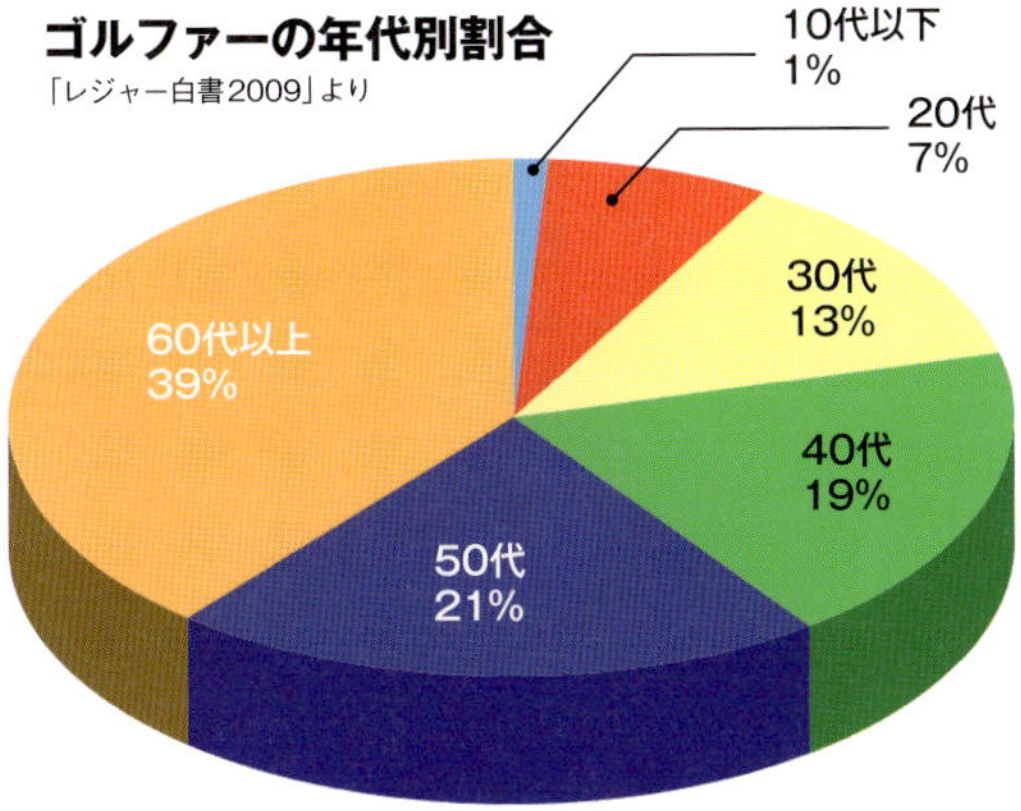

10代以下
1%
20代
7%
30代
13%
40代
19%
50代
21%
60代以上
39%

年代別の割合を見ると、50代以上のゴルファーが6割を占めていることが分かる。40代以上に広げると実に8割にのぼる

誌やＤＶＤを買って自分で勉強する、トーナメントを観戦しプロのスイングを間近で見る、などなど人それぞれあるでしょう。

　でも、もうひとつ、とても簡単なのに見落とされている方法があります。それは、「ゴルフに適した身体をつくる」ということです。クラブを振って練習するのと違い、身体のトレーニングは地味で即効性があるわけではありません。そんな理由から、「分かっているけど面倒だからいいや」と手をつけない人が多いように思えます。

　世界で活躍するトッププロゴルファーたちの肉体トレーニングは常識になり、競技志向のアマチュアでもストレッチや体幹トレーニングを取り入れるようになってきています。

　もちろん用具もどんどん進化しています。ゴルファーの身体が用具を使いこなせなければいけない時代に来ているとも言えるのです。

5.
あなたの身体はサビついている?

首痛、肩痛、肘痛、腰痛など、身体の不調を訴えるゴルファーは非常に多いものです。私のもとにも、悩みを抱えたゴルファーの方が毎日のようにやって来ます。多くのゴルファーに共通している点があります。それは「日常生活でほとんど身体の手入れをしていない」、もしくは「気にしているけれど手入れするやり方もよく分からない」ということです。「面倒なことはイヤだし、そもそも時間がない」と訴える人もいます。

ゴルファーは「飛ばしたい」「うまく打ちたい」という気持ちが強く、どうしても力んでしまう傾向があります。同時に失敗を恐れるあまり、身体がこわばってしまうことも多いでしょう。その結果、日常生活ではまず起こらな

いろいろな身体の手入れの方法があるが、これまであまり注目されなかった身体の奥深くで働くインナーマッスルを知り、理解し、きちんと使うことが体幹トレーニングの目的

い上半身の無理な捻転運動が行なわれ、身体がびっくりしていろいろなところに黄色信号を発信します。身体の動きに調和がなくバランスが崩れた状態です。ゴルフによって引き起こされる腰痛や肩こりも、日常的に身体をケアしていれば防げるものが多いと言えます。

仮に、私たちの身体をブリキのおもちゃに例えてみましょう。

普段から身体のケアを行なっている人の身体は、潤滑油を丁寧にさされ、腕や足と胴体のつなぎ目がよどみなく動く状態です。それに対して、ストレッチや運動を行なっていない人の身体は、長年ほったらかしにされてサビついた状態です。

このふたつのおもちゃに同じ動きをさせてみたらどうなるでしょうか？ 当然、サビついたおもちゃを動かそうとすれば、余計な力がかかります。場合によっては、無理な力を加えたことで壊れてしまうこともあるでしょう。

ゴルファーにもまったく同じことが言えます。あなたの身体は、サビついていませんか？

サビついたブリキのおもちゃ

長い間メンテナンスされていないおもちゃは、無理に動かそうとすると壊れてしまう

手入れしたブリキのおもちゃ

新品でなくても普段から手入れをしていれば、腕や足のつなぎ目がなめらかに動く

6. 男性ゴルファーと女性ゴルファーに見られる特徴

肩まわりが硬い男性ゴルファー

私の経験上、男性の身体は上半身に対して下半身が弱い傾向にあるように思われます。現代社会では歩いたり走ったりする機会が減っているので、だんだん下半身が鍛えにくい環境になっていることが原因でしょう。

ビジネスでPCを使っている人は、キーボード操作の影響で肩が前に出て猫背になっていることが多いです。

また「ジムでトレーニングをしている」という人でも、マシンで肩や胸や腕の筋肉を鍛えて、逆三角形の筋肉隆々の体型を作るというイメージが強いのではないでしょうか。

上半身は鍛えすぎるのではなく、柔軟性をもっと持たせるべきだと私は考えます。特に大切なのは肩甲骨まわりの柔軟性アップです。胸を開き、肩の動きをよくして、肩甲骨を正しい位

男性は上半身ばかりを鍛えている人が意外に多いが、ゴルフでは逆効果になりやすい

パソコンを使っていると、どうしても猫背になってしまう。仕事のあとは、肩をストレッチする習慣をつけよう

置に戻すことが求められます。

一方、下半身は強化が必要。フォロースルーでよろけている人をよく見かけますが、上半身のパワーを下半身で支えきれていないのが原因です。これを改善するためには、土台となる下半身を安定させることが欠かせません。

筋力不足の女性ゴルファー

女性の上半身と下半身の筋力バランスは、男性に比べるとずいぶん整っていると思われます。ただ、腕や手首の筋力がなく、物を持つ力が弱い傾向にあります。たとえば、ゴルフのグリップはギュッと握るのではなく、指に引っかけてテコの原理を利用しますが、女性は上手にグリップできていない人が多いようです。

試しにクラブを持ち、グリップの位置を変えずにヘッドを剣道の面のように上下、魚の尾ひれのように左右に動かしてみてください。手首の筋力だけで行なってほしいのですが、ほとんどの人が、肩に力を入れすぎたり、腕の力で持ち上げたりしてしまうのではないでしょうか？　このエクササイズができるようになると、インパクト時のクラブの抜けが非常に良くなりますので、ぜひ試してみてください。

下半身については、お尻まわりが堅い傾向にあります。身体の柔軟性はあっても、足や股関節の動きが悪いという方が多いです。身体のどこが硬いのか、バランスが悪いのか、4章のセルフチェックで確かめてみましょう。

女性に多いNG例。股関節が硬いため、バックスイングで腰がターンしていない

○

グリップの握り方で悩む女性ゴルファーも多い

7. 自分の身体を使いこなせている人は少ない

私は長年にわたり指導に携わってきましたが、身体の使い方を熟知し、エネルギーを無駄なく使えているアマチュアゴルファーは大変少なく感じます。いくらレッスンや道具にお金をかけても、それを無理なく使いこなせる身体がなければ意味がありません。

学生時代にスポーツを経験していた人でも、ゴルフとなるといろいろな感情が交錯し、なかなか自分の思うようにスイングできないのです。

さらに、ゴルフの難しいところは、本人がやろうとしている動きと周囲から見える動きがまったく違うということにあります。プロの真似をしようとして勘違いしてしまうこともよくあります。

たとえば、プロゴルファーは右打ちの場合、フォローで右腕がきれいに伸びています。でも、伸ばそうとしているのではなく、遠心力で引っ張られて伸びて見えるというほうが正しいでしょう。それをアマチュアの方は、意図的に伸ばそうと無理に突っ張ってしまう……。結果的に理想の動きとは違ったスイングをしてしまうのです。

ゴルフ愛好家の中には、理論や分析が好きという方も多くおられます。ゴルフ雑誌では、さまざまなスイング理論が飛び交い、誌面を賑わせています。しかし、理論ばかりを追求していると余計にややこしくなり、楽しみのはずのゴルフが悩みの種、ストレスのもとになってしまうこともあります。それでは本末転倒。やはりゴルフは奥深いものです。楽しむためには忍耐力も努力もいりますが　自然の中で行なう気持ちのよいスポーツですし、心からそれを楽しみたいものです。

理論好きのゴルフ愛好家の方々にとって、身体作りの話は二の次かもしれません。

あるゴルファーの方は、慣性モーメントや、ボールの回転数のことばかりを気にしていました。もちろんそういった数字は大切です。知識として持っていることはプラスになるでしょう。私は、理論の興味が身体作りにも向いてくれないかと思い、試しに身体のことをお話ししてみました。すると、「もうこの歳になると身体は変えられない」とおっしゃいました。

　しかし、ちょっと目先をかえて手ほどきを受ければ、自分の身体の声を感じ、思いどおりに動かせる爽快感、そして眠っていた新たな可能性に気づくはずです。熱い気持ちとやる気さえあれば年齢は関係ありません。個々のそれぞれのレベルでまだまだ伸ばせる良いところがあるのに蓋をしていてはもったいないと思います。

　ゴルフを通して、自分の中に目を向け、身体のメンテナンスに興味を持っていただければ、本書の役割は半分達成されたようなもの。この本では、ピラティスの理論をゴルフにアレンジした体幹トレーニングを紹介していきます。ぜひ読み進めて、実際にエクササイズを体験してみてください。

　自分の身体を上手に使いこなし、ベストコンディションを維持できれば、これほどいいことはありません。ゴルフ上達という目標のもと、若々しい身体と健康を手に入れられれば一石三鳥も夢ではないのです。

　あなたのゴルフを変えられる可能性はあなたの中に眠っています。

ゴルフスイングを繰り返すと身体のバランスが崩れてしまう。深いラフや、硬い地面からのショットの後でも感覚は微妙に狂う。プレーの途中やラウンド終了後には、身体の歪みを元に戻し、リセットする意識を持ちたい

2章 体幹トレーニングの基礎知識

ピラティスがあなたの身体とゴルフを変える！

本書は、体幹を鍛えることでゴルフスイングのレベルアップを図り、ひいては健康な身体を手に入れることを目的としています。では、どうすれば体幹を鍛えることができるのでしょうか？

近年、トップアスリートたちは体幹トレーニングに「ピラティス」と呼ばれるエクササイズを取り入れるようになっています。ゴルフのみならず、野球やサッカーなど様々なスポーツの選手が実践しているので、「体幹」という言葉は知られるようになりました。

しかし、「ピラティス」という言葉は聞いたことはあっても、詳しくはよく分からないという人が多いでしょう。また、女性の美容目的のもので男性が行なうものではない、ましてやゴルファーとは無関係と考えている人もいると思います。

アスリートの間で、「インナーマッスルを鍛える体幹トレーニング」として大きな注目を集めるようになったピラティスとは、いったいどのようなエクササイズなのか？　そして、ゴルフにどのような形で活かされるのか？　歴史的背景やコンセプト、さらにゴルフへの活用法を解説します。

トップアスリートも取り入れている

体幹を鍛える ピラティスって、どんなトレーニング？

ピラティスは、1900年代初頭にドイツ人従軍看護師、ジョセフ・ピラティスによって考案されたエクササイズで、負傷兵がベッドの上でできるリハビリとして開発されました。従来のトレーニングのように筋肉を収縮させて鍛えるのではなく、ゆっくり伸ばしながらテンションをリリースしていくメソッドです。これにより、肉体を傷めることなく身体のコアに働きか

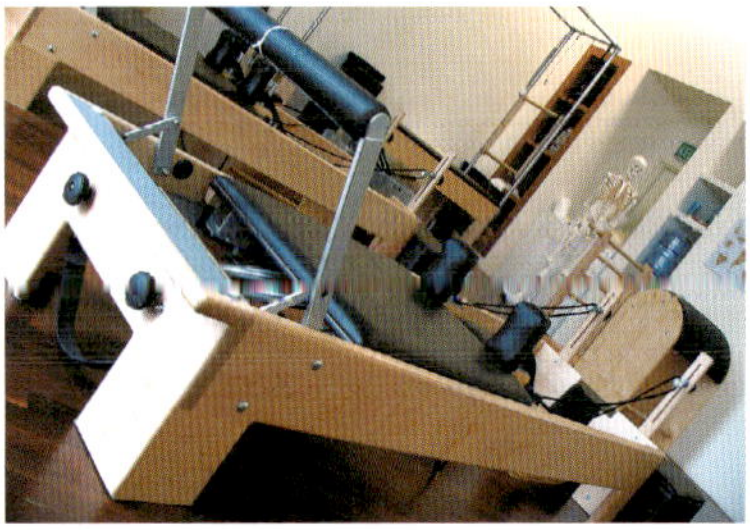

け、柔軟性が高くケガの少ない身体を作ることができます。

また一般的な筋力トレーニングとは違い、メンタル面へのアプローチや独自の呼吸法を取り入れていることも特徴です。このことから欧米では「真に理想的な肉体を健全な精神とともに作り上げるトレーニング」として知られています。

正しい身体の使い方を覚え込ませることで、姿勢や身体の歪みを矯正し、しなやかで柔軟かつ強靭でバランスのとれたボディメイクを実現します。心と身体の一体化をめざすピラティスは、性別、年齢を問わず、日常生活はもちろん、あらゆるスポーツのパフォーマンスアップにも大変有効です。呼吸法を重視し、心と身体に自然に働きかけるこの運動方法は、すべてのエクササイズに解剖学的裏付けがあり、非常に理論的なのです。

一般的な効果

肩こり・腰痛・喘息・便秘・冷え性・むくみ・姿勢の矯正・スポーツ障害・スポーツパフォーマンスアップのための身体作り・リハビリ・骨粗鬆症

エクササイズで使用するアイテム

本書で使用しているアイテムを紹介します。これらのボールやバンドはピラティスでよく使われるもので、エクササイズの効果をより一層高めてくれます。

バランスボール
Balance Ball

いまや、さまざまなトレーニングで使用されるバランスボール。骨盤安定や体幹強化に効果的です。大きいボールと小さいボールを用意するとエクササイズのバリエーションがアップします

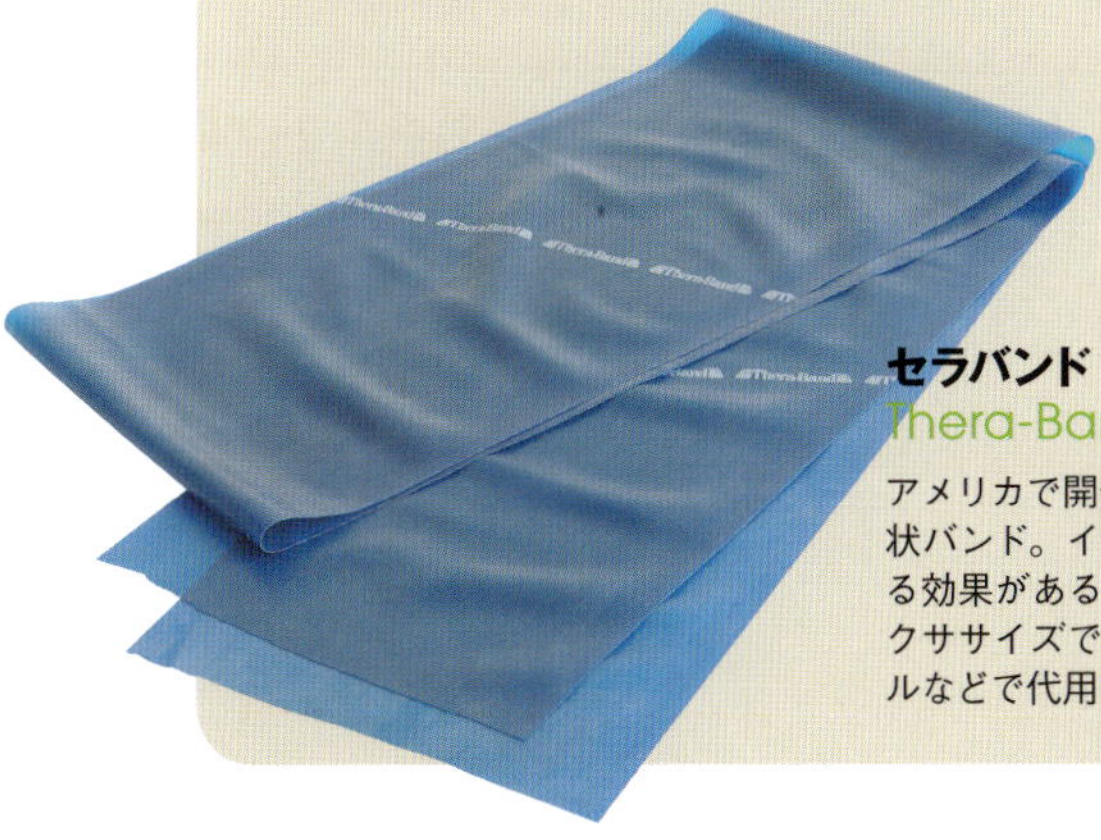

セラバンド
Thera-Band

アメリカで開発されたラバー製の帯状バンド。インナーマッスルを鍛える効果があるので、ピラティスのエクササイズでよく使われます。タオルなどで代用することも可能です

まずはピラティスの基礎を知ろう！

姿勢と呼吸

1 基本姿勢

身体は2階建てのイメージ

私たちの身体は、下半身が1階、上半身が2階の建物のようなものと考えましょう。土台となる下半身はどっしりと安定し、上に乗っている上半身は無駄な力が抜け柔軟性に富んでいることが理想です。

基本の姿勢を作るときは、足裏→足首→膝→骨盤→肩→首→頭と、パーツを下半身から順番に積み上げていくイメージを持つといいでしょう。身体の縦のラインである背骨を中心としてまっすぐに立ち、足のライン（つま先・足首・膝・股関節）をまっすぐに。横のラインは肩、骨盤、膝、つま先が平行にそろうようにします。

拮抗するエネルギーを感じる

頭は天井から引き上げられているイメージ、尾てい骨と足裏は地面から引っ張られているようなイメージを持ってください。この上下に引っ張り合うエネルギーを意識することが非常に重要です。左ページの写真は、ただ直立しているだけのように見えるかもしれません。しかし、身体の中では拮抗した大きな力が働いているのです。

エネルギーの引っ張り合いを感じることができれば、身体は太く根を張った大樹のように安定します。ちょっと押されたくらいではグラつきません。身体の幹、つまり「体幹」が安定した状態です。

試しに、直立した状態でまわりの人に肩を押してもらってください。エネルギーの流れを意識したときと意識していないときを比べてみると、違いが一目瞭然になるはずです。これがピラティスエクササイズの第一歩です。

NG

OK
押されても
倒れません
パンチされたイ
メージでお腹
をへこませる

背筋が曲がっていたり、反っていたりすると、体幹が安定せず、拮抗するエネルギーを感じることができません

拇指球・小指の付け根・かかとの３点で体重を支えるイメージを持つと姿勢が安定します

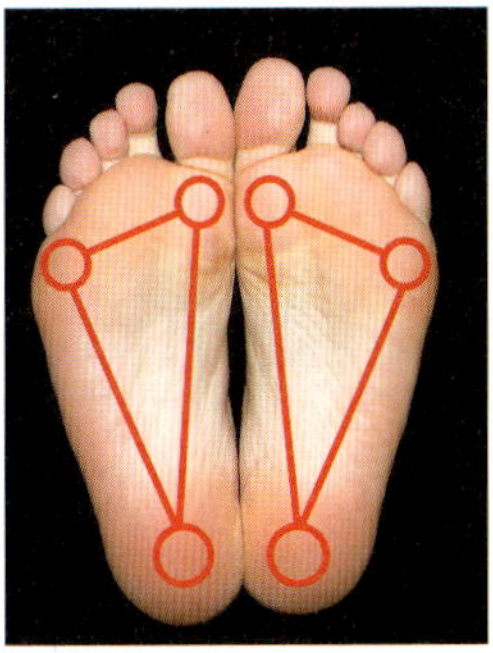

正しいポジションの作り方

①両足を肩幅に開き、つま先をパラレルに保ちます
②「拇指球・小指の付け根・かかと」の３点で体重を支え、「土踏まず・親指・人指し指」の間に自重を感じます
③「足首・膝・坐骨」がひとつのライン上に乗るように意識します
④骨盤底筋をおへそのほうに引き上げます。お腹をへこませ、つねに腹筋で腰をサポートします。この姿勢がニュートラルポジションです
⑤骨盤の上に肩と耳のラインが乗るように意識します
⑥胸骨は閉じ、肩甲骨は下げた状態で上体を支えます
⑦首は長い状態に保ち、肩、首をリラックスさせます
⑧頭は背骨の延長線上に無理のない角度で位置させます

2 呼吸法

呼吸と動作を同調させる

ピラティスでは、「呼吸」と「動作」の同調を大切にしており、すべてのエクササイズが「吸う動作」と「吐く動作」によって組み立てられています。呼吸によって身体の隅々まで酸素を行き渡らせ、筋肉や関節のエクササイズ効果を高めているのです。

呼吸の重要性はゴルフスイングでも同じです。皆さんはスイング中、無呼吸になっていませんか？　息を止めると身体の動きも止まり、効率的なエネルギー伝達が妨げられてしまいます。また、猫背に構えていることが多いため、胸を広げる動きができなくなり、余計に呼吸が難しくなっている人も多くいます。まずは、直立姿勢で呼吸法をトレーニングし、スイングに応用していきましょう。

胸式呼吸

【胸式呼吸とは】

呼吸法には大きく分けて腹式《ふくしき》と胸《きょう》式《しき》があります。呼吸法と聞くと「なんだか難しそう」と身構えてしまうかもしれませんが、複雑に考える必要はありません。息を吸ってお腹を広げるのが腹式、胸を広げるのが胸式です。

腹式呼吸では、息を吸うときになるべく胸を動かさずお腹をふくらませますが、胸式呼吸では、お腹を締め肋骨を広げるようにして息を吸い込みます。ラジオ体操のように大きく胸を開いて行なう呼吸がこれにあたります。

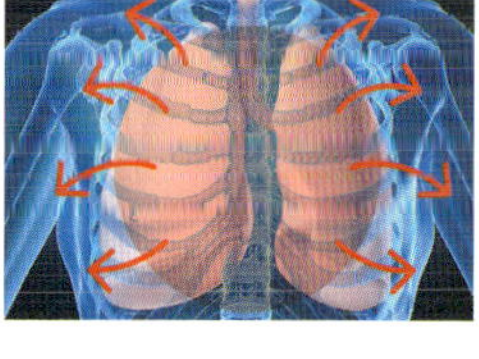

空気を吸い込むときは、胸の中の風船をふくらませるイメージで肋骨を広げます

【なぜピラティスは胸式なのか？】

ピラティスのエクササイズは、腹筋と骨盤底筋群を背骨のほうへ引き寄せた状態で行ないます。こうすることで骨盤が安定し、ブレのない体軸を作ることができるからです。エクササイズ中は、つねに腹筋を締めているため、必然的に肋骨を広げる胸式呼吸で行なうことになります。あらゆる運動は腹筋を締め、骨盤を安定させて行なうので、胸式呼吸はスポーツに適した呼吸法と言えるでしょう。一方、腹式呼吸は、お腹を締める練習の導入として使うこともあり、ヨガや声楽などにも向いていると言われています。

[姿勢]

骨盤を正面に向け、その上に上体を乗せるようにします。背筋はしっかりと伸ばしましょう。このとき、背中を反らせるのではなく、腰もお腹もまっすぐ伸びるようなイメージを持ちます。胸を広げ、肩の力を抜いて楽にします。顎は軽く引いて首を長く保ちます。その姿勢のまま肋骨に手を沿えてください

[注意点]

- エクササイズ中は身体のラインと姿勢を保ちます
- 呼吸の早い動作をする場合は肋骨を広げる余裕がないので、お腹を締めた状態で鼻と口だけの呼吸を行ないます

ピラティス呼吸の5ステップ

1回目　鼻から吸って、口から吐きます

2回目　鼻からゆっくり吸って口からすべての空気を吐き切ります

3回目　鼻から「大気のエネルギー・勇気・元気」を吸って、口から「力み・恐怖・嫌なこと・心配事」を吐き切ります

4回目　鼻から吸ってお腹から胸へと空気が上がり、口から吐いて胸が下がりお腹もへこみます

5回目　鼻から吸って胸骨が上がり、身体中にエネルギーが満ち溢れます。口から恐怖や心配事を吹き飛ばすつもりでネガティブな感情を体内からすべて吐き出します。このとき、肋骨が閉じてお腹がペタンコになります

口から吐いて肋骨を閉じていきます。閉じるときは、ふくらませた風船を小さくすぼめる意識を持ちましょう。身体の中に意識を向けていきます

鼻から吸って肋骨を広げましょう。中から風船がふくらむようなイメージです。肋骨を前だけでなく横や後ろにも広げる意識を持つと良くなります

頭が前に出た猫背の状態です

腰から背中のラインが反っています

正しい呼吸を横から見た写真

知っておけばトレーニングが面白くなる!

ピラティスがゴルフに効く16の理由

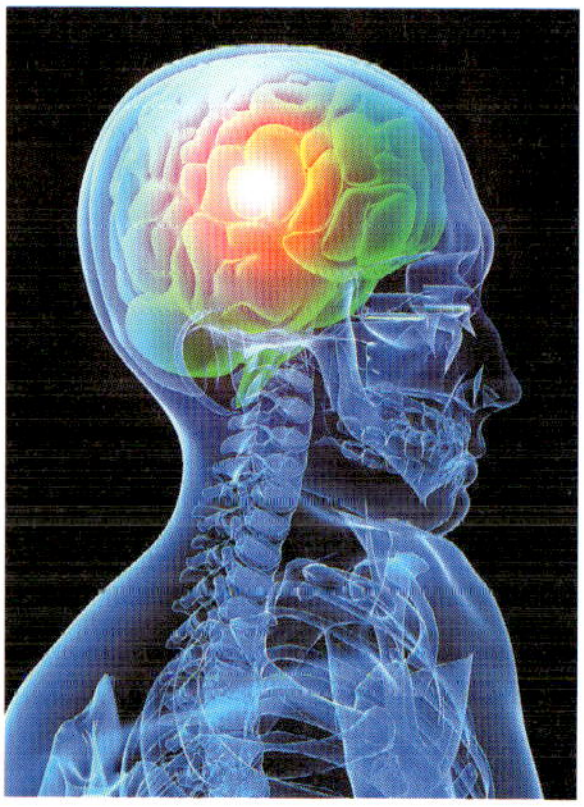

頭で考えながら行なうピラティスは「シンキング・エクササイズ」と呼ばれている。一方、ゴルフも考えながらプレーする「シンキング・スポーツ」の代表格である

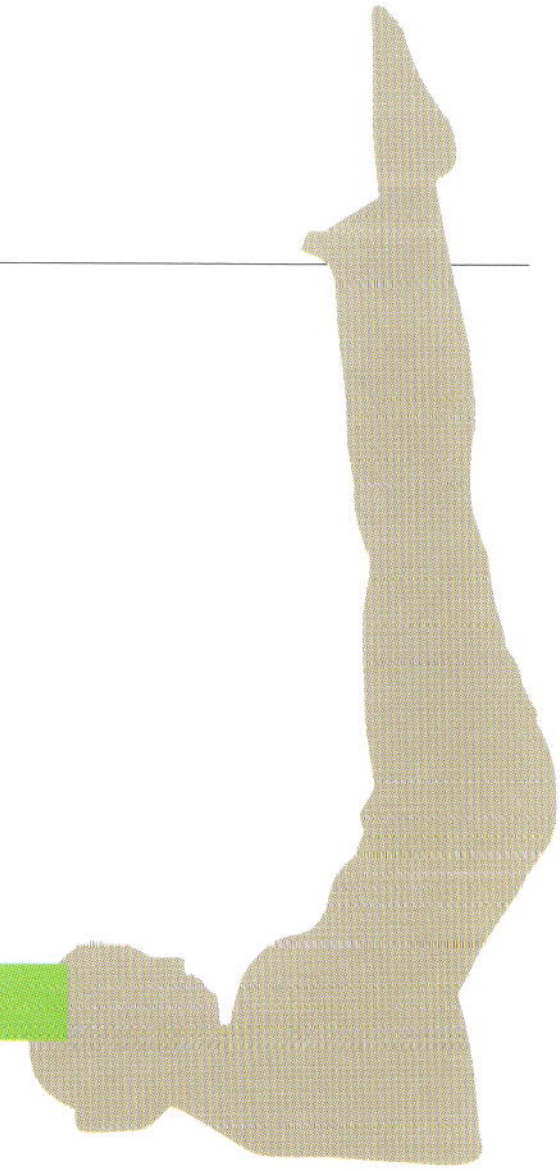

1. 脳と筋の回路を良くする

2. 筋肉を伸ばしながら鍛える

一般的な筋力トレーニングは、大きな負荷をかけて筋肉を収縮させることで筋肥大を促しますが、ピラティスは小さな負荷で筋を伸ばしながら使うことを意識します。〝太く短い筋肉〟を作るのではなく、〝長くしなやかな筋肉〟を作ることが特徴です。よって筋肉にダメージを与えません。凝り固まった筋肉のリリースを目的とし、関節の可動域を正常に戻すことによって、ケガや故障なく身体の動きを良くすることが可能なのです。

ピラティスは、これまでに経験したことのない身体の動かし方や使い方をすることがありますが、つねに頭で考えながらエクササイズを行なうことで脳に刺激を与えることができます。初めは呼吸と動作を合わせるのが難しく感じられるでしょう。でも「考えて行なうこと」が大切なのです。

ターゲットとなる部分だけに意識を集中し、他の部分から独立させて動かす訓練をします。負荷は小さいので、その動作に必要な筋肉だけを他の部分と協同して使います。

ゴルフスイングでは、「腰までのテークバックのつもりが肩の高さまで上がってしまった」など、意図したことと違う動きをしがちですが、ピラティスのエクササイズを通して、自分のイメージどおりに身体を使えるようになることを目指します。考えながら行なうことで、脳が筋肉に与えた司令を忠実に実行することが可能となるのです。

3. インナーマッスルを鍛える

筋肉は、身体の外側にあるアウターマッスル（表層筋）と、内側にあるインナーマッスル（深層筋）に分けることができます。

アウターマッスルとは、上腕二頭筋《じょうわんにとうきん》（腕の力こぶ）や腹直筋《ふくちょくきん》（お腹のシックスパック）など、外から分かる筋肉のこと。マシントレーニングや腕立て伏せといった、筋肉を収縮させるウェートトレーニング、いわゆる筋トレで強化することができ、「大きな力」や「速い動き」を得意としています。

一方、インナーマッスルは、腹横筋《ふくおうきん》、骨盤底筋群《こつばんていきんぐん》、多裂筋《たれつきん》・横隔膜《おうかくまく》などが代表的な筋肉で、「関節を正常な位置に安定させる」「姿勢を保持する」などの役割を担っています。動作の正確性を上げたり、効率よく運動し疲労を最低限に抑えるには、インナーマッスルの働きが欠かせません。

両者の関係でわかりやすいところでは、大胸筋《たいきょうきん》に対して小胸筋《しょうきょうきん》、大殿筋《だいでんきん》に対して小殿筋《しょうでんきん》というように、大きく強いパワーを出す筋肉の深層には、その筋肉を補助し関節を安定させるためのインナーマッスルが陰の補助役的に存在するという点があります。

また、インナーマッスルが弱いと強いアウターマッスルに関節が引っ張られ、ケガや故障の元になります。つまり体幹を鍛えるには、このインナーマッスルの強化が必要不可欠。外からでも認識しやすいアウターマッスルと、縁の下の力持ちであるインナーマッスルとのバランスがとても大切なのです。しかしながら、インナーマッスルは深層にあるばかりでなく、大きな力を出そうとするとアウターが働いてしまうので、とても意識しにくく、鍛えることが難しい筋肉群です。

ピラティスは、呼吸法と正しい姿勢を保持することで、ターゲットになる部位を伸ばしながら鍛えることにより、筋トレでは鍛えることができない深層部の筋肉に働きかけることができます。これがピラティスの最も重要な特徴のひとつであり、ゴルフにも非常に大切な要素なのです。

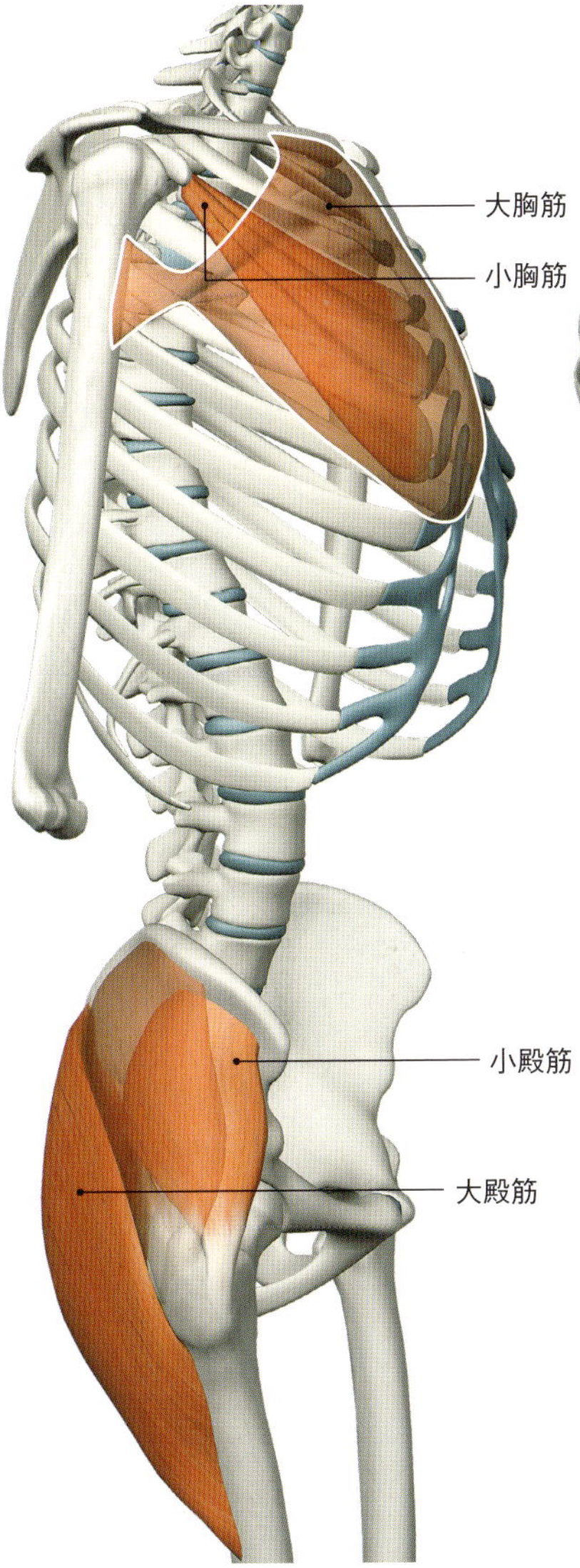

筋肉は何層にも重なりあって、それぞれの働きを補完しあっている。胸やお尻は、アウターマッスルとインナーマッスルの関係が分かりやすい

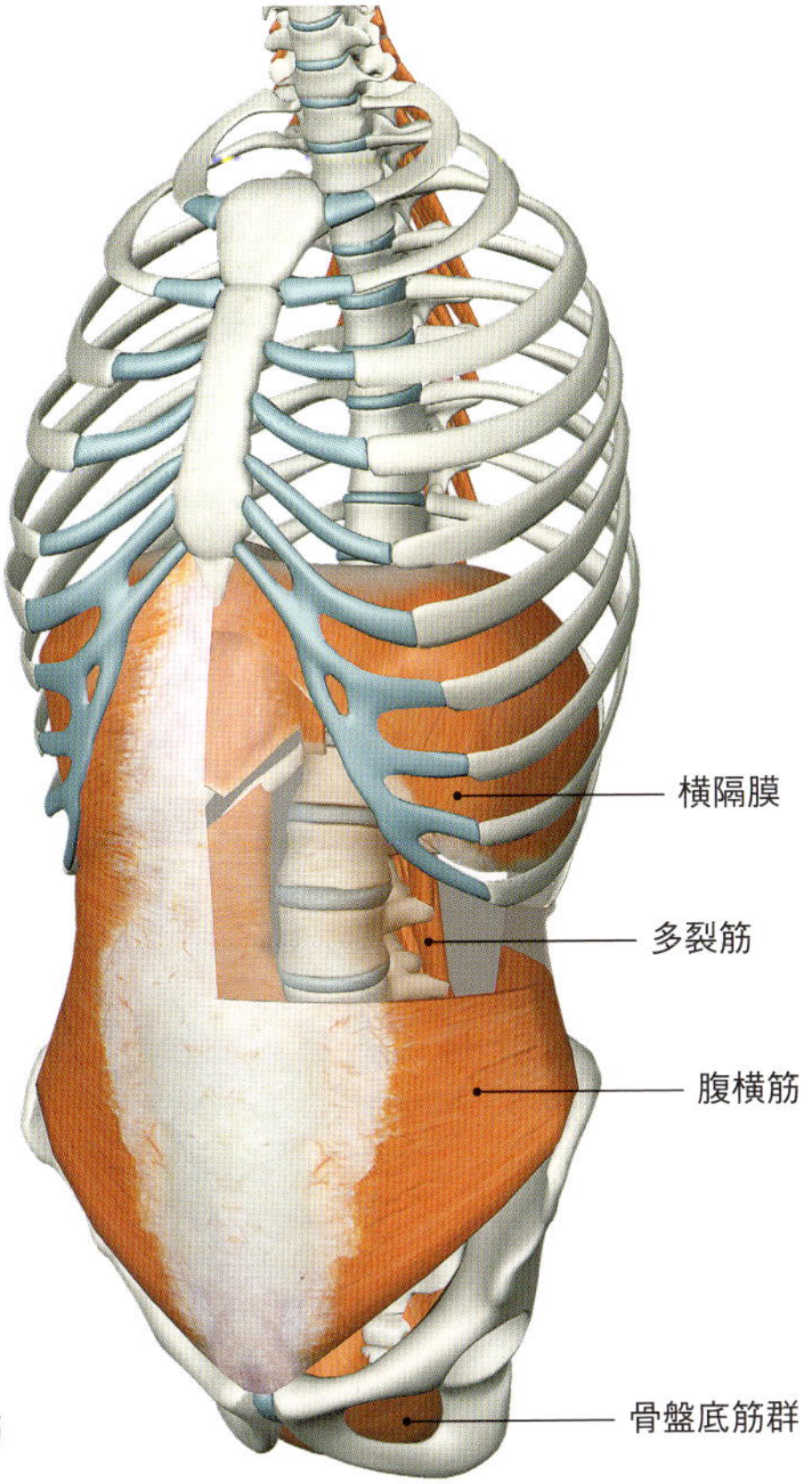

身体の「コア」の部分を構成しているインナーマッスル群。なかでも腹横筋は、肋骨と骨盤の間の骨がないところを腹巻のようにくるんで内臓を守っている。腹圧を高め、腹横筋をコルセットとして使うことで体幹を安定させることができる

4. 正しい腹筋の使い方が身につく

腹筋には骨盤まわりを安定させるという役割がありますが、ピラティスでは独自の腹筋の使い方を取り入れ、その効果を高めています。

すべてのエクササイズの基本となるのが、腹筋に力を入れておへそを背中側に押し付けた「ニュートラル」と呼ばれる状態です。こうすることで骨盤をしっかり安定させることができ、腰を痛めません。これはゴルフのアドレスにも活かすことができます。腹筋を締めて骨盤を安定させることにより、バランスのよい身体、安定したスイング、十分な飛距離を手に入れ、優れたパフォーマンスを実現することができます。トッププロたちは無意識のうちに腹筋をニュートラルの状態に保っているのです。

そして、もうひとつ「Cカーブ」と呼ばれる腹筋の使い方があります。これは仰向けになったときに腰を守るための姿勢です。仰向けでニュートラルの状態を作ったら、腹筋をさらに背中側へ押し込み骨盤を傾けます。すると背骨の「S字ライン」が「C字ライン」に保たれ、背骨と床の間のすき間がなくなります。このCカーブを作ることによって、腰に負担をかけずに安全にエクササイズすることができます。

[Cカーブの作り方]

①仰向けになり膝を立てる。腹筋を締め、お腹をへこませる。これが「ニュートラル」の状態。骨盤と床はほぼ平行になり、腰の下に隙間ができる

②ピラティスの呼吸法で、鼻から息を吸って、口から吐き、胸骨を下げる

③おへそを背骨のほうへ引き寄せ、背中を床に押し付ける。腰と床の間の隙間がなくなり、骨盤が頭のほうに傾く。その結果、尾てい骨が床から上がり、背骨のS字カーブがCの字になる

足やお尻に力は入れず、お腹の力だけで骨盤を動かします。結果、お腹をへこませたまま恥骨と胸骨が近づきます

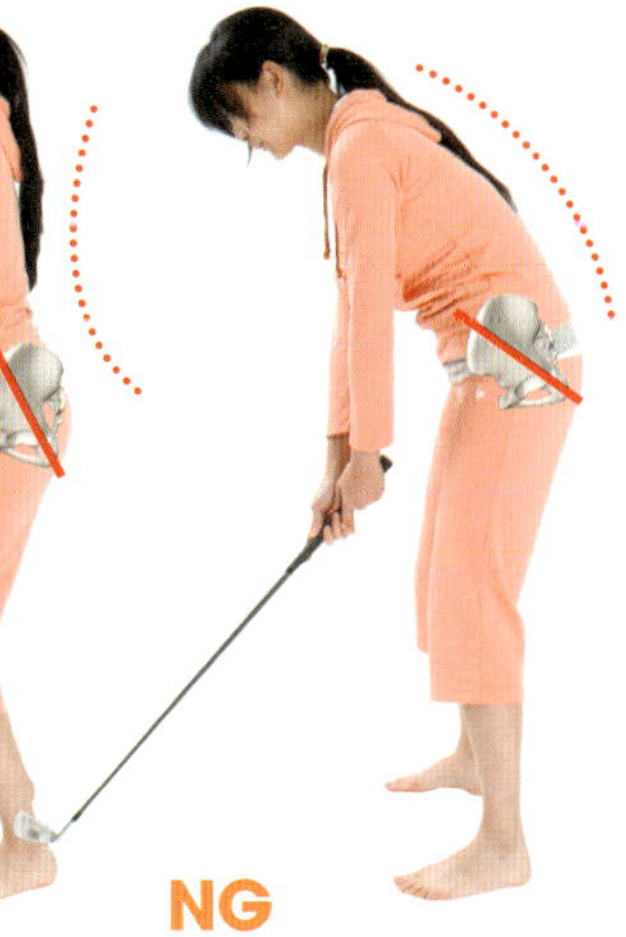

NG

骨盤が立ちすぎている
ため、背中が反っている

NG

骨盤が前傾しているため、
猫背になっている

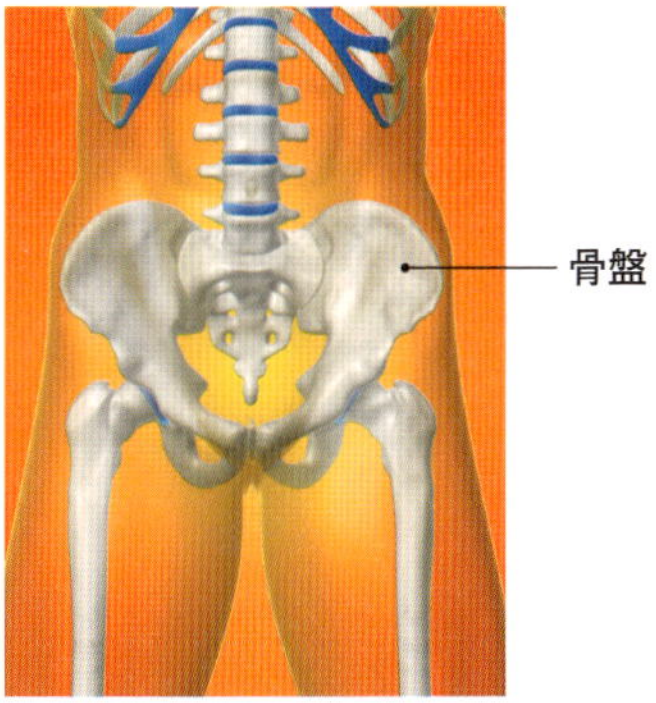

OK

骨盤が正しい位置にある
アドレス姿勢

5. 骨盤を安定させる

どんな動作も骨盤が安定していなければうまく成し遂げることはできません。そのためには腹筋と骨盤底筋群を使うことが大切です。骨盤が安定していないと、他の筋肉や力で補おうとして余計な力みが出たり、動きが不安定になったりします。運動の効率が悪くなり、疲労も増え、ケガの原因にもなってしまいます。安定したプレーのためにも骨盤の安定は欠かせません。前述の「ニュートラル」と「Cカーブ」を呼吸に合わせて交互に繰り返すだけでも骨盤の矯正に役立ちます。

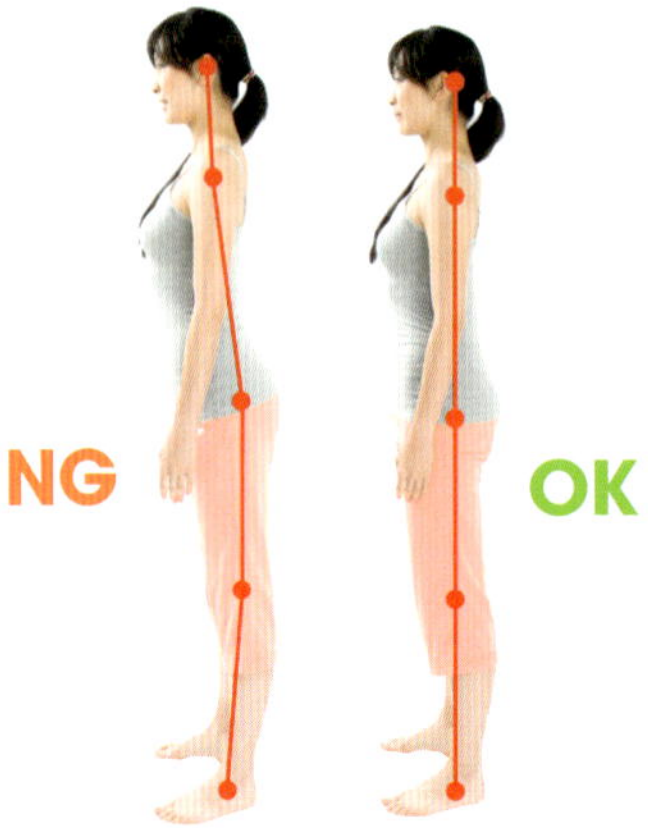
NG
OK

正しい姿勢は、耳、肩、骨盤、膝、足首を結んだラインが一直線。対してNG姿勢は、ラインが崩れてしまっている

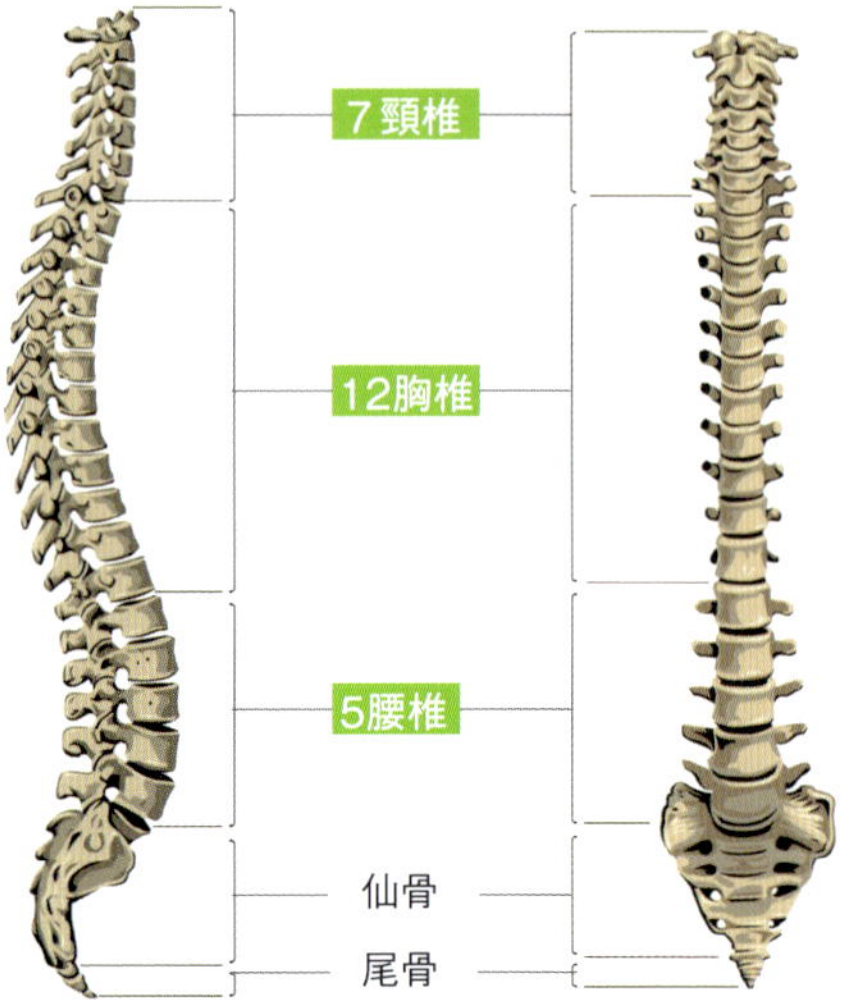
7頸椎
12胸椎
5腰椎
仙骨
尾骨

6. 背骨を正しい位置に戻す

背骨は7個の頸椎《けいつい》、12個の胸椎《きょうつい》、5個の腰椎《ようつい》から成り立っています。

美しい姿勢は、背骨が正しい位置にあって初めてとれるものですが、私たちは日常生活のさまざまな習慣やクセによって、背骨が歪んだり猫背になりやすくなっています。人類は直立歩行を始めると同時に、背骨と腰に負担をかける宿命を背負ったと言っても過言ではないでしょう。

さらに、片方向への捻転運動のゴルフスイングを繰り返すと、必然的に背骨や腰に負担をかけてしまいます。トッププロはダフッたり、ラフからのショットを打つだけで身体の微妙なバランスが崩れるといいます。

ピラティスでは、背骨を1本1本動かし正しい位置に戻すように働きかけることができるので、ゴルファーに有効です。背骨の自然なS字カーブを取り戻して、スイングのパワーと安定性を手に入れましょう！

7. 肩甲骨を安定して可動させる

複雑な肩の運動を可能にしている肩甲骨《けんこうこつ》は、ゴルフのみならず、野球、テニス、水泳、ランニングなど肩まわりを酷使するスポーツにおいて重要視されています。

ゴルフスイングは遠心力を利用してパワーを生みますが、その遠心力を生むための必要条件として、柔軟な肩甲骨周辺筋の存在が挙げられます。正常な可動域を保った肩甲骨が、体幹からのパワーを、腕→クラブ→ボールへと伝えます。上級者の多くは肩甲骨を上手に使い、効率よく体幹のパワーを腕に伝えることができています。

また、肩甲骨まわりの筋肉は、スイング中に腕が肩から外れないよう正しい位置に安定させる大切な役目を果たしており、その結果、腕やクラブをスイングプレーン上に保つことが可能になります。これによってスイングの安定性を維持し、ショットの正確性を保っているわけです。

肩甲骨まわりの筋肉はローテーターカフと呼ばれるインナーマッスル群であるため、外からは分かりにくいのが特徴です。また小さい筋肉なので普通の筋トレではなかなか鍛えることができません。ピラティスでは、「セラバンド」という負荷の少ないラバーバンドを使用して、広背筋や肩甲骨まわりの深層筋に働きかけることができます。「セラバンド」はゴルフバッグに入れて持ち運べるので、練習場やコースでプレー前のウォーミングアップ＆クールダウンに使ってみてください。続けるうちに、きっと身体に変化を感じられるでしょう。

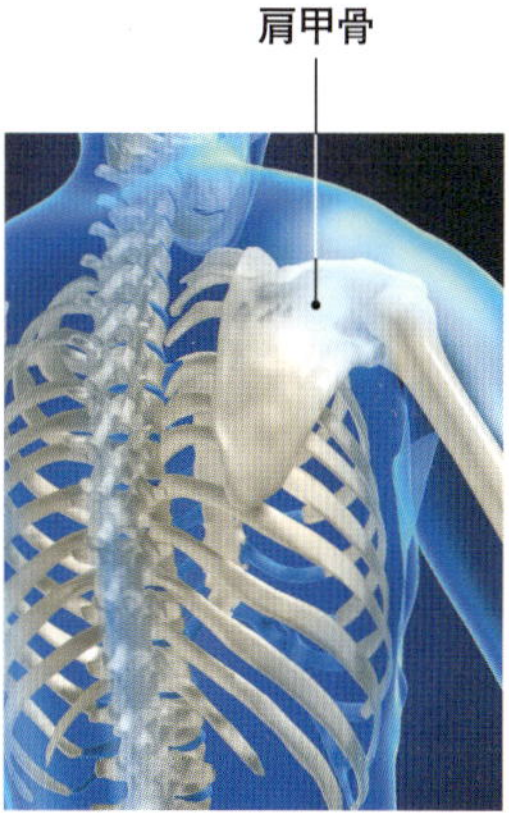

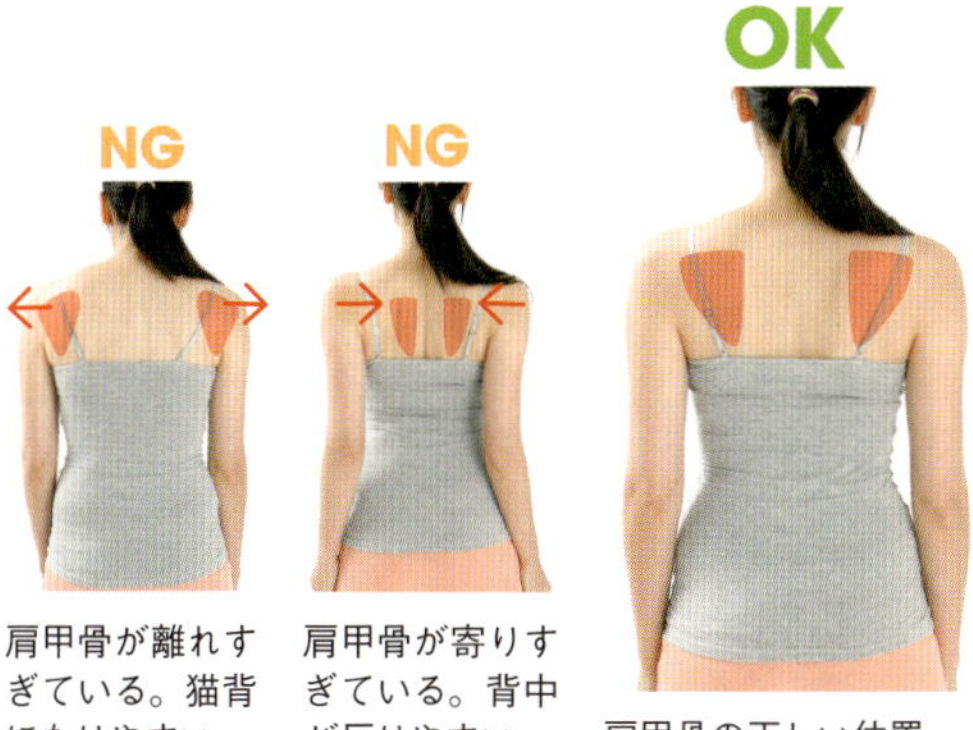

肩甲骨が離れすぎている。猫背になりやすい

肩甲骨が寄りすぎている。背中が反りやすい

肩甲骨の正しい位置

8. ゴルフに大切な股関節に働きかける

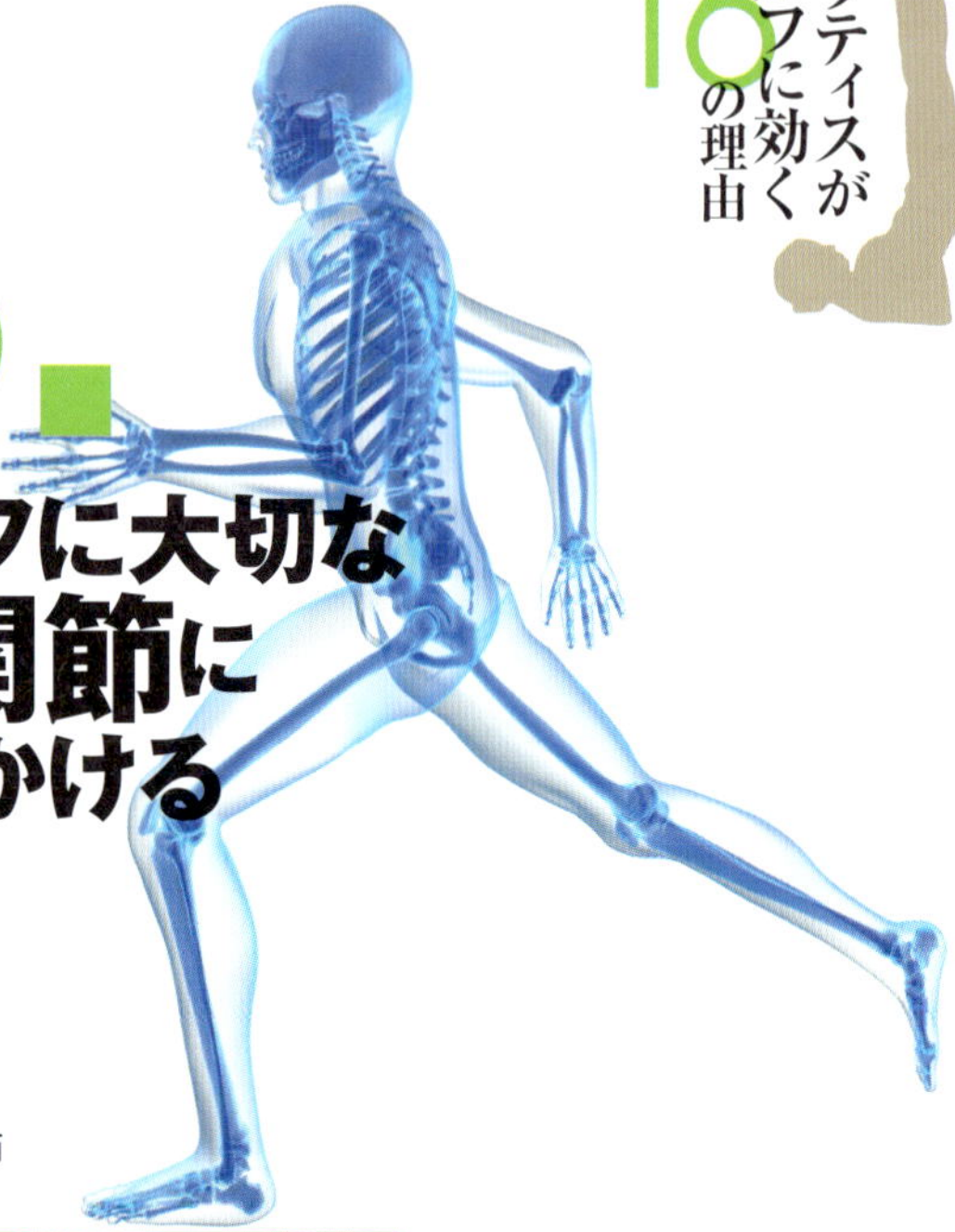

骨盤と大腿骨《だいたいこつ》をジョイントさせている股関節《こかんせつ》は、直立歩行をする人間にとって、「歩く」「走る」といった動作を支える要であり、日常生活でもスポーツにおいても最も重要な関節と言えます。しかし、股関節は身体の内側にあるため、なかなか意識することができません。股関節をうまく使わずに膝から下だけで歩いている人も多く、「そもそも股関節がどこにあるのか分からない」「股間と勘違いしていた」という声もよく聞きます。

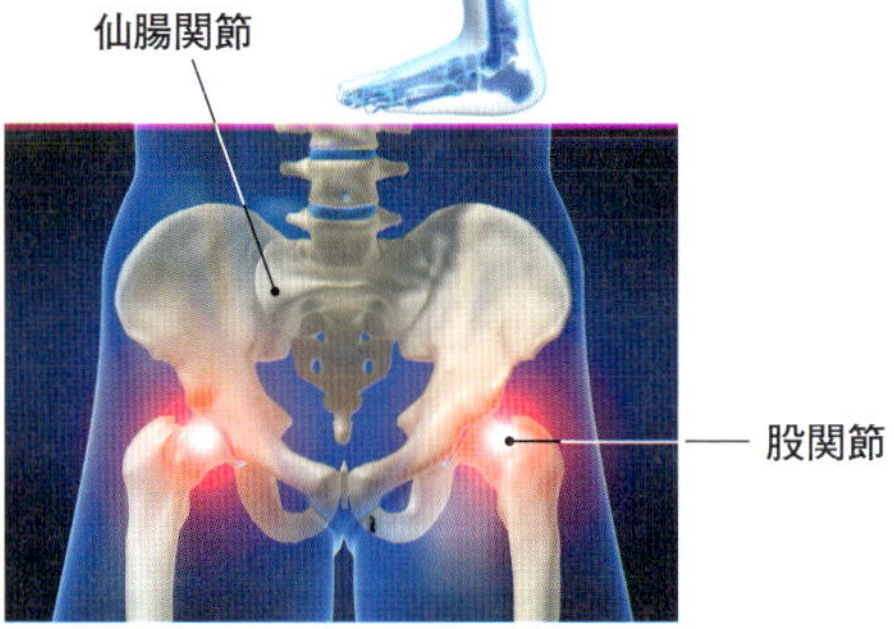

　ピラティスでは足の付け根から動かすことを意識し、硬くなりやすい股関節まわりのインナーマッスルをターゲットにし、脚部の可動域を広げます。また、ゴルフスイングの腰のターンで、骨盤の複雑な動きを作り出している仙腸関節《せんちょうかんせつ》にも直接働きかけます。

　股関節まわりのインナーマッスルがしっかり鍛えられていないと他の筋肉で動作を補うことになり、足の動きが安定しないばかりか、故障やケガの原因にもなりかねません。しっかりウォームアップし、プレー後に疲れを残さないようにすることも大切です。

　年齢を重ねるごとに衰えが顕著になるのも股関節です。若々しくゴルフを続けるためにも、きちんとメンテナンスしておきたいところです。

9. 足裏センサーが敏感になる

体中の筋肉にはセンサーが縦横に張り巡らされており、つねに情報を脳に送っています。特に足の裏は大地との唯一の接点であり、地面の状況を判別したり、身体のバランスを感じ取ったりするなど、精緻なセンサーの密集地帯です。ところが、私たちは現代社会において鋭い足裏感覚を必要としなくなったため、本来持っている能力を眠らせてしまいがちです。実際、底の厚いゴルフシューズを履いていると、なかなか地面の様子を感じ取れないのではないでしょうか。

ピラティスで足の指1本1本に働きかけていくと、足裏がぺたっと地面に吸い付くような感覚が生まれます。傾斜はもちろん、地面の硬さ、バンカーの砂の柔らかさ、芝の状態まで、シューズを履いていても感じ取れるようになります。

ボールを打ってからライの状態に気づくのではなく、しっかり足裏で感じ取り、どんなショットがその場面で必要なのかを判断し、準備することができれば、ゴルフは新しい次元に向かうはず。ピラティスで眠っている能力を呼び覚ましましょう。

10. バランスを良くする

身体の左右バランス、前後バランス、上下バランスを均等に整えるのもピラティスの大きな目的のひとつです。ゴルフコースは、平らなところはないと言ってもいいくらい傾斜や凹凸があります。丘陵地形を利用したコースなど設計者の意図もあり、視覚からも脳を混乱させる情報がたくさん飛び込んできます。

そのようないろいろな刺激やストレスのなかで、冷静に自分の気持ちと重心を安定させスイングを完結させるには、身体のバランス力と強い精神力が不可欠なものとなります。身体のバランスが悪いと余計なところに力が入り、効率的なスイングができません。良い結果も望めないでしょう。

11. 呼吸に合わせて動きながら行なうので流れがある

一生懸命、必死になってエクササイズをしていると、ついつい呼吸を止めてしまうことがありますが、ピラティスでは動作中もかならず呼吸を行なうようにします。とくに、吸う息で準備し、吐く息で腹筋を締め、骨盤を安定させてから動作をスタートさせる点は、ゴルフスイングの始動にも大いに活かせるポイントです。

ラウンド中、呼吸をうまく利用して精神をリラックスさせたり、気持ちを高めたりと、メンタルをコントロールできるようになるのもピラティスの効果のひとつです。

12. エネルギーを感じる

ピラティスでは、つねにエネルギーの流れを身体に感じることを意識します。拮抗するエネルギーを意識することで体幹をしっかりと保ち、なめらかでしなやかな動きを可能とします。

ゴルフは地面に立って行なうスポーツです。足で大地を踏みしめることによって地面から抗力というエネルギーをもらいます。そのエネルギーは脚部から体幹を経てパワーを増幅しながら、スイングの動きにそって、肩・腕・クラブに伝わり、ボールをとらえます。この時、腕に力を入れてしまうゴルファーが非常に多いのですが、これでは余計な力が入り効率的なエネルギー伝導が妨げられてしまいます。

「腕は地面から受け取ったエネルギーをクラブに通すだけ」

こんなイメージがあれば力むこともなくなるでしょう。

また、スイング中も、「頭と尾てい骨の引っ張り合い」、「足裏と地面の引っ張り合い」、「クラブヘッドと体幹の引っ張り合い」といったように、エネルギーの流れを感じましょう。

そのエネルギーを効率よくボールに伝えられるような身体を作り、イメージどおり無理なく自然に身体を動かすことがゴルフのためのピラティスの目的です。

ピラティスがゴルフに効く16の理由

13. 身体のセンターが意識できるようになる

片方向に捻転するゴルフスイングでは、身体の左右バランスが崩れやすいものです。実際、練習場で100球ほど打つと、身体のバランスは崩れてしまいます。この状態を放置するとどうなるでしょうか。答えは明白です。

ピラティスでは身体のセンターを大切にしますが、中心軸に対して前後・左右のバランスを保つという考え方は、まさにゴルフの理想そのものです。エクササイズでセンターを意識し、重心を安定させ、身体の末端を力みなく使えるように訓練し、理想のスイングづくりへ結び付けましょう。

ゴルフスイングは軸を中心とした捻転運動を行なうので、センターラインを保つことが重要。スイング軸が安定すれば無駄なくエネルギーをボールに伝えることができる

14. 心と脳と身体の一体感が生まれる

ピラティスでは「マインド・オーバー・ボディー」といい、心と脳と身体の一体感を大切にします。ところが、ゴルフになるといろいろな情報が邪魔をして、自分の思うとおりに身体を動かすことができずに思わぬミスを生み出します。

たとえば、アプローチの距離感。自分ではハーフスイングをしているつもりでも、周囲の人から見ればしっかりフルスイング、ということもよくあります。自分でイメージしている振り幅と実際の動きとがマッチしていないのです。いろいろな視覚的情報が入ってきたり、自分でプレッシャーをかけていたり、フォームのチェックに気をとられたりして、無駄な意識をしてしまうわけです。

しかし、ゴルフ以外のシチュエーションでは、無意識にできているものです。紙くずをゴミ箱に投げ入れるとき、だいたいの距離感をつかんで無意識に力を調節しています。本来ひとつである、心と脳と身体を一体化させることにより、自分の身体を思いどおりに使いこなせたらどんなに楽しいか、考えただけでワクワクしませんか。

同じエクササイズでも、動かしている部位を意識しているかどうかで効果がまったく異なってくる

視界にバンカーや池が入ると、とたんにマイナスイメージが強くなり、身体が硬直してしまう人が多い

15.メンタルをコントロールする

ゴルフは道具を使う難しさがありますが、それに加えて自分で作り出す「プレッシャー」という大きな難敵と戦わなければなりません。

何も障害物のない地続きのところであればうまく打てるのに、目の前に池や森があったりすると、途端に自信がなくなって身体が萎縮してしまった、という経験がある人もいるでしょう。「そこに打ち込みたくない」という心理が働き、スムーズな動きができなくなるのです。

ゴルフコースではいろいろな情報が入ってくるので、それを断ち切って一打に集中しなければなりません。目から入る様々な情報を整理し、「今、やるべきことに集中する」のは大変難しいことですが、ピラティストレーニングで自分の内面に意識を向けることにより、スッと集中状態に入りやすくなります。ピラティスは、単に身体を作り上げるためのエクササイズだけでなく、メンタル面にも大きく作用するのです。

また、呼吸には、ドキドキしている心を落ち着かせたり、だらけている心を勇気づけたり、不安一杯の心をやる気にさせたり、イライラしている心をプレーできる幸せな気持ちで満たしたりする効果があります。メンタルをコントロールできるようになれば、冷静に自分を見つめながらゴルフというゲームを楽しめる機会が、これまでよりずっと増えるでしょう。

16.

身体の深層から動き始める

ここまで述べてきたように、ピラティスはさまざまな理由でゴルフ上達にとって効果的です。

なかでも特筆すべきなのが、スイングは単純に「身体を回す」のではなく、「身体の中心（背骨）からネジを締めるようにひねり上げる」動きをし、そのために「身体の深層部の筋肉を安定筋として使う」ということです。この点において、ピラティスのメソッドが大いに役立ちます。逆に言えばピラティスによってスイング運動に適した身体作りが実現できるわけです。

また、スイングを同じ方向へ何度も繰り返すことにより、身体のバランスを崩してしまうことがありますが、ピラティスによってふたたび正しいバランスへと戻すことができます。

パワーを生み出すアウターマッスルを安定して使うためにも、陰の主役であるインナーマッスルを効率よく鍛えることが、無駄な動作を省き、疲れを減らし、最大のパワーと安定性を手に入れる方法であると言えます。

ゴルフでは、おへそを背中側に押し込む動きをきっかけにして、テークバックを始動させる

ピラティスは、身体の深層にあるコアに働きかけ、腹筋で骨盤を安定させてから動作をスタートさせる

ゴルフに活きるピラティスの考え方

明日のラウンドから実践しよう！

1. 五感を使う

屋外で行なうゴルフは、自然環境に大きく左右されます。ゴルファーは、狙ったところへボールを運ぶために、距離や方向を判断するほか、〝風・気温・湿度〟などの気象条件や〝バンカー・ラフ・グリーン〟といった地形の状態を見極め、クラブを選び、必要なショットの準備をします。このときに発揮されるのが五感の力です。

五感とは、〝視覚・聴覚・触覚・味覚・嗅覚〟のこと。ピラティスでは、呼吸法によってしっかりと酸素を脳に行き渡らせることで、これらの感覚を研ぎ澄ますことができるのです。五感が冴えると、ゲーム自体を楽しめるだけでなく、イメージする力が膨らんで、ショットのアイディアが浮かぶようになります。

プロとアマチュアの違いのひとつに、「その場面にもっとも適切なショットのイメージができるかどうか」ということが挙げられます。ナイスショットのイメージを鮮明に描くことができれば、脳はそのイメージを再現しようとします。身体がそのとおりに無意識で動くようになれば、ゴルフはガラリと変わるはずです。

一方、五感が鈍ると、本来持っている能力を十分に発揮できず、うっかりしたミスをしやすくなります。例えば、グリーン上で傾斜が読めなくなる、距離感が合わない、風の計算を間違えるなど、いろいろな弊害が現われます。ラウンド中にカッカしたり、疲れて酸欠状態になったりしたときに判断力が鈍ったことはありませんか？　こんなときは、ピラティス呼吸を行ない、身体の隅々に酸素を供給してください。そして身体に元気をみなぎらせ、わくわくしながらゲームを楽しめる自分を作り出しましょう。ゴルフを楽しむことが上達の近道です。

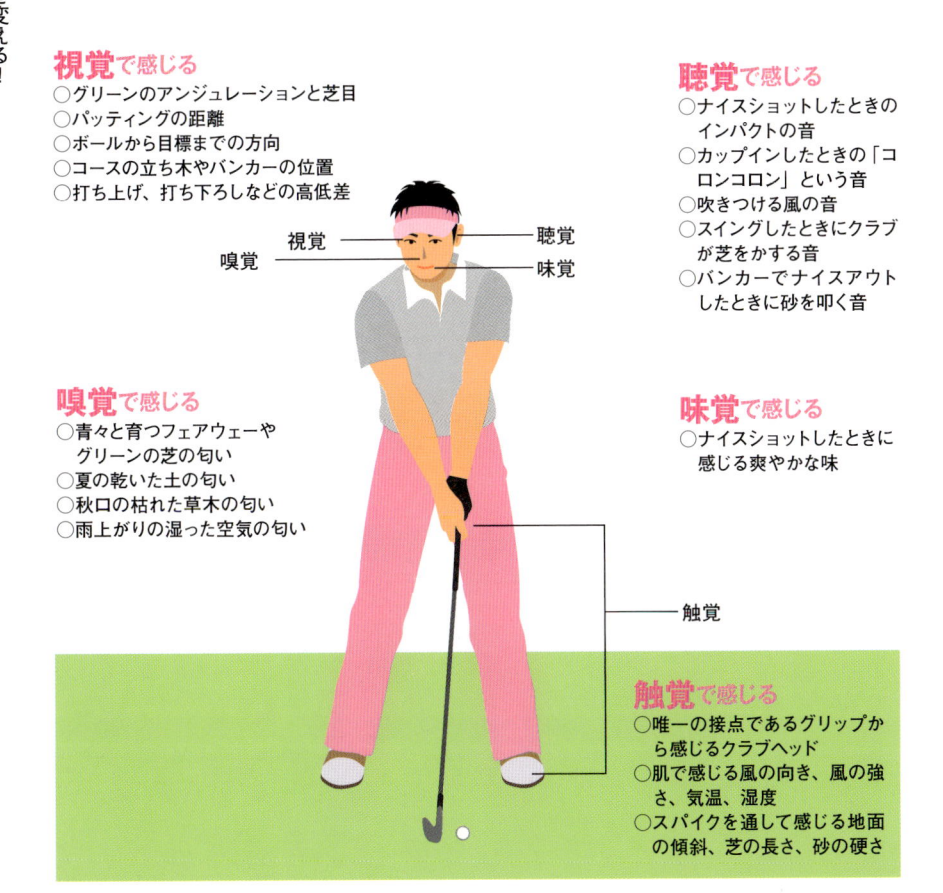

さらに、五感が研ぎ澄まされることによって、第六感といわれる「直感力」が冴えてくることも見逃せません。ゴルフは、つねにクラブ選択など決断を迫られるスポーツです。直感的に正解を導き出す力が養われれば、さらにレベルアップできるのです。上級者になればなるほど、こうした感覚が敏感です。不調のときには、直感力を取り戻すことが重要になってくるでしょう。

視覚で感じる

○グリーンのアンジュレーションと芝目
○パッティングの距離
○ボールから目標までの方向
○コースの立ち木やバンカーの位置
○打ち上げ、打ち下ろしなどの高低差

聴覚で感じる

○ナイスショットしたときのインパクトの音
○カップインしたときの「コロンコロン」という音
○吹きつける風の音
○スイングしたときにクラブが芝をかする音
○バンカーでナイスアウトしたときに砂を叩く音

嗅覚で感じる

○青々と育つフェアウェーやグリーンの芝の匂い
○夏の乾いた土の匂い
○秋口の枯れた草木の匂い
○雨上がりの湿った空気の匂い

味覚で感じる

○ナイスショットしたときに感じる爽やかな味

触覚で感じる

○唯一の接点であるグリップから感じるクラブヘッド
○肌で感じる風の向き、風の強さ、気温、湿度
○スパイクを通して感じる地面の傾斜、芝の長さ、砂の硬さ

2. 静止しない

ピラティスは、ヨガのようにポーズを取って静止するエクササイズではなく、つねに動き続けながら行なうという点が特徴です。ゴルフのスイングも「動き続ける運動」という点で共通点があります。

こうお話しすると「スイングは静止した状態から打つのでは?」と疑問を抱くかもしれません。

これは、アマチュアの方が誤解している点のひとつなのですが、アドレスしてからスイングをスタートするまでの間に完全に静止してしまっているゴルファーが非常に多く見られます。いろいろ頭の中でチェック項目を反復したり、振り出すタイミングを図って集中しているようですが、長い人では20秒以上、短い人でも10秒くらい静止していることがあります。しかし、完全に動きを止めると、地面から受け取ったエネルギーの流れが寸断され、そこからの始動は大変難しいものとなります。

プロの動作をよく見てみましょう。素振りをしてアドレスに入ると、軽くヘッドを揺らしたり足踏みをしながら準備をし、あとはタイミングを図ってスイングをスタートさせます。一連の動作の中で静止するということは決してありません。

もうひとつ、アマチュアの方が静止してしまうのがトップです。

プロは、バックスイングの際、右股関節で上体を受け止めて右足にパワーがたまると、下半身は自然に切り返しをスタートします。下半身が左方向に切り返す瞬間は、確かに止まっているように見えるかもしれません。しかし、拮抗した力が働いているので、身体の中では物凄い力が引っ張り合っているのです。その証拠にトップの位置では、シャフトがしなっています。本当にピタッと静止していたら、シャフトは真っ直ぐになっているはずです。

それでは、トップではどうすればいいのか? 私は「トップは通過点だと思って一筆書きでスイングしてみてください」とアドバイスしています。そして、スイング運動はブランコの原理にあてはめて考えてみるといいでしょう。ブランコが最上点から戻っていく瞬間がスイングではトップにあたります。ブランコは落下運動に入る瞬間、止まって見えるかもしれませんが、決して静止しているわけではありません。英語でブランコを「swing」と呼ぶことからも、ふたつの共通性が分かるでしょう。

アドレスとトップで静止しないように意識するだけで、スイングはかなり改善され、楽に感じられると思います。はじめはリズムが取りにくいかもしれませんが、右左へゆったりスイングするリズムをイメージできれば驚くほどきれいに振り抜けるものです。

トップで静止してしまう原因！

- ○トップの形を気にしすぎて止まってしまう
- ○「タメを作る」ことを「止まる」ことと勘違いしている
- ○プロのスイングがトップで止まっているように見えるので真似をしている

Point

イメージが湧きにくい場合は、クラブのグリップの端をつまんで左右にゆっくり揺らしてみてください。ヘッドの重さを使ってブランコのようにスイングさせます。右から左へ、左から右へ、ヘッドが方向を変えるとき、これがゴルフスイングのトップで切り返す瞬間です

▶プロのトップオブスイング。静止しているように見えるが、引っ張り合う力が働き、身体にパワーが蓄えられている

◀アマチュアのトップオブスイング。引っ張り合う力は働かず、パワーも蓄えられていない

▼ブランコが落下運動に入る瞬間が、ゴルフスイングの切り返しにあたる

「ピラティスでアドレスの意識がガラリと変わった」

Column

ツアープロが語る
ピラティスの効果

塩谷育代プロ（伊藤園所属）

賞金女王に輝くこと2度、
ツアー通算20勝を数えるベテランの塩谷育代プロも、
ピラティスを取り入れている選手のひとり。
女子ゴルフ界ではいち早く、
1980年代から近代トレーニングを実践するなど、
身体作りを重視することで知られている塩谷プロ。
ピラティスの体幹トレーニングは、ゴルフに
どのような変化をもたらしたのでしょうか――。

身体はまだまだ進化する

私はプロデビュー後の1985年頃から、金井清一プロのもとで先進的な近代トレーニングを実践してきました。当時は本格的なトレーニングを行なっている選手はまだ珍しく、ジムに通ったりするプロもほとんどいない時代です。

トレーニングでは、筋肉の質の違いに着目して、「早く動く筋肉」と「ゆっくり動く筋肉」は性質が異なるといったことを研究していました。たとえば、格闘技の選手のようなガッチリ体型の人がゴルフをしても、かならずしも飛ばせるわけではない、ということですね。重視していたのは、効率よくスイングするために、必要な筋肉を必要なだけ鍛えるということ。第1段階では筋肉を太くし、第2段階では筋肉を早く動かす練習をするんです。

ツアープロの世界では、ここ数年で、体幹トレーニングという言葉が急速に浸透してきています。選手同士の情報交換でも「体幹を鍛えている」という話題がよく上るようになりました。トーナメントの上位に名前を連ねている若い選手たちは、試合会場

に自前のバランスボールやストレッチポールを持ち込んで、スタート前に念入りにエクササイズをしています。準備体操やストレッチというよりは、動きのあるメニューで「筋肉を目覚めさせている」というイメージです。

私もピラティスを取り入れてみて、トレーニングや理論が進化していることを感じています。たとえば、昔から「丹田に力を入れろ」という指導を受けてきましたが、どうすれば丹田に力が入るのか分からなかった。それがピラティスの呼吸法を教わって、「あ、こういうことなんだな」と新たな感覚をつかむことができました。

ピラティスは、きちんと呼吸を行なって、始動の準備を丁寧に行なうのが特徴です。これはアドレスに活かされています。以前は無理に形を作っていて、身体に無駄な力みがあったのですが、今は意識がガラリと変わって自然に構えられるようになりました。硬かったアドレスのイメージが柔らかくなった、という感じです。やはり硬い筋肉よりも柔らかい筋肉のほうが、スムーズにスイングできるので、大きな成果と言えます。

身体は加齢とともに変化していくものですが、とりわけ強く感じるのは筋肉の「しなやかさ」や「ねばり」が失われてくるということです。スイングへの影響では、インパクトゾーン、つまりボールをフェースで運んでいる時間が短くなってくることが大きいです。身体の質が変わっていく中でも、ピラティスを取り入れることによって、意識が変わり、身体が変わり、スイングも進化できるというのは素晴らしいことですね。精神統一や集中力を高める効果も大きいと思いますし、関節の可動域を広げるというのもピラティスの目的のひとつです。

アマチュアの方が上達するためには身体の動かし方をきちんと知ることが大切だと思います。今は、雑誌やスクールなどで、良質なレッスンを受ける機会がたくさんありますが、実際に身体が納得しない動作はなかなか身につきません。姿勢や力の伝え方が分かっていないと、せっかくスイングを教えてもらっても、そのとおりに身体を動かせないんです。ピラティスを行なうと身体が自然に動くようになってくるので、レッスンの理解度も深まるのではないでしょうか。身体を思うように動かせるか否かで、上達の早さはまったくと言っていいほど違ってくるはずですよ。

Ikuyo Shiotani

1962年愛知県出身。1985年から、運動生理学の権威・東海大学の田中誠一教授の指導を受け、女子プロゴルフ界ではいち早く長期構想の科学トレーニングを取り入れる。89年の初優勝を皮切りに、メジャー3勝を含むツアー通算20勝を記録。賞金女王2度獲得。現在は2児の母として主婦業をこなしながら現役選手として活躍中。伊藤園所属。

3章
体幹から ゴルフを考える

ピラティス的スイング解説

世の中にはたくさんのスイング理論が存在します。しかし、ＮＧスイングの原因を身体の特徴に着目して分析した例は、なかなか目にすることがありません。そこで3章では、ピラティスのコンセプトをベースにして、ゴルフスイングの仕組みを考えます。

プロの美しいスイングはどのようにして作り上げられているのか、また「股関節の硬さ」や「腹筋の弱さ」がスイングにどのような影響を及ぼしているのかについて詳しく解説します。

アマチュアゴルファーが抱える典型的なＮＧスイングは、大半が身体に原因があると考えられます。紹介しているサンプルから、あなたのスイングの矯正方法がきっと見つかるでしょう。

なお、文章中で説明するスイングは、すべて右利きの場合を想定しています。

ピラティス的スイング解説

体幹を使ってボールを飛ばそう！

ピラティスのテクニックは、ゴルフスイングにも応用できます。とくに「腹筋の使い方」や「引っ張り合う力の意識」は、すぐに実践できるので試してみてください。ここでは、スイングをピラティスの考え方を交えながら解説します。

アドレスからフィニッシュまで8つのフェーズに分けていますが、1回のスイングですべてを意識することは不可能です。「自分のスイングに取り入れたら上手くなりそうだ」と思うポイントをひとつずつ選んで練習してみましょう。

Column

スイングを決定づける アドレスの重要性

アドレスはスイングの８割を決めると言われているほど重要な部分です。プロや上級者のアドレスを見ると、これから何をするのか、その意思がアドレスに表れています。高い球を打ちたいのか、低い球なのか、ドローを打ちたいのか、フェードなのか。アプローチであれば、球を上げるのか、転がすのか。

ミスの原因はアドレスの姿勢を一目見れば分かることも多く、プロはとても重要視します。アマチュアゴルファーは、ミスをすると「今のはスイングが早かった」「球の行方が気になってヘッドアップした」とスイングばかり反省しますが、じつはアドレスそのものに原因があることが多いのです。

スイングは、スタートしたら１～２秒で終了してしまうので、途中修正はほぼ不可能。トッププロは練習の結果、反射的に修正しミスを最小限に防ぐ能力を体得していますが、なかなか一般のゴルファーがやろうとしてできるものではありません。しかし、動き始める前の準備段階であるアドレスなら、自分で気づき修正できるポイントがたくさんあるということを覚えておきましょう。

スイング解説のその前に……

とっておきの ＜ レッスンプロが教えない

ミニレッスン

MINI Lesson

グリップの強さを学ぶエクササイズ

アマチュアゴルファーが誤解していることのひとつにグリップの強さがあります。しっかり振ろうとするあまり、ギュッと力を入れている人がとても多いのですが、握りが強すぎると肩や肘に力が入ってしまい、ヘッドを走らせることができません。筋肉の連携が悪くなりスイングも硬くなってしまいます。適正な握りの強さを身につけましょう。

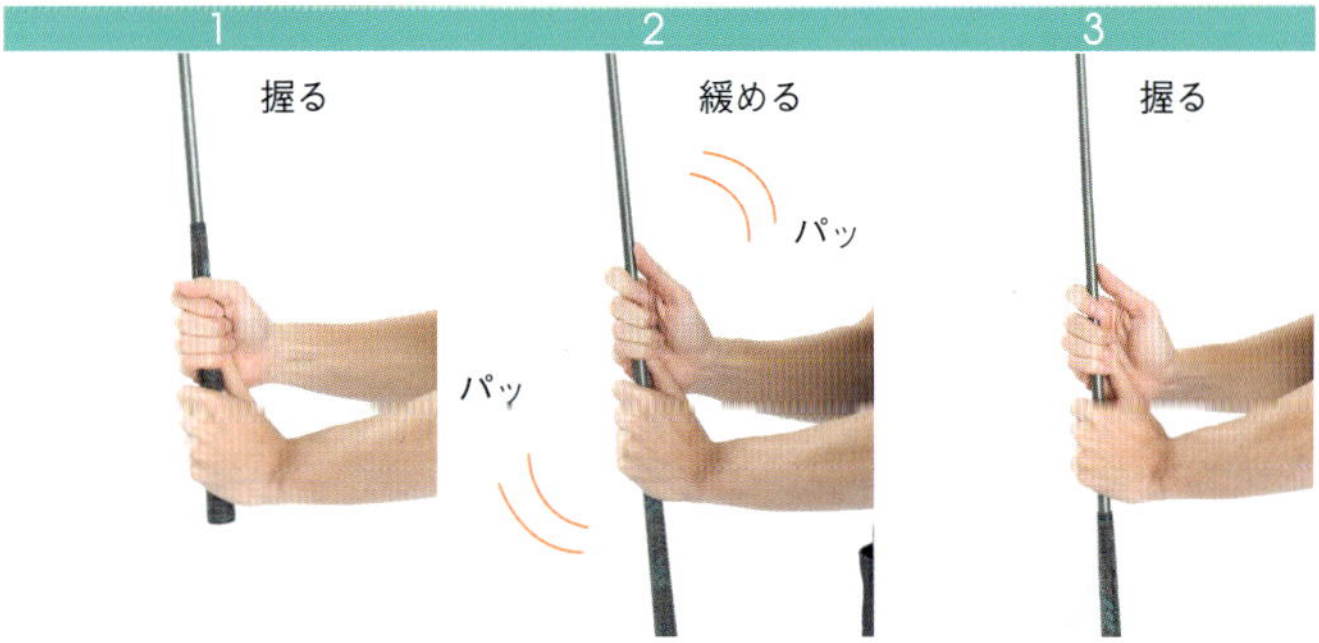

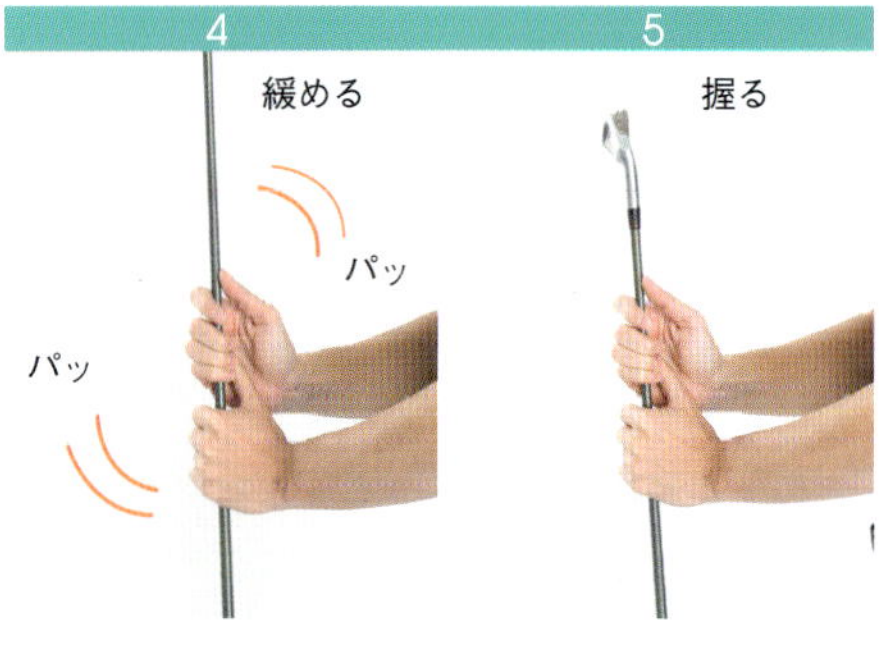

クラブをまっすぐ上に向けて持ちます。準備ができたら、手首の位置を変えずに、一瞬グリップを緩めてクラブを下に10㌢ほど落とし、すぐに握ります。これをパッパッパッと連続して行なえる握り方が、正しいグリップの強さです。やってみるとかなり緩く感じられるのではないでしょうか。普段、どれだけ強く握っているかが分かると思います

指の感覚を鋭敏にするエクササイズ

グリップの感覚を高めるために、指と手のひらをエクササイズしましょう。手は足裏と同様、たくさんのセンサーが走っています。グリップを通して、温度や湿度といった気象の状況、バンカーやグリーンなど地形の状況を読み取ります。もちろんクラブコントロールを正確にするという大切な役割もあります。このエクササイズは、肩や肘をリラックスさせ、手の動きに神経を集中させて行なうことが大切です。

その1

手の指を広げて準備します。始めに「人差し指と中指」、「薬指と小指」をくっつけます。続けて写真のように指を素早くランダムに動かしましょう。このエクササイズは指の血流をよくするので、ラウンド中に行なうと効果的です

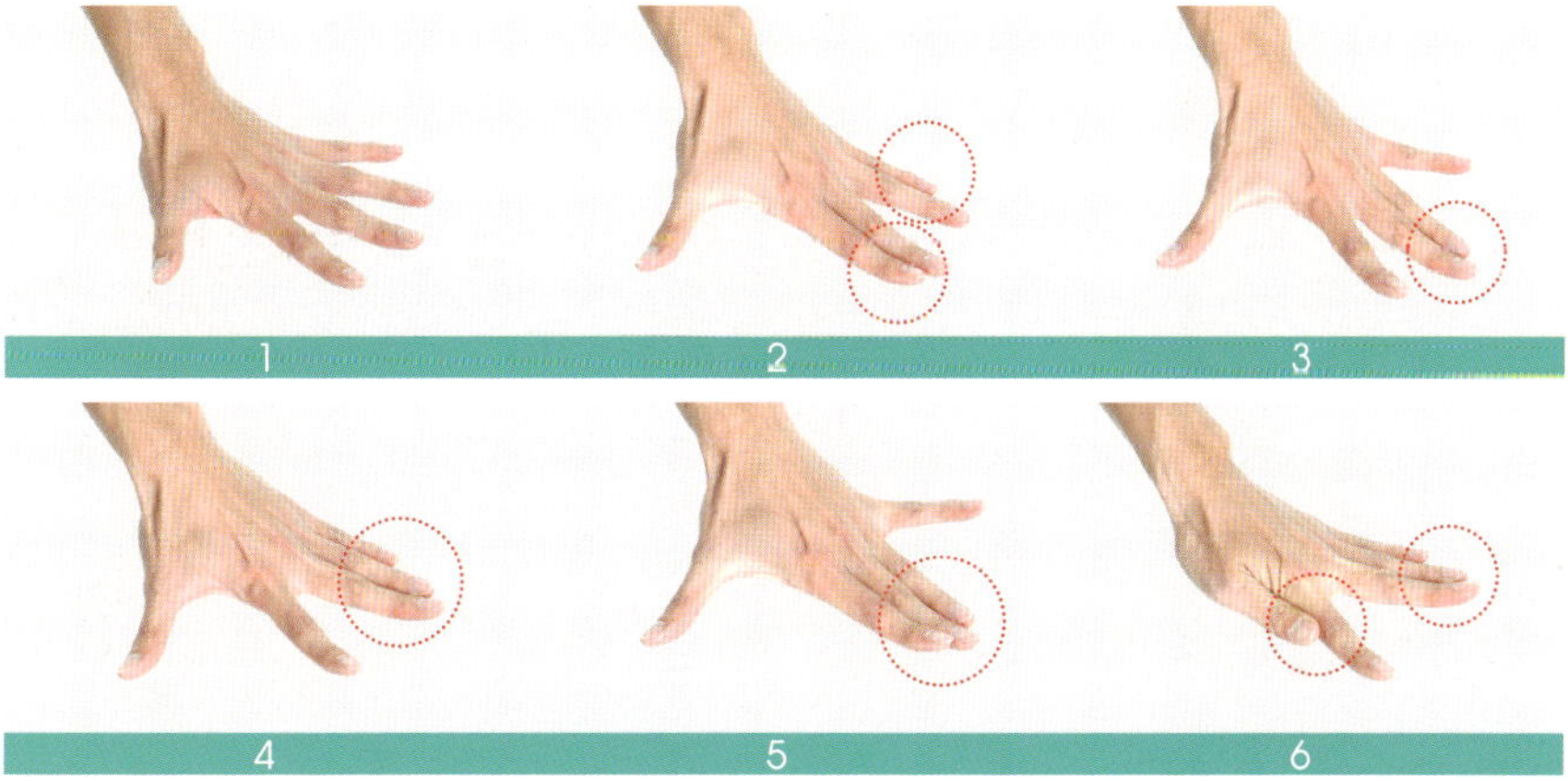

その2

手のひらを上に向けてリラックスします。準備ができたら、指の第一関節からゆっくりと曲げ、手を丸めこむようなイメージで指、手首、肘の関節を順番に曲げていきます。曲げ切ったら、同じ要領で伸ばしていきます

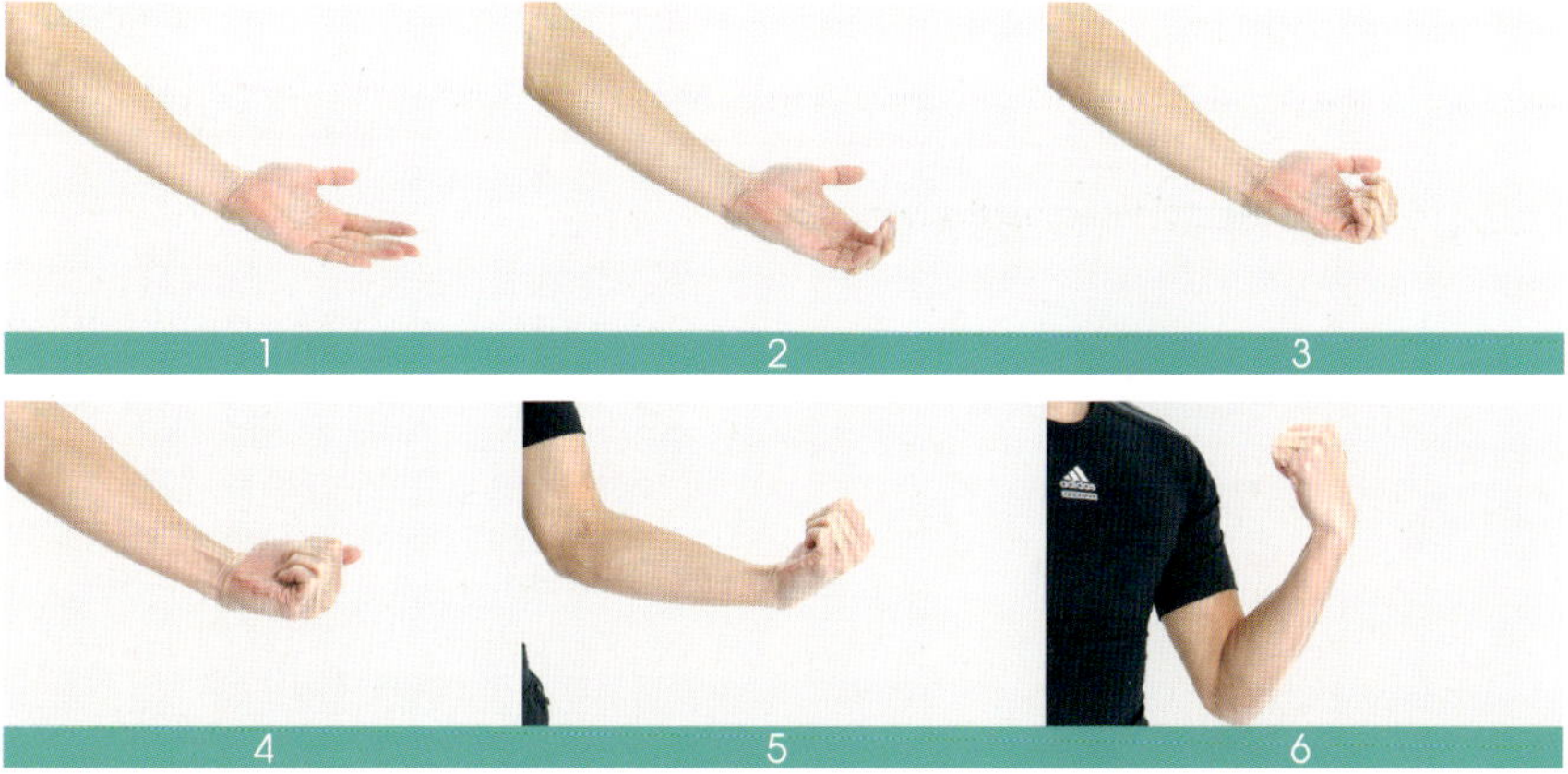

バックスイング 3

ヘッドが動き始めたと同時に手首のコックが入ります。グリップが右腰の高さに来たときにシャフトは地面と平行に、腕が地面と平行になったときに腕とシャフトは直角（もしくはやや鋭角）になります。ここでも身体の前面にクラブがあることが大切です。軸回転によって上体は右に向き、体重を右股関節で受け止めます。両膝の高さは変わらずアドレスの前傾を維持します。

＊ ピラティスを取り入れると

ピラティスでは、手を上げるときに必ず肩甲骨を下げる意識を持って肩を安定させます。また、腹筋を背中側にへこませて骨盤を安定させます。これをスイングに取り入れることにより、腕が身体の正面から外れず、安定したバックスイングへとつながります。体幹と一体となった腕は、バックスイングでその行き場所を考えなくて済むはずです。自然に腕の力みがなくなってくるのも感じられるでしょう。

Back Swing

トップオブスイング 4

上半身がローテーションし、胸は飛球線と反対の方向を向きます。このとき上半身の重みを右股関節で受け止めます。体重は右足に9割近く乗り、シャフトは地面と平行が目安です。トップはクラブを振るために身体が力を蓄えた結果であり、「通過点」としてとらえたほうがリズムは良くなります。トップで動きを止めようとする人がいますが、流れが途絶えてしまうので動き続けたほうがいいでしょう。トップオブスイングの大きさは個人差がありますが、練習時間の少ないアマチュアゴルファーはあまり大きくしすぎず、無理のない範囲で切り返しに向かうほうがスイングが安定し、パワーも生まれます。

＊ ピラティスを取り入れると

ゴルフスイングは1秒程度で終わってしまうものなので、動きが始まってから自分の意思でコントロールすることは、ほとんど不可能と言っていいでしょう。実際に球を打たずに、30秒くらいかけて超スローモーションでスイングをしてみてください。そのトップで、右サイドいっぱいにひねり上げられた上体の先にあるグリップと左足が引っ張り合うエネルギーを感じてください。そのエネルギーがハリでありパワーを生み出す要因のひとつです。

Top of Swing

スイングの流れ「アドレスからトップまで」

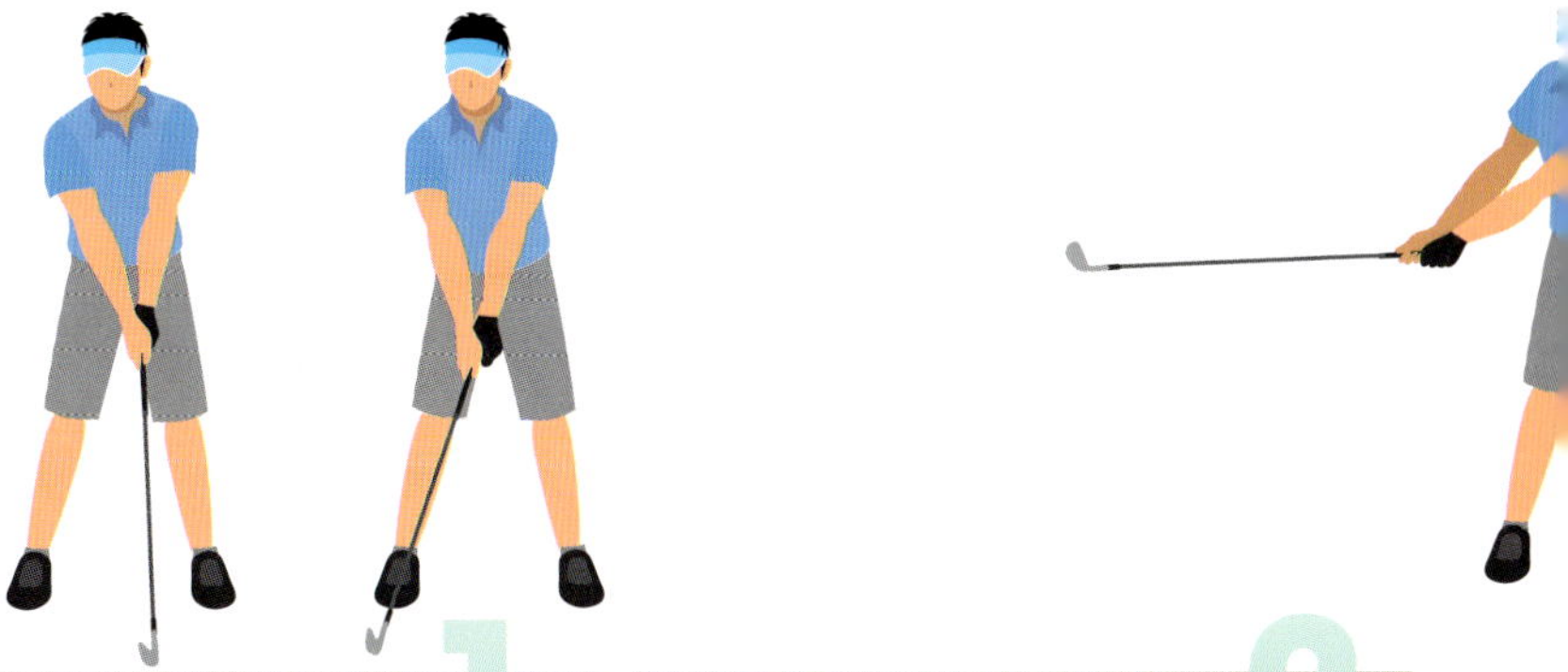

1 アドレス

肩幅を目安に両足を広げて、まっすぐ立ちます。肩を下げ、胸を上げ、お腹をへこませるようにします。体重は、両足の「拇指球・小指の付け根・かかと」の3点で支え、左右均等にバランスを保ちます。足首を曲げて軽く膝を緩めます。背骨を自然なS字に保ったまま股関節から前傾。前傾の角度は30度から45度が目安です。どこから押されてもグラつかない体勢を作ったら、肩からだらんと下ろした両手をあごの下あたりで合わせます。そこが最もクラブの振りやすいグリップ位置の目安です。

＊ ピラティスを取り入れると

頭は天から引っ張られ、尾てい骨と足裏は地面から引っ張られるイメージを持ちます。この拮抗するエネルギーを感じることが大切です。骨盤底筋群を締め、おへそに向かって引き上げます。お尻の筋肉はリラックスさせましょう。肩甲骨は自然に下がり、首を長い状態にします。肋骨は閉じて、胸骨が斜め前に引き上げられているイメージで胸を張ります。この構えはピラティスエクササイズをするときに必ず心掛ける姿勢です。初めは難しく感じるかもしれませんが、いつでもどこでも気がついたときに実践すれば、あなたの普段の自然な姿勢となり、身体のバランスを整える大切な第一歩となるでしょう。

Address

2 テークバック

体幹を使って背骨を軸に回転しながらクラブヘッドを引いていきます。身体が右を向くにつれて体重が右足に移動していきます。グリップと手首の角度はあまり変わりませんが、右肘が少したたまれ始めます。手先だけでクラブを上げるのではなく、体幹の軸回転を利用し胸を右に向けるようにしながら脚部と胴体の大きい筋肉を使って動き始めます。静から動への移行はむずかしいので、ワッグルやフォワードプレスで動きを作ってテークバックすることでスムーズな動きを引き出します。ヘッドを感じながら身体と一体になってクラブを引くことがポイントです。

＊ ピラティスを取り入れると

呼吸は吸って少し吐いて、骨盤底筋群を締めます。おへそが奥に入るような小さな動きをきっかけのひとつとして、動き始めます。ピラティスで動作をスタートさせる前には、必ず深層の腹筋を使ってお腹をへこませ、骨盤を安定させます。ゴルフも例外ではなく、骨盤を安定させてからテークバックをスタートさせます。最終的には無意識で行なう動きですが、初めは意識的にテークバックの初期段階でお腹が緩まないよう練習しましょう。

Take Back

フォロースルー 7

身体の前面で振り抜かれた両腕は、遠心力に引っ張られて右肘が伸びていき、左肘はたたまれます。腰は腹筋の力で前傾が保たれ、身体の回転をサポートします。右足は内旋・内転し続け、右股関節は左股関節のあった位置まで最短距離で移動します。このとき、肩まわり、腰、お尻、わき腹の筋肉が硬いとフォロースルーの動きが制限されてしまいます。背骨のラインはフォローでもアドレス時と変わりません。

＊ ピラティスを取り入れると

フォローでは、クラブがターゲット方向に遠心力で引っ張られていきます。この感覚は、実際にターゲット方向にクラブを放り投げればよく分かるのですが、危険なのでクラブをバランスボールなどで代用してみるといいでしょう。この放り出す感覚がつかめれば、フォローでも腕が自然に伸ばされて背骨のアングルを維持できます。肩も下げた状態で振り抜くことができます。

Follow Through

フィニッシュ 8

腰の回転によって右股関節が左股関節のあった位置まで移動します。右太ももが目標方向を向くまで内転・内旋すると、身体が目標方向に正対し、左足で体重を支えます。上半身に力みはなく、両肘はおおむね肩の高さで、グリップは左耳の高さくらいに収まります。このとき、背中が反らないように腹筋を使ってサポートします。フィニッシュでバランスよく立てた状態がうまく振り抜けた証です。

＊ ピラティスを取り入れると

エクササイズで鍛えた肩甲骨まわりの筋肉は、遠心力で引っ張られる腕を正しい位置にキープしてくれます。背中・太ももの裏側・お尻の筋肉がローテーションを完了させ、振り抜いた後でも、骨盤底筋群は引き上げられ腹筋は締まっています。太ももの付け根がピタッと狭まり、背中にエネルギーを感じます。腕・首・肩まわりにはテンションはなく、リラックスした状態です。背中は反りやすいですが、腹筋が安定筋として支え、背骨はニュートラルの状態でフィニッシュします。

Finish

スイングの流れ「ダウンスイングからフィニッシュまで」

ダウンスイング　5

バックスイングから切り返しを経てダウンスイングへ移ります。蓄えたパワーをリリースし、ボールにそのエネルギーをすべて伝えます。腰をその場で回すイメージで下方へスイングしていき、その結果、腰はわずかに平行移動してからターンします。両腕は、重力を利用して身体の正面のアドレスポジション付近に戻ります。ダウン時の腰の始動があれば、その後の動きは自然に定まってくるでしょう。腰からスタートした動きは、脚→胴体→肩→腕→手への自然なエネルギーの流れとなり、各関節を通してパワーは増幅しクラブからボールへと伝わります。

＊ ピラティスを取り入れると

ダウンスイングへの切り返しも、腹筋を使って安定させた骨盤がアドレスのポジションに戻ることがきっかけで始まります。下半身のリードで腹筋をしっかり使ってコントロールできれば、上半身優位のダウンスイングにはなりにくいはずです。ダウンへの移行では、どうしても手や首に過度な力みを生じがちですが、アドレス、テークバックで無理がなければ、ダウン以降もその修正のための動きをしなくてよいので、シンプルなスイングを実現できるのです。ピラティスエクササイズ同様、お腹に力が入っているときほど、首や肩をリラックスさせましょう。

Down Swing

インパクト　6

腰からスイングをリードし、身体の正面でボールをとらえます。インパクトでは、腰が上体より先行してターゲット方向に回り、開いた状態で捻転差が生まれます。体重は左へ移動しつつも肩は開かないようにしましょう。両肩は自然に下がり、脇をしっかりしめることにより蓄えた力が逃げず、効率よくボールに伝わります。インパクトもトップと同じく「通過点」なので、あまり意識しすぎないほうがいいでしょう。

＊ ピラティスを取り入れると

ピラティスの呼吸は大きく分けて２つの方法があります。ひとつは鼻から吸ってお腹→胸、口から吐いて胸→お腹とゆっくり呼吸する方法。もうひとつは動きに合わせて素早く「吐く呼吸」を繰り返す方法です。インパクトの呼吸は後者にあたります。下半身のリードでダウンスイングが始まり、ヘッドが自然落下し始めてからフィニッシュまでを、「フッ」と一度の呼吸で振り抜きます。テークバックで吸い、ダウンで吐くという方法もありますが、パワーが出やすい反面、安定性に欠けてしまいます。

Impact

アマチュアゴルファーが抱える

身体とスイングの問題点

あなたは、こうなっていませんか？

アマチュアゴルファーが抱える欠陥スイングの原因の多くは身体にあります。肩甲骨や股関節まわりの柔軟性不足は、ほぼすべての方にあてはまると言えるでしょう。逆に言えば、身体をケアすれば、もっともっとゴルフは上達できるのです。飛距離やスコアに行き詰まりを感じているならなおさらです。ここでは、アマチュアゴルファーによく見られる身体とスイングの問題点を紹介します。

心当たりがあれば、4章のセルフチェックと5章・6章のエクササイズを試してみてください。ゴルフ上達のチャンスです。

1. 問題点 猫背になっている

多くのアマチュアゴルファーが猫背になっています。クラブを身体の前に持って前傾して構えるため、身体の前面の筋肉が縮み、どうしても姿勢が悪くなりやすいのです。すると背骨を中心としたスイング軸を保てず、スイング軌道が不安定となります。その結果、体幹を使ったパワフルで効率の良いスイングができなくなってしまいます。猫背になっているということは、肩甲骨も正しい位置から外れているので、下半身→体幹・腕の連携も悪くなります。猫背は、腰・背中・肩・首・腕も痛めかねない危険な姿勢です。

問題点 2. 肩が上がっている

　アマチュアゴルファーを見ていると、アドレスとテークバック時に肩（とくに左肩）が上がりすぎ、トップからインパクトにかけて亀が首を引っ込めたような状態になっている人が多いことに気づきます。肩が上がっているとヘッドを上げにくくなり、上半身優位、つまり腕に頼りすぎたスイングを誘発してしまいます。肩が上がっている人は、一度、気がすむまで上げてから、ストンと落としてみましょう。背中が引き締まってハリが感じられ、首が長くなったような感覚を得られればOKです。肩甲骨の位置が安定し、腕も良く振れるようになります。肩の回転がスムーズになれば、背中もうまく使うことができます。それが大きな捻転へとつながり、安定性と飛距離が得られるでしょう。

問題点 3. 腹筋を使えていない

　お腹の深層筋をうまく使えないアマチュアゴルファーも多いと感じます。お腹のインナーマッスルは腰を守る働きをしていますが、きちんと機能していないと腰痛を引き起こす原因になってしまいます。スイング面では、おへその下に適度な緊張感がないと、体幹の力が抜けてしまい、そのぶん肩に力が入り、スムーズな肩の回転が妨げられます。スイング軸の安定に使いたい腹筋は、6つに割れる腹直筋でなく、おへそを背中に強く押しつけるように使う深部の腹横筋です。腰に故障を抱えている人は、この筋肉を鍛えることをおすすめします。

4. 問題点 首が不安定

首の角度は目線の合わせ方と直結しています。たとえばアドレス時に、グリップの形やスタンスの幅、ボールの位置などを気にして目線を動かすと、目線につられて頭も下を向いて動いてしまいます。すると首の角度が不安定になり、背骨を軸とした肩の回転が妨げられてしまうのです。正しいアドレスは首の位置が背骨の延長線上に保たれている姿勢です。これによって遠心力を使ったスイングができるようになります。

アドレスしたら、下目使いでボールを見るように構え、一度飛球線を確認してみてください。こうすると顔が上がるので頭の位置が正しいラインに戻ります。首の後ろ側にあるスイングのセンターを感じられるようになればOKです。

5. 問題点 肩甲骨が使えていない

肩甲骨がきちんと機能しないとパフォーマンスは60%程度ダウンすると言われています。いわゆる手打ちの人は、肩甲骨まわりの筋肉が硬くなっていることが多いです。パワーが伝わらず、フォローでも十分に加速できなくなり、ボールに当てて終わるだけの減速スイングになりがちです。下半身から体幹を通って増幅されたパワーは、腕を通ってボールに伝えられますが、腕の働きを決定づけるのが肩甲骨まわりの柔軟性です。これがなければ身体の連携が妨げられ、正しいプレーンに沿ったスイングができません。また、腰のリードで切り返しをスタートさせるときに大きな捻転差を生み出すカギとなるのが肩甲骨まわりの強さと柔軟性です。

MEMO

肩甲骨まわりの筋肉群は棘上筋《きょくじょうきん》（肩甲骨の外転）、棘下筋《きょくかきん》（外旋）、肩甲下筋《けんこうかきん》（内旋）小円筋《しょうえんきん》（内転）があり、ローテーターカフと総称される。

問題点 6. 股関節が硬い

股関節は大腿骨と骨盤をジョイントさせる非常に重要な関節です。スイングでは、バックスイングとフォロースルーで、それぞれ右と左の股関節に体重をしっかり乗せることが大切です。股関節まわりがうまく動かないと、体重移動ができないだけでなく、腰のキレも悪くなり、安定したスイングができません。また、ヒップの柔軟性が不足すると、つま先が外を向きやすく、パワーを逃がしやすくなったり、アライメントが狂ってしまう原因にもなります。下半身→体幹→上半身への連動がなくなり、パワーをクラブからボールへと伝えられなくなります。

問題点 7. 内転筋が弱い

内転筋は、内ももにある筋肉です。両足の太ももを引き寄せるときに働き、下半身の安定性と腰のターンに必要不可欠です。内転筋が弱いと、ダウンスイング以降のキレのよい腰のリードによるスイングができません。腰がスムーズに回転せず、膝がズレてスウェーの原因にもなります。また、フォローからフィニッシュにかけて足の付け根がピタッと寄らず、左右の太ももの間にすき間の空いた中途半端なスイングになります。左足への体重移動もできません。さらに、パワーを生む右足をうまく使えないなどの悪影響も出ます。イラストのように右足が前に出てしまうと、シャンクの原因にもなってしまいます。

ハムストリングスが硬い

問題点

8.

ハムストリングスは太ももの裏側にある筋肉です。ここが硬い人は、アドレスで腰を正常な位置に保つことができず、お尻が落ちた後傾姿勢になりがちです。前傾姿勢をキープできないと、腕を垂直に下ろしたアドレス姿勢がとれず、身体から腕を離した構えになってしまいます。そのため上半身優位の不安定なスイングを招きやすくなるのです。もちろんスイング中の前傾角度の維持、腰のキレにも直結するので、ハムストリングスは強さと柔軟性の両方を保っておきたい部位です。

MEMO

ハムストリングスとは、太ももの裏側にある3つの筋肉「大腿二頭筋《だいたいにとうきん》、半膜様筋《はんまくようきん》、半腱様筋《はんけんようきん》」の総称。柔らかく鍛えられたハムストリングスはパワフルな腰の回転を可能にする。

問題点

9.

足首が硬い

足首が硬いと、傾斜地でうまく立つことができず、ボールをフェースの芯でとらえることが難しくなります。スイングのリズムもとりにくくなり、バランスにも大きく影響します。また、効率の良い体重移動がしにくくなることも知っておきましょう。右打ちの場合、右足の蹴りによるパワー伝達ができないのはもちろん、右サイドでのパワーの受け止め、リリース後の左サイドでの受け止めができず、インパクトが安定しません。足首の硬化はケガの原因になるので柔らかくしておきましょう。

問題点10. 息を止めて打っている

ほとんどのアマチュアゴルファーは息を止めて打っています。息を止めると身体の動きも止まり、パワー伝達が妨げられてしまいます。スイングは自然な呼気を利用して行なうとパワーも出て安定します。スイングリズムにあわせて、「イーチ・ニー」と声を出して球を打ってみるとその効果が体感できるでしょう。フィニッシュまで吐きながら一気にいくので、途中のインパクト付近で動きが止まったり、強く打ちすぎたりすることが防げます。インパクトをスイング中の通過点として最後まで振り切るためにも呼吸を止めないことが大切です。

問題点11. 足指がじゃんけんのグーになっている

レッスンをしていると、生徒さんの靴が不自然に膨れ上がっているのが気になり、こんな質問をすることがあります。「足で地面を掴もうとして、足指をグーにしていませんか？」ほとんどの場合、予感は的中します。それでは地面との唯一の接点である足裏の接地面積が少なくなるだけでなく、足裏から得られる情報量も減ってしまいます。たくさんのセンサーを持つ足裏は、なるべく自然にペタっとなっていることが理想です。スパイクの中では足指をパーにして、指1本1本を地面に押し付けられるような感覚を大切にしましょう。

問題点 12.

身体のラインが歪んでいる

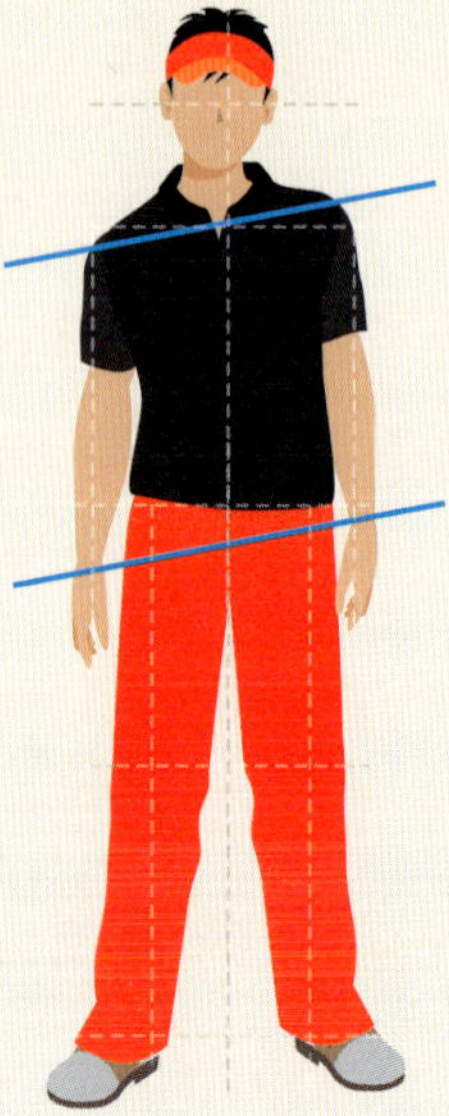

人間の身体には、縦のラインが5つ（背骨・右手・左手・右足・左足）と横のラインが5つ（耳・肩・骨盤・膝・足首）ありますが、自分自身の感覚と実際の身体にズレが生じている人がほとんどです。身体のアライメントは本人には分かりにくいものですし、完璧にまっすぐな人はまずいません。日常生活やクセで身体が歪んでしまい、自分の意識ではまっすぐになっているつもりでも、実際は曲がっているのです。日常の動作の中で、この縦横のラインをスクエアに保つ努力をすると、アドレスでの方向取りが劇的に良くなります。

問題点 13.

クラブを感じていない

ヘッドの重さ、フェースの向き、シャフトの硬さ、グリップの感触など、クラブをよく知っておくことが大切です。クラブヘッドはボールとの唯一のコンタクト部ですから、クラブの特性を感じて使いこなすことは、効率よく安定したスイングするために不可欠です。スイングの形にとらわれて、ついヘッドの存在を忘れがちですが、いつも感じてスイングするように心がければ、身体の反応も変わってきます。目を閉じてクラブを持ち、ゆっくりテークバックし、手の位置とヘッドの位置を感じてみてください。「グリップがこの位置だとヘッド面はこちらに向いているな」という感覚をつかむ練習もしましょう。これでコース上でも不安材料が減ることになります。ラウンド前は素振りでクラブを感じ取れるようにしておくといいでしょう。

こんな身体がほしい!

理想は、強くしなやかでバランスの良い身体

遠心力を使ってクラブを振るゴルフスイングでは、身体がしなやかであればあるほどヘッドスピードがアップし、パワーを効率的にボールに伝えることができます。飛距離が出なくなると、「筋力が落ちたからだ」と考えがちですが、日常生活を普通に送っていれば、ゴルフに支障が出るほどの筋力低下は起きないはずです。原因はズバリ、運動不足によって関節まわりの腱や靭帯、そして筋肉が硬直化し、股関節や肩甲骨の可動域が狭くなっていることにあります。つまり身体の柔軟性が失われている状態です。実際、身体の柔軟性が高まると、年齢とは関係なく飛距離は伸びていきます。

感覚的な要素も重要!

■不安定な場所でもスイングできるバランス感覚
■蓄えたパワーを瞬時にボールへ伝える俊敏性
■身体全体をセンサーにして五感をフル稼働させる力
■約5時間のゲームを戦い抜く集中力と持久力
■オンとオフの切り替え能力

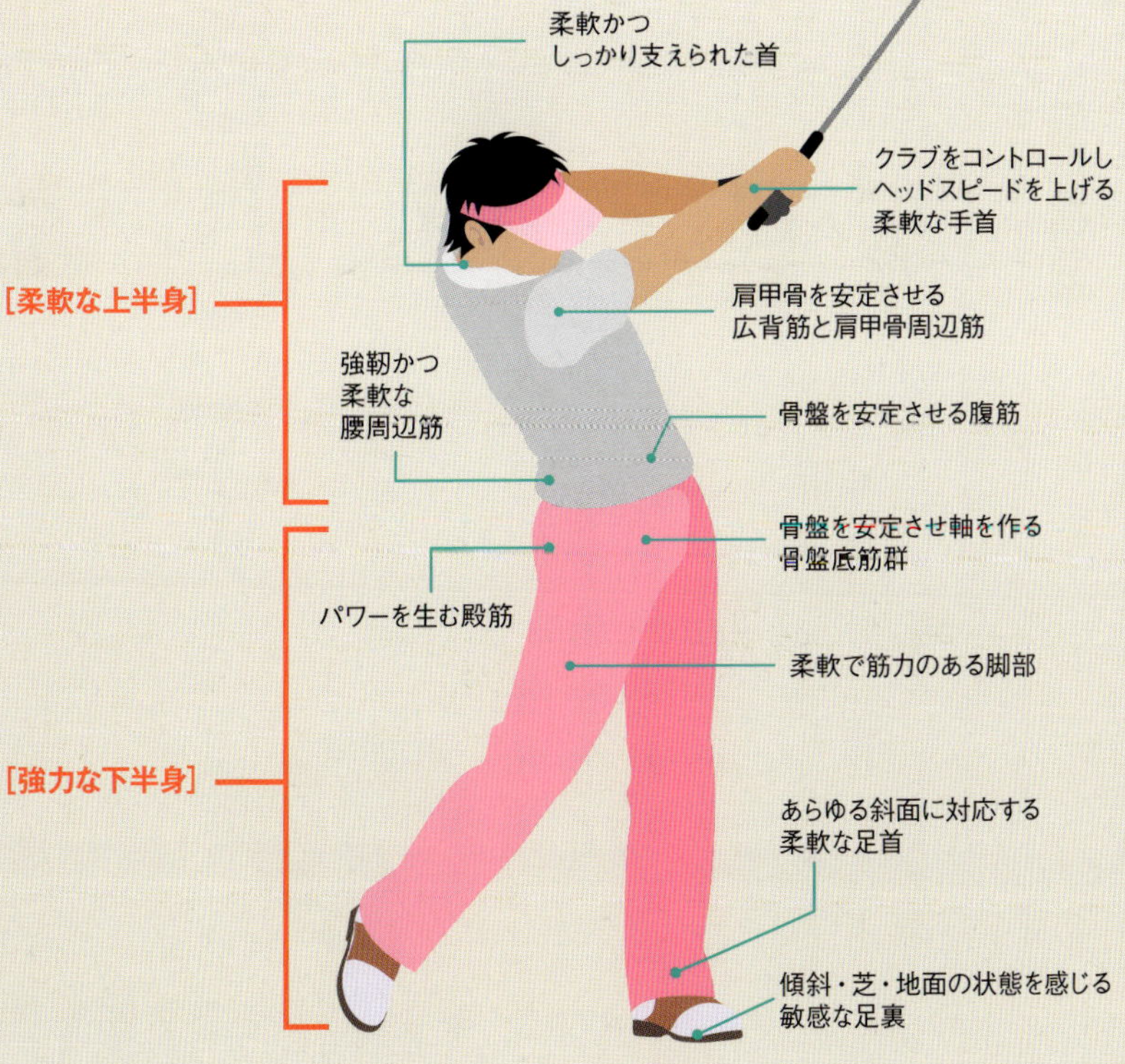

柔軟かつ
しっかり支えられた首
クラブをコントロールし
ヘッドスピードを上げる
柔軟な手首
[柔軟な上半身]
肩甲骨を安定させる
広背筋と肩甲骨周辺筋
強靭かつ
柔軟な
腰周辺筋
骨盤を安定させる腹筋
骨盤を安定させ軸を作る
骨盤底筋群
パワーを生む殿筋
柔軟で筋力のある脚部
[強力な下半身]
あらゆる斜面に対応する
柔軟な足首
傾斜・芝・地面の状態を感じる
敏感な足裏

「意識」と「無意識」が引き起こすミスケース

その1　意識的な動作

ゴルフのミスケースには、「意識して起こるミス」と「無意識で起こるミス」のふたつがあります。

まず意識的に起こしてしまっているケースについてお話しします。皆さんは、「熱心に練習すればするほど下手になった」という経験はありませんか？　ゴルフのスイング理論は教えるプロの数だけあり、雑誌やインターネット上には情報が溢れ返っています。どれが正解でどれが間違い、ということはありません。どれも理想のスイングを目指しているわけで、極端に言えばすべて正解です。問題は、自分が今どんな状態にあるのかを知り、それにはどの理論が自分にマッチしているのかを見極めることなのです。

たとえば「右肘はしぼれ！」という雑誌の記事を読んだゴルファーが、「そうか、肘はしぼるんだな」と考えたとします。しかし、もともと正しい肘の使い方をしていたら、そのゴルファーは肘を必要以上にしぼりすぎることになり、良い結果は期待できないでしょう。自分にマッチしていない理論を取り入れてしまっては意味がありません。そこに落とし穴があるのです。時には、「肘はしぼれ！」という記事と「肘はしぼるな！」という正反対の記事が載っていることもあります。ますますゴルファーは理論の迷宮をさまようことになり、間違ったスイングに陥ってしまうのです。

「ボールをよく見る」ことを意識して
頭が下がる

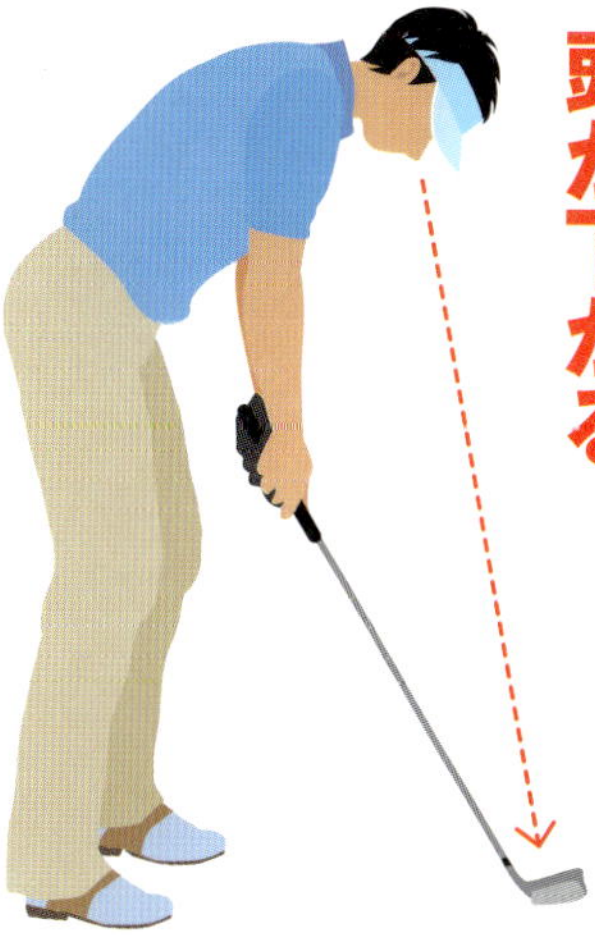

両脇が甘くなり、手と身体の一体感がなくなる。肩の回りも悪いため、手先でクラブを上げやすく不安定な軌道に。首や腰に負担がかかる危険な姿勢

「肘をしぼる」ことを意識して
胸が開かなくなる

両腕が極端に胸の前にくるため、肩甲骨が前進しすぎて動きが悪くなる。肩も力みやすく胸が開かなくなりバックスイングがとりづらい

「左の壁を作る」ことを意識して
回転が止まる

回転が途中で止まると、クラブの抜け場所がなくなり振り切れない。右腰が回らないので体重移動できず、ヘッドをボールにあてるだけになってしまう

「どっしり構える」ことを意識して
お尻が下がる

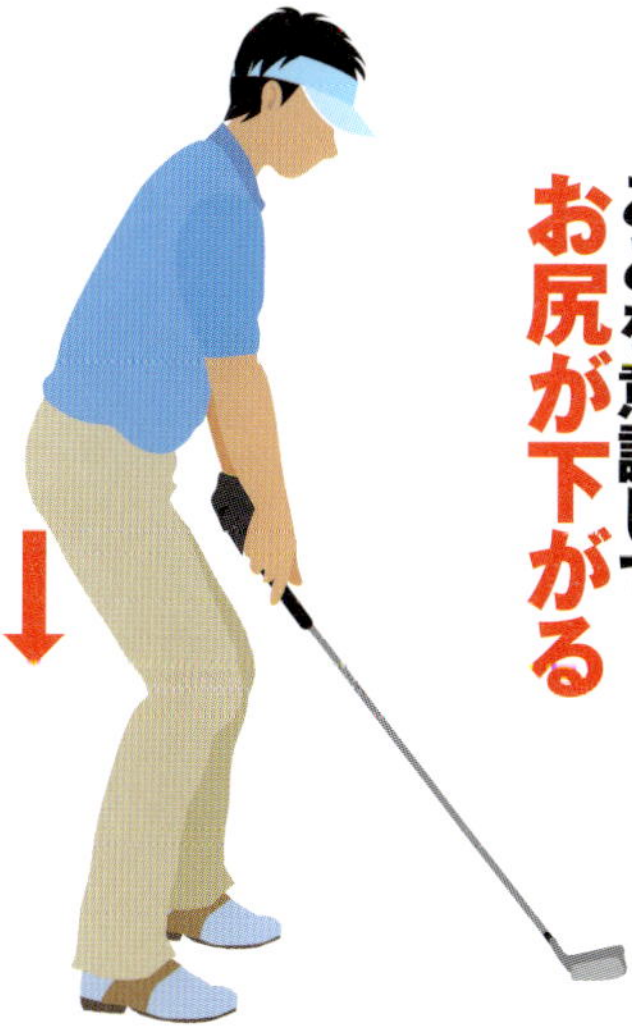

股関節からの前傾が取れず、バックスイングで上半身を右股関節の上に乗せられない。身体のセンターに重心を置いて構える意識を持ちたい

※このほか、「フォローで右腕を伸ばす」ことを意識して右手が力みヘッドが走らない、「目標方向へまっすぐ振る」ことを意識して身体の回転が止まってしまう、などのミスケースが見られます

その2 無意識的な動作

「意識」と「無意識」が引き起こすミスケース

次に無意識のうちに起こしているミスケースを紹介します。代表的なのが、背中側の意識が薄くなってしまう例です。ゴルフのアドレスは飛球線に対して直角に構えます。すると、顔を向けている方向の情報ばかりが視界に入ってくるため、背中側は認識されにくくなります。

脳は、目に見えているものへの意識を強めるので、必然的にボールは身体が向いている方向へ飛びやすくなってしまうのです。ちなみに野球やテニスの場合、半身に構えていても顔は相手に向けているので視界の問題は起こりません。

また、コースでは練習場と違って自分でスタンスの向きを定めなければなりませんが、この時点で誤った方向を向いている人も非常に多いです。

パッティングのミスも同様で、カップの右側に外れることはあっても、左側に外れることは少ないのではないでしょうか。自分の打った感覚よりも右に行くため、今度は無理に左に打とうとして、ヒッカケなどのミスも出始めます。こうして左右両方向へのミスが出るようになり、お手上げ状態になってしまいます。

このほか、「息を止めて打っている」「かかと体重になっている」「つま先が外向きになっている」といったスイングも、無意識のうちに引き起こしているミスの顕著な例です。

インパクトで息を止めている

無呼吸でスイングをしているゴルファー。息を止めるとスムーズにスイングできないだけでなく、身体に負担をかけてしまうので危険

背中側の意識が薄くなる

右利きの場合、飛球線より右側が視界に入ってくるため、球は右方向へ飛びやすい。初級者がスライスする原因のひとつに視界の作用が考えられる

つま先が外向きになっている

両足のつま先が平行になっていないと、股関節の動きが悪くなって体重移動がスムーズにできない。スイング中のパワーも逃げてしまう

かかとに重心が乗っている

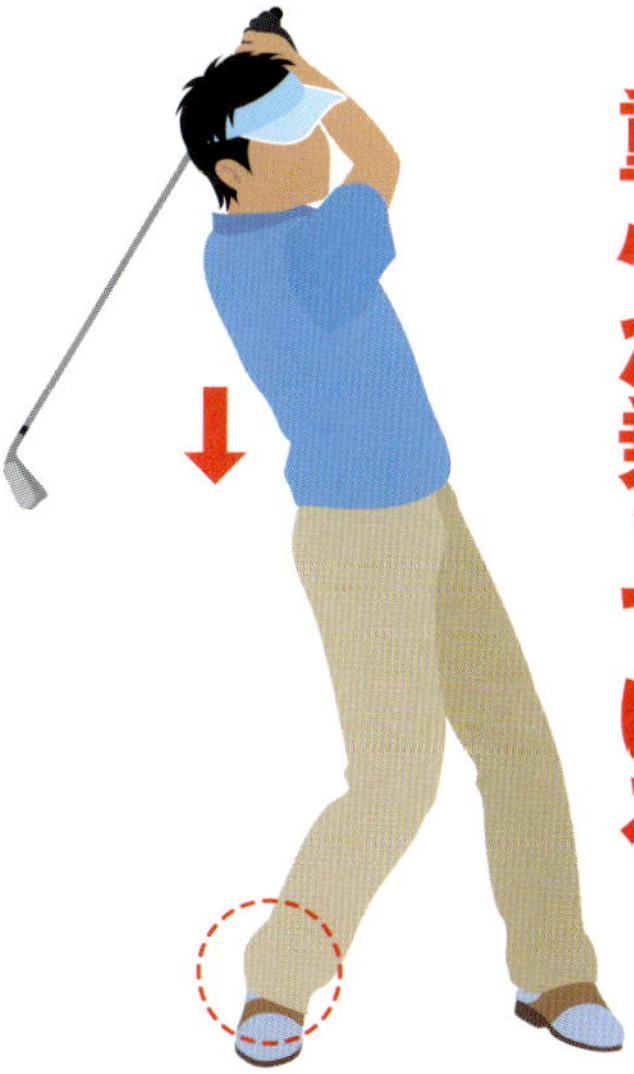

意識的に腰を落としている例とは違い、腹筋をうまく使えないためにかかと体重になっている例。自分のフォームを写真で見て驚く人が多い

4章

まず自分の身体を知ることから始めよう

簡単セルフチェック

体幹トレーニングを始める前に、まずは自分の身体の状態をチェックしてみましょう。身体のどの部分が硬いか、筋力が足りないかを、簡単な動作で確認することができます。自分では気づいていないところに不具合が出てくることも多いので、ひととおり、すべてのチェックを行なってみてください。

また、3章で紹介されているNGスイングに心あたりがあれば、その部位をチェックしてみるといいでしょう。チェックで引っかかった場合は、5章の「15秒体幹トレーニング」で紹介しているエクササイズを実践してみてください。

セルフチェックはテストとして紹介していますが、エクササイズとしても有効です。「15秒体幹トレーニング」と合わせて続けることをおすすめします。

self check 1

首のチェック✓

首まわりの柔軟性をチェックしましょう。

足を肩幅に開いて鏡の前に立ちます。肩を動かさないようにして、首を左右交互に向けましょう［A］。次に、耳が肩に近づくように首を左右交互に倒します［B］。このときも肩は動かないように気をつけてください。

可動域に左右差がないか、どこか痛みがないかをチェックしましょう。

首まわりはたくさんの筋肉が複雑に関わっています。人と比べたり無理をしたりせず、自分の状態を観察するつもりでやってみましょう

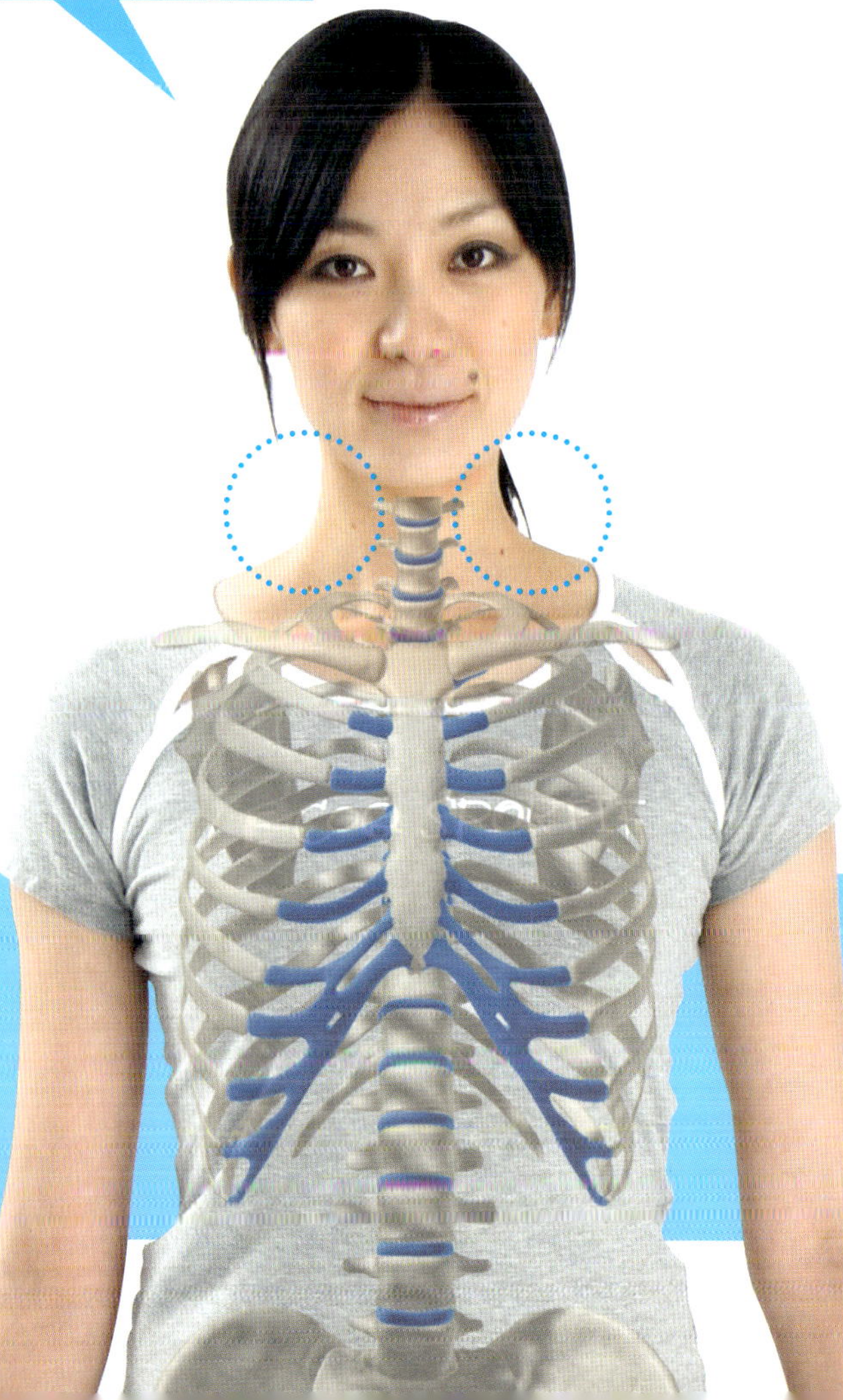

MEMO

首とスイングの関係は？

首のチェックでは、スイング中の首と肩の関係を確認します。左向きが苦手(右サイドが硬い) な人は、テークバックで肩の入りが悪くなっている可能性があります。右向きが苦手(左サイドが硬い) な人は、インパクトからフォローにかけて頭の位置が左にズレたり前傾の角度を保てません。またヘッドアップの原因になることも多いです。また、ボールをよく見ようとして頭を下に向けすぎると、自然な首の角度が損なわれ肩の入りが悪くなります。首筋を起こし、頭が下がりすぎないようにしてスムーズなスイングの軸を作りましょう。

首まわりが硬いと……

■上半身が緊張し、上半身優位のスイングになる ■本来出るはずの飛距離が望めない ■肩の入りが悪くなりスライスする ■肘や手首を痛める原因となる

A 左右を向く

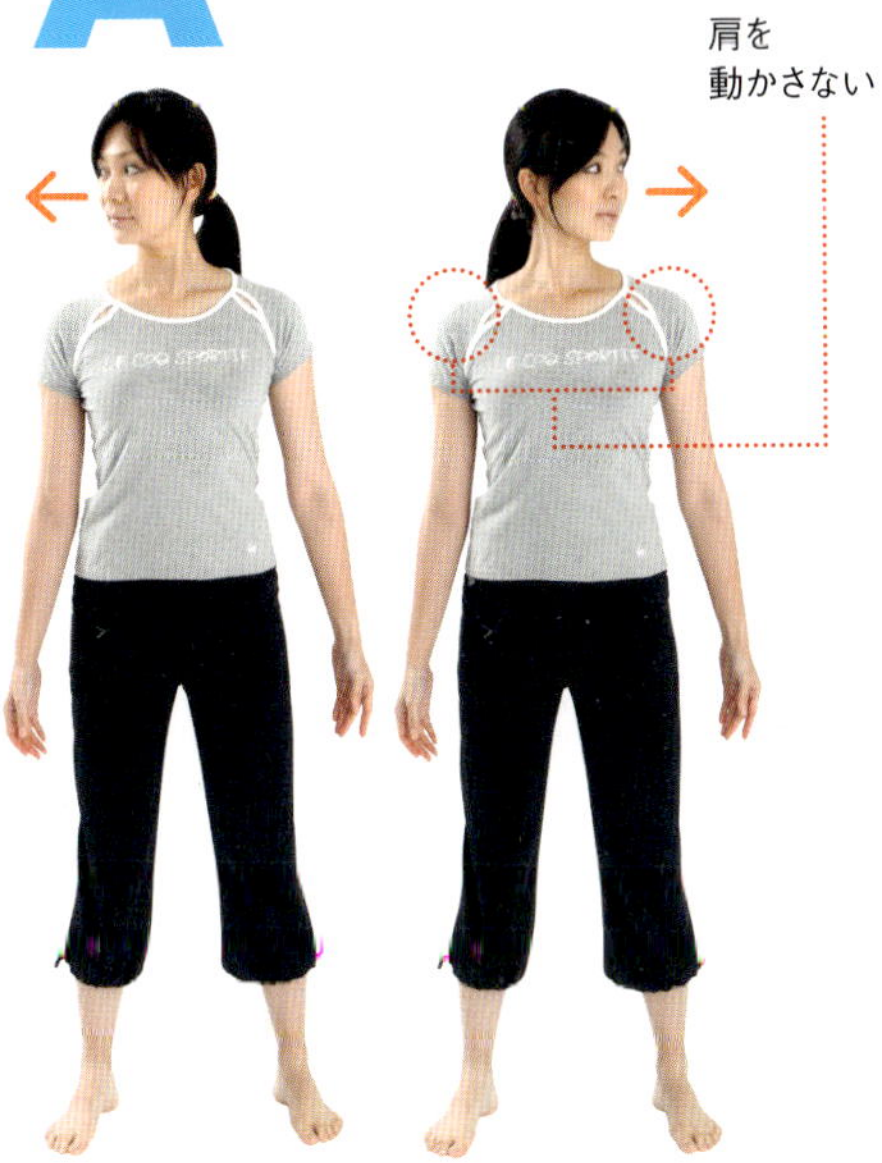

B 左右に傾ける

※首のエクササイズは
120ページへ
GO!

self check 2

肩甲骨のチェック

肩甲骨周辺の柔軟性をチェックしましょう。クラブを背中側に持ち、シャフトが背骨と重なるようにします。クラブをまっすぐに保ちながら、上下になっている手を少しずつ近づけていきましょう。

シャフトの中央で両手がくっつくまで近づけることができますか?

くっつかない人は肩甲骨まわりの筋肉が硬くなっている可能性があります。

1
クラブを背骨のラインに沿わせて構えます
2
少しずつ指で歩くように両手を近づけていきます

「右手が上・左手が下」のときはテークバックからトップの腕の状態、「左手が上・右手が下」のときはフォローからフィニッシュの腕の状態を感じることができます。

3

シャフトが背骨のラインからズレてしまっています。まっすぐに持ちましょう

MEMO

肩甲骨とスイングの関係は？

体幹と腕をつなぐ肩甲骨周辺は、「第二の体幹」と言える大切な部位で、つねにメンテナンスしておきたいところのひとつです。これまでの私の経験では、クラブの真ん中まで指が届く一般ゴルファーはごくわずかです。また左右差も大きく見られます。肩甲骨の動きが悪いと、スイングアークが小さくなってしまいます。また腕と身体の一体感が失われ、正しいスイングプレーンに乗せることができなくなり、軌道が不安定になります。さらに腕の振りが悪くなるため手打ちや手先操作の原因にもなります。手打ちはヘッドスピードの低下につながるので、肩甲骨まわりの柔軟性は非常に重要です。

肩甲骨まわりが硬いと……

■スイングスピードが落ちる ■飛距離が出ない ■安定したショットができない ■腕力に頼ったスイングになりやすい ■ケガ・故障を誘発しやすい

※肩甲骨のエクササイズは122ページへ

self check 3

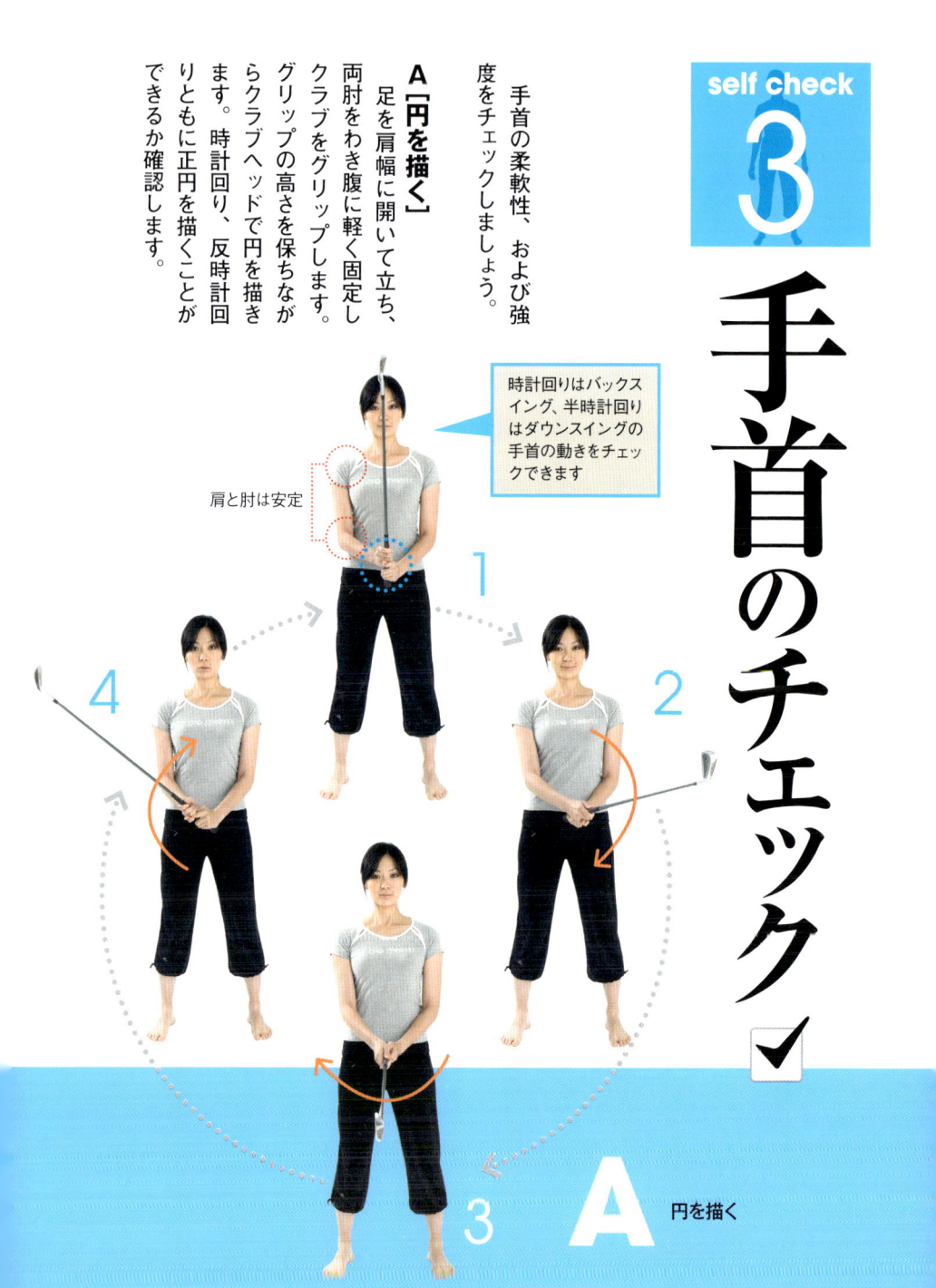

手首のチェック☑

手首の柔軟性、および強度をチェックしましょう。

A［円を描く］

足を肩幅に開いて立ち、両肘をわき腹に軽く固定しクラブをグリップします。グリップの高さを保ちながらクラブヘッドで円を描きます。時計回り、反時計回りともに正円を描くことができるか確認します。

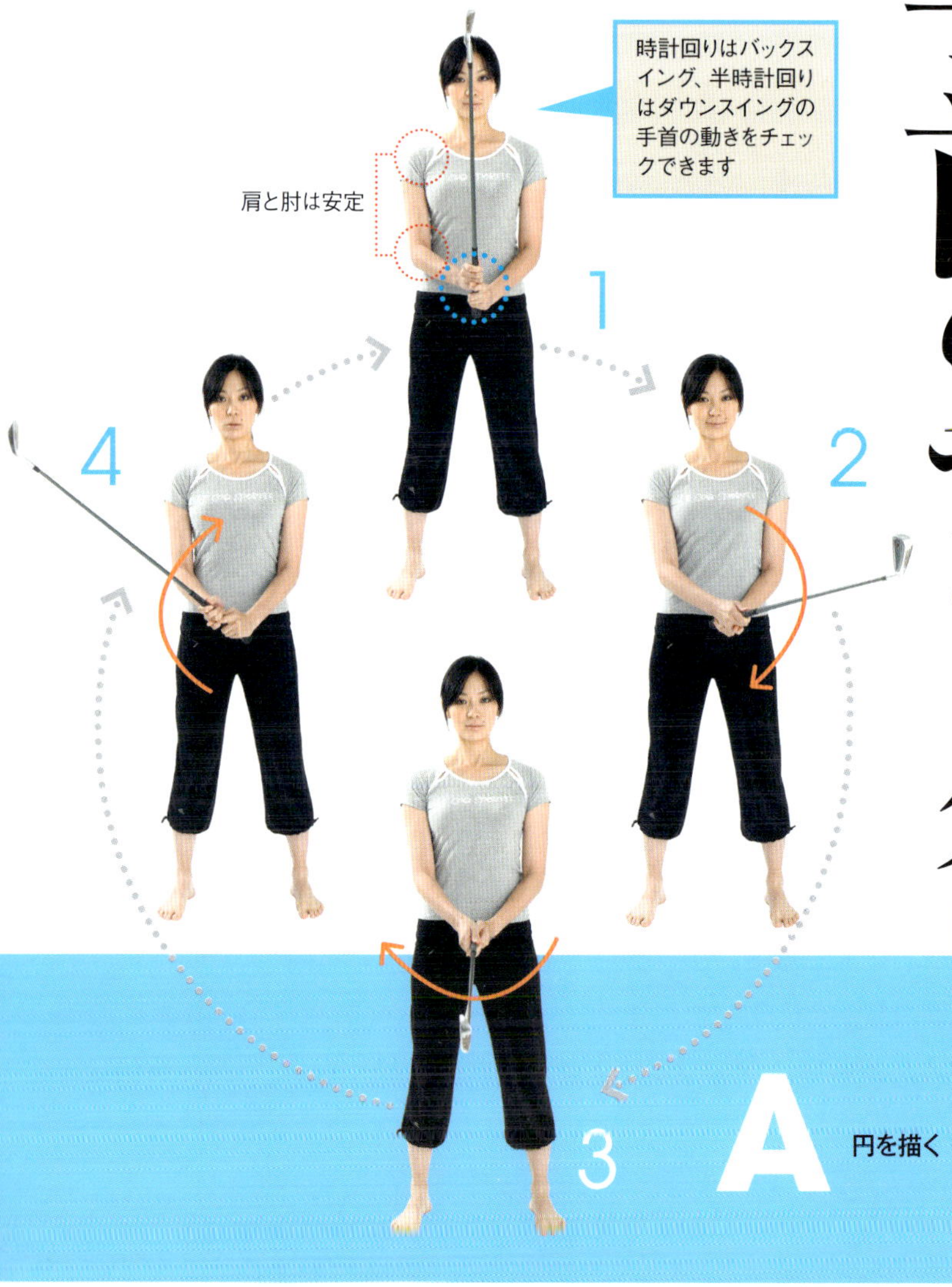
時計回りはバックスイング、半時計回りはダウンスイングの手首の動きをチェックできます
肩と肘は安定
1
2
3
4
A 円を描く

B［ヘッドを上げる］
クラブを身体の横で持ち、肩・肘を動かさず、手首の力とテコの原理でヘッドを持ち上げます。シャフトが地面と平行になるまで上げることができますか？
※手首の力が弱い人はクラブを逆さまに持ってグリップ部分を上げるようにしてください。

B ヘッドを上げる

[illegible]スムーズに手首だけ独立させて動かす練習をしましょう

MEMO
手首とスイングの関係は？

手首は、フェース面に影響を与えやすく、またヘッドスピードを上げるための大切な部位です。手首が硬いとヘッドを適正なスイングプレーンに乗せられず、うまくヘッドを加速できません。それを補おうとして肩や肘に必要以上の力を加えている人が多いです。手首の弱い人はスイング中、遠心力に負けてコックの角度を維持できません。理想は、リストコックでとる筋力があり、なおかつ柔軟性の高い状態です。このチェックのもうひとつの目的は、適正なグリップの強さを学ぶことにあります。多くのゴルファーはグリップを強く握りすぎているため、手首の動きが制限されています。グリップを緩めてみるとヘッドを動かしやすくなることに気づくはず。その握りの強さこそがスイング中に必要とされる適正なグリッププレッシャーなのです。

手首が硬いと………
■ヘッドスピードが上がらない ■ダフる ■トップする ■ボールが上がらない ■スイング軌道が不安定になる

※手首のエクササイズは124ページへ
GO!

self check 4

足首のチェック✓

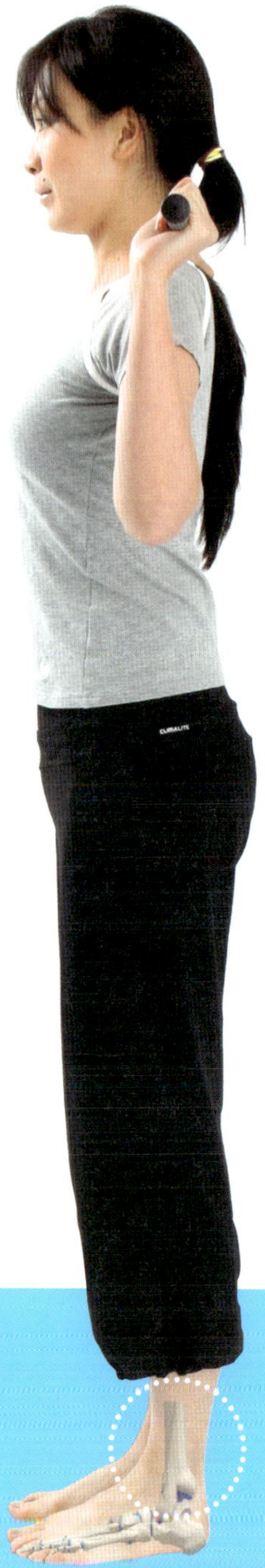
上半身をなるべく
前に倒さないよう
に意識しましょう

足首の柔軟性をチェックしましょう。

両足をそろえて立ち、クラブを肩に担ぎます。顔を正面に向けたまま、肩の向きを変えずに腰を落としていきます。

バランスをキープし、かかとを上げずにしゃがむことができますか？

MEMO

足首とスイングの関係は？

日常生活ではあまり足首に注目することはありませんが、ゴルフではとても大切な役割を果たします。たとえば傾斜地でバランスを保つには、足首を曲げて前傾姿勢をとる必要があるため、強さと柔軟性が求められます。また、足の踏み込みや体重移動の際は、足首に大きな力が加わります。足首が硬いと、バランス感覚が悪くなり、ショットの安定性が損なわれてしまいます。

足首が硬いと……

■前傾姿勢を維持できない ■バックスイングで伸び上がる ■つま先が外へ開き体重を受け止められない ■うまく体重移動できない ■傾斜地で正しくスイングできない

足首の柔軟性に欠ける人は、両足をそろえたまま腰を落とすことができません

お尻を後ろに突き出すようにして腰を落とします

※足首のエクササイズは126ページへ

self check

5 脚のチェック✔

A

かかとを天井に向ける

まずは膝をまっすぐ伸ばすことを心がけましょう

MEMO

脚とスイングの関係は？

太ももの裏側が硬い人は、アドレスで前傾姿勢を保つことができず、身体が起き上がってしまう傾向があります。体重移動もスムーズにできないので、ボールにパワーが伝わらず飛距離が出ません。アマチュアゴルファーは、腰から膝の裏側にかけて硬い人が非常に多く、このチェックを行なうと膝がまっすぐ伸びないケースがほとんどです。姿勢の保持、パワーを生み出す足の力を有効に使うためにも、強さと柔軟性を高めましょう。

脚の筋肉が硬いと……

■後傾になりやすい ■体重移動がうまくできない ■歩幅が小さくなる

太ももの裏側の柔軟性をチェックしましょう。

仰向けになり、右足の膝を曲げます。左足の足裏にタオルを回し、膝をまっすぐ伸ばしていきます。このとき、伸ばしている足のお尻が床から離れないように意識してください。

［A］かかとを天井に向けて突き出せますか？

［B］さらに足を顔に近づけることができますか？

NG

太ももの裏側が硬いと、伸ばした足の膝が曲がっています

B
伸ばした足を
顔に近づける
顔に近づける
腰は浮かさない

※脚のエクササイズは
128ページへ
GO!

self check 6

ローテーションのチェック

ローテーション（捻転）の可動域をチェックしましょう。

椅子に浅く腰かけて顔を正面に向け、両手を肩に置きます。この状態から腰を動かさず、背骨を軸として上半身を左右交互にひねります。動きは小さくてもかまいません。

スムーズに捻転できますか？　可動域に左右差はありませんか？　上半身の軸が倒れていませんか？

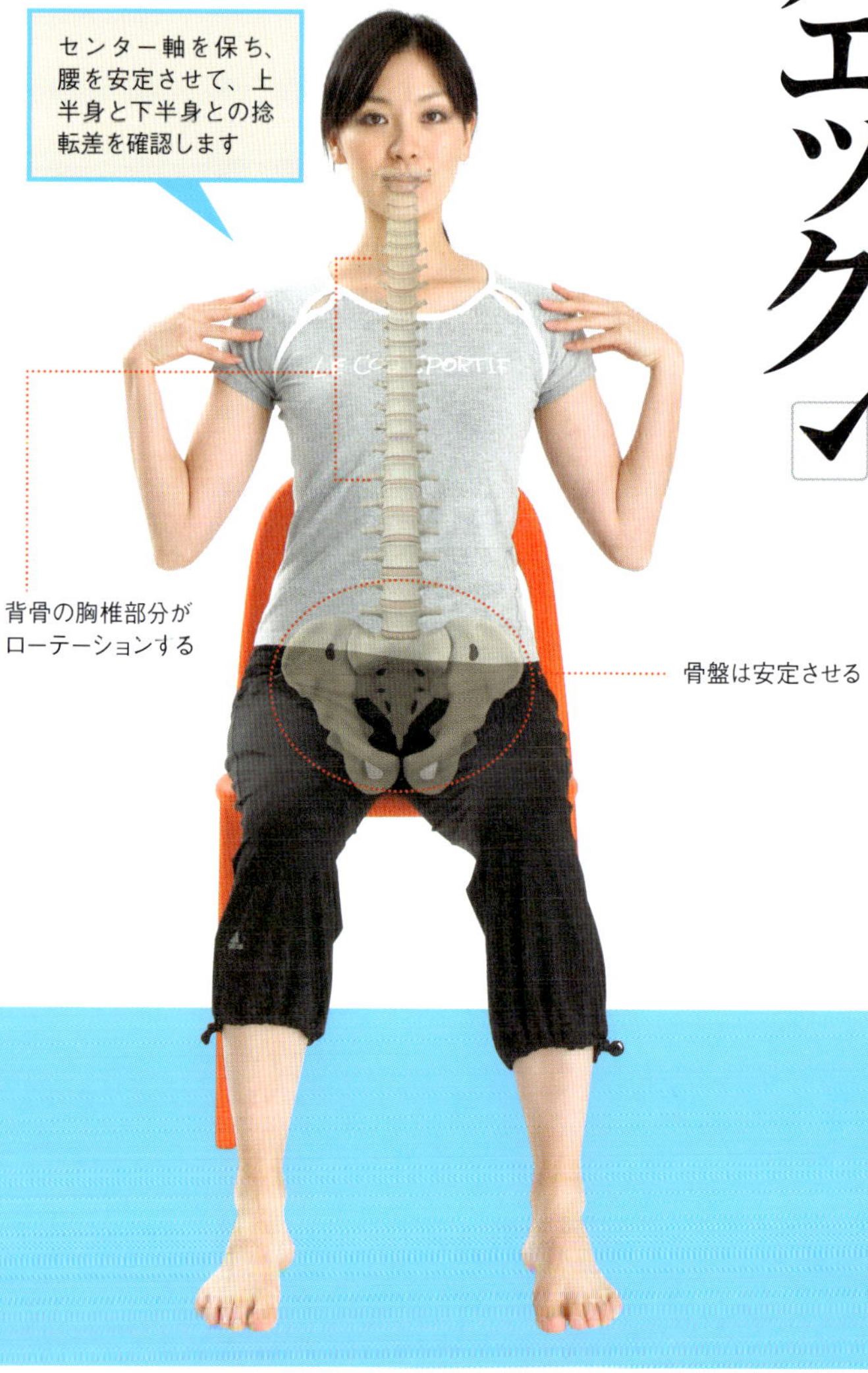
センター軸を保ち、腰を安定させて、上半身と下半身との捻転差を確認します
背骨の胸椎部分がローテーションする
骨盤は安定させる

MEMO

ローテーションとスイングの関係は？

ローテーションは、ゴルフスイングそのものとも言える運動で、上半身と下半身の捻転差がスイングのパワー源となります。体幹の捻転がスムーズにできないと、腕や手首の力に頼りすぎたり他の筋肉で補うスイングとなり、効率のよいパワー伝達が妨げられてしまいます。結果、飛距離が出にくくなるだけでなく、正確性も落ちることになります。身体全体のローテーションは主に「胸椎のローテーション＋股関節の可動域」で決まります。このチェックでは、おへそから上の胸椎をどれくらい捻転させられるか確認しましょう。

軸を保ってローテーションできないと……

■手打ちになり飛距離が出ない ■軸がブレて不安定なスイングになる ■無理に身体を回そうとして腰が引ける ■体重移動がうまくできない

ひと言アドバイス

捻転させるときに腰を回そうとする人が多いのですが、腰の骨はほとんど回りません。実際に動いているのは、背骨の“胸椎”部分と“股関節”です。

ローテーションできず、身体を倒して回そうとしている例です。このタイプの人は、上半身の力でスイングする傾向にあり、捻転差が生み出すパワーを活かすことができません

※ローテーションのエクササイズは130ページへ
GO!

self check

7

わき腹のチェック

わき腹の強度と柔軟性をチェックしましょう。

両足を肩幅に開いて立ち、クラブを肩に担ぎます。腰を動かさず、上半身を左右交互に傾けます。

このテストでは腰を安定させて、上半身だけを切り離して動かすことが大切です。腰や脚まで動かしてしまうと、どこに問題があるのかが分かりにくくなるからです。チェックするときは、上体が前に倒れてこないよう、背中を壁に沿わせて行なうといいでしょう。

それぞれ写真のように傾けられますか？　左右差はありませんか？

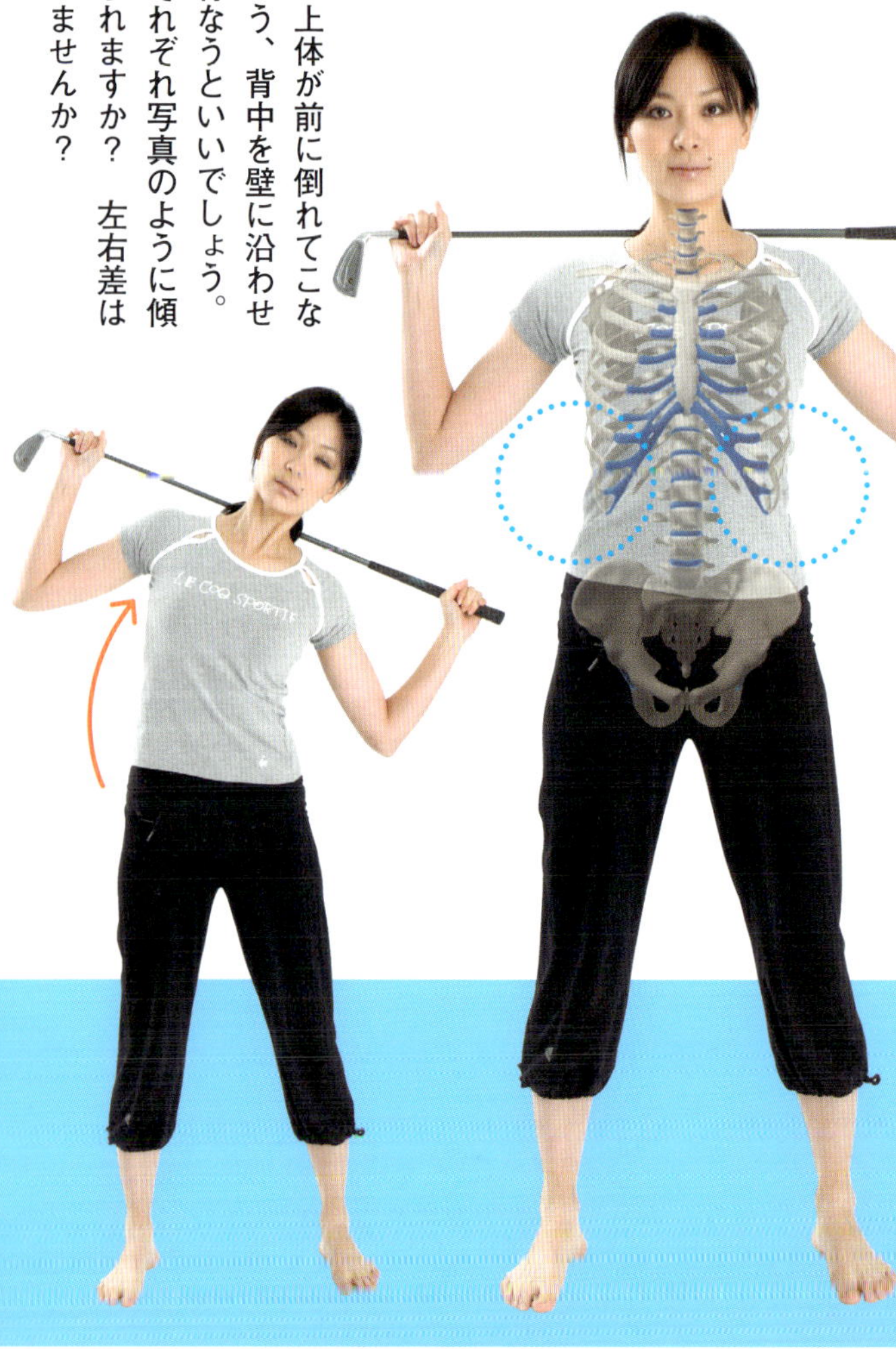

MEMO

わき腹とスイングの関係は？

ひとつ前の⑥番でチェックしたローテーション動作に欠かせないのが、わき腹の柔軟性です。アマチュアゴルファーは、バックスイングでしっかり捻転できていない人が多いのですが、わき腹を鍛え柔軟に保つことでスムーズにできるようになります。一般的にお腹まわりは、正面の筋肉ばかりが気になり、わき腹にはなかなか注意が向きません。トレーニングすることも少ないので、筋力不足や柔軟性の低下を招きやすい部位です。意識的にメンテナンスするようにしてください。

わき腹の筋肉が硬いと……

■上半身を捻転しにくくなる ■飛距離が出ない ■肩・肘・手首のケガの原因になる

わき腹の筋肉が弱いと……

■スイング中に上体が起き上がりやすい ■スイングの再現性が損なわれる ■スイングにキレがなくなる

身体が前に倒れると、わき腹のチェックができません。背筋をまっすぐ伸ばして行ないましょう

※わき腹のエクササイズは
132ページへ
GO!

self check 8

お腹のチェック✓

腹筋の強度をチェックしましょう。

膝を立てて仰向けになります。ゆっくりと上体を起こしながら、両手の指先を膝に近づけていきます。このとき、肩や首が前に出すぎないよう、スタート姿勢を保ってお腹の力だけで上体を起こしてください。

肩が床から離れ、膝に手が届きますか？

首の角度を
キープ

目線を膝の上に
向けましょう
お腹の力で上体
を持ち上げます
お腹をへこませます

MEMO

お腹とスイングの関係は？

腹筋には骨盤を安定させる働きがあり、スイング中に腰まわりをサポートしています。腹筋が弱いと腰痛の原因となります。ラウンド中に歩いているとき、ティーアップするとき、ボールをマークするとき、カップからボールを拾い上げるときは、腹筋をしっかり使って姿勢の保持をしてください。飛距離アップのためだけでなく、安定したスイングをするためには正しい姿勢をとることが大前提です。またお腹に力が入っていないと、肩や首に必要以上に負担がかかります。普段から腹筋を使ってお腹をへこませ、安定した姿勢を手に入れましょう。

お腹の筋肉が弱いと……

■腰痛の原因になる ■スイング中に上体が起き上がりやすい ■飛距離が出ない ■ケガや故障を招く

※お腹のエクササイズは
134ページへ
GO!

self check 9

お尻のチェック✓

お尻まわりの柔軟性をチェックしましょう。

椅子に浅く腰かけ、姿勢を正します。片方の足首をもう片方の膝に乗せます。骨盤を正面に向けたまま背筋を伸ばし、胸を膝に近づけていきます。

お尻や足の付け根に痛みがないか、左右差がないかをチェックしましょう。

◀床についている足は、足首・膝・座骨を結んだラインが一直線になるように

背筋をまっすぐに伸ばしたまま上体を前に倒します

MEMO

お尻とスイングの関係は?

お尻の筋肉(殿筋)は骨盤と下肢をつなぎ、股関節を支えるという大きな役割があります。つまり、お尻の筋肉が硬いと、アドレスできちんと股関節の入った前傾姿勢をとれないばかりでなく、股関節そのものの動きも悪くなり、キレのよいスイングができません。またスウェーの原因にもなります。「お尻は柔らかいもの」という先入観があるかもしれませんが、実際には車の運転や長時間のデスクワーク、またストレッチ不足のために硬くなっている人が多いです。ゴルフ上達だけでなく、腰痛防止のためにも、強くしなやかな殿筋作りが望まれます。

お尻の筋肉が硬いと……

■アドレスで後傾姿勢になりやすい ■ボディターンできない
■腰が引けて体重移動しにくい
■テークバックで足がつっぱる

お尻の筋肉が硬いと、背中が丸くなってしまいます。また、股関節の動きが悪くなるため、乗せた膝が浮き上がってしまいます

※お尻のエクササイズは
136ページへ
GO!

self check 10

股関節のチェック

股関節まわりの柔軟性をチェックしましょう。

両足を開いて腰をゆっくり落とし「股割」をします。このとき、身体が前に倒れないよう気をつけます。

膝が90度になるまで腰を落とすことができますか？左右差はありませんか？

股関節の場所を意識しながら行なうと、柔軟性がより一層高くなります

MEMO

股関節とスイングの関係は？

股関節は、「下半身と上半身を繋げる」という大変重要な役割を担っており、日常生活はもちろん、ゴルフにおいても非常に大切な部位です。股関節の入った前傾姿勢のアドレスや左右の股関節間の体重移動の重要性は、もはや常識になっています。スイング時に複雑な動きをする仙腸関節の動きをよくするためにも股関節の可動域を保持しておく必要があります。年齢を重ね運動不足になるにつれて、筋肉は硬くなり動きが悪くなります。股関節の硬化はケガの原因にもなりかねません。フットワークが軽く、しなやかでスムーズなスイングのために、外からは見えない股関節周辺のインナーマッスルは常にピラティスでトレーニングしておきたいものです。

股関節が硬いと……

■体重移動がうまくできない ■効率よいパワー伝達ができない ■手打ちスイングになる ■スムーズな腰の回転ができない ■スイング軸が保てない

NG

腰が落ちず、身体が前方に倒れています。股関節が硬い人はこのような姿勢になりがちです。アドレスの構えにも影響が出てきます

ひと言アドバイス

股関節は、ボールのような球状の関節で、くるくる回るようになっています。スイングでは、この股関節のスムーズな動きが鍵を握っています。しかし、日常生活では動作が限られており、本来の役割が発揮されていません。エクササイズで柔軟にしておきましょう

背骨のラインを
まっすぐに
膝は
つま先より
前に出ない
Side

※股関節のエクササイズは
138ページへ
GO!

self check 11

胸のチェック

胸の筋肉の柔軟性をチェックしましょう。

両手を広げ、親指をあごに、手の平を耳の後ろにあてます（写真1）。そのまま、両肘を後ろに引いて胸を開きます（写真2）。このとき、みぞおちの少し上あたりの胸骨を斜め前に引き上げるイメージを持ちましょう。

肘を背骨のラインと平行に保つことができますか？

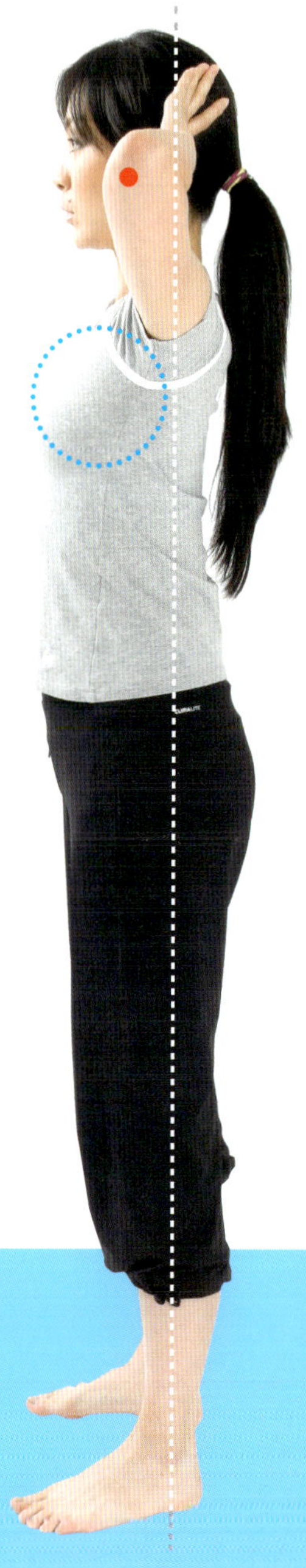

1

MEMO

胸とスイングの関係は？

身体とスイングを語る上で、意外に見落とされているのが胸まわりの柔軟性です。ゴルファーはクラブを身体の斜め下に構えるため、どうしても猫背になりがちです。長年に渡ってこの姿勢をとり続けると、胸の筋肉が硬くなり開きにくくなってしまいます。両手を頭の後ろに当てるのさえキツイと感じる人も多いのではないでしょうか？　アドレスでは、胸を開き肩を下げて首を長く保つ姿勢が理想です。意識しなくてもアドレスに入ったときに、さっとこの姿勢ができるようにトレーニングしましょう。

胸の筋肉が硬いと……

■アドレスの姿勢が悪くなる ■胸が開かず呼吸が浅くなる ■バックスイングが入りにくくフライングエルボーになりやすい ■背中が湾曲するのでスイング軸を保ちにくい ■スイングアークが小さくなる ■身体と腕の一体感がなくなる ■体幹のパワーが腕に伝わらない

NG

頭が前に倒れると危険です。首を背骨の延長線上に保[illegible]

肘を上げたときに、肩が一緒に上がらないようにするのがポイントです
大胸筋を思い切り引いて胸を張る
2

※胸のエクササイズは140ページへ
GO!

self check 12

背中のチェック

背筋の柔軟性をチェックしましょう。

壁に沿って肩幅で立ちます。両肘を肩の幅に保ち、両手の指は軽く壁に付けます（写真1）。なるべく肘の幅を変えずに、壁を指で歩くように両腕を伸ばしていきます（写真2&3）。

肘が途中で開いたり肘が伸びなかったりしませんか？　左右差はありませんか？

1

2

肘が途中で開いてしまう人は、背中の筋肉が硬くなっている可能性があります

MEMO

背中とスイングの関係は？

このテストでは、腕を上に伸ばす動作を、背中の柔軟性でコントロールできるかチェックします。背筋が強いのはいいことですが、左側の広背筋が硬いとフォローで伸びず、前傾姿勢が保てなくなります。柔軟性を高めることも忘れずにトレーニングして効果アップを図りましょう。また、背骨は頭蓋骨から尾てい骨まで３３個の骨で成り立っていて、自然なS字カーブを作っています。骨と骨の間にはゼリー状の椎間板があります。これが圧迫されずに適正な間隔が保たれると椎間板より大きなローテーションができます。S字カーブがゴルフスイングにパワーを与え、より効率のよい動きを正確に再現してくれます。

背中の筋肉が硬いと……

■ローテーションが妨げられる ■背骨のS字カーブがなくなり背中が板のようになる ■腰の負担が増す ■反り腰になる

3

※背中のエクササイズは142ページへ

GO!

self check 13

バランスのチェック

バランス力をチェックしましょう。

両足で立ち、準備ができたら片足を持ち上げ、20秒間キープします。はじめは目を開けて行ない、できるようになったら目を閉じて挑戦してみてください。

上体がよろけないようにスタート姿勢の軸を維持できますか？ チェックは片足ずつ交互に行ない、左右差を確認しましょう。

左右のバランス差がスイングに顕著に現われるので、どちらが苦手か確認しましょう

MEMO

バランスとスイングの関係は？

ゴルフコースは平らなところがほとんどないと言っていいほど起伏に富み、片足で体重を支えなければいけないこともよくあります。どんな条件のライでも安定して構え、スイングするためには、重心をセンターにキープするバランス感覚の良さが求められます。右足立ちが苦手な人は「バックスイングで体重を右サイドに乗せにくく、左足上がりのライが不得意という」傾向があります。逆に、左足立ちが苦手な人は「フィニッシュでしっかりと左サイドに体重移動して振り切ることができず、左足下がりのライが不得意」という傾向が見られます。バランスが悪いと平坦な場所でも上半身に力みが出やすく、最後まで振り抜けないことが多いです。どちらの足が苦手かチェックしておきましょう。

バランス感覚が悪いと……

■傾斜地で安定して振り切れない
■上体が緊張し余分な力が入ってしまう ■スイングリズムが悪くなる

NG

身体がフラフラしてしまう人はスイングも不安定。バランス感覚のアップが必要です

▼variation

安定してできるようになったら、目を閉じてトライしてみましょう

※バランスのエクササイズは144ページへ
GO!

interview

モデル

宮崎 京

■Miyako Miyazaki

「ピラティスが美しい姿勢を作る!」

本書のエクササイズモデルを担当していただいた元ミスユニバース日本代表の宮崎京さん。ファッションモデルとして活動する傍ら、ピラティスの指導者養成コースを受講し、さらなる美しさを追求しています。ヒールを履き続けるモデルが抱える身体の悩みは、片方向にスイングを続けるゴルファーにも共通するところがあるはず。宮崎さんはピラティスを始めて身体にどんな変化が起こったのか?貴重な体験談をお聞きしました。

——まず、ピラティスを始めたきっかけを教えてください。

友人のホームパーティーで、いまお世話になっているピラティススタジオの方と知り合ったのがきっかけです。ヨガは友達に誘われて体験したことはありましたけど、ピラティスは全然やったことがなかったんです。それで、「ぜひレッスンを受けてみたい」とお話ししたのがはじまりですね。2008年の12月頃だったと思います。

——初めてピラティスを体験したときはどんな感想を持ちましたか?

やっぱりインナーマッスルを使うというのが難しかったです。呼吸法もそうですけど、普段、あまり意識することがない部分ですよね。だから「これが正しいんだよ」と言われる身体の動かし方に違和感がありました。これまで自分が一番ラクだと思っていた姿勢が、実は間違っていたことにも驚いて……。初めは「なんか、しっくりこないな」と思っていたけれど、実際はそれが正しい。私の身体が歪んでいるから違和感があったということで……。

interview ■ピラティスが美しい姿勢を作る！

——ピラティスの考え方はモデルの仕事にも活かされていますか？

そうですね。エクササイズしないで歩いたりすると身体の軸が曲がったままだったりするんですけど、ちょっと動かすようにするだけで、だいぶよくなります。肩や股関節も可動域が広いほうが、難しいポージングをこなせます。それから自分のセンターを意識するようになりました。

——ピラティスを始める前から日常生活で気をつけていたことはあるんでしょうか？

前から気をつけていたのは、カバンの持ち方ですね。私は、まっすぐに立っているつもりでも、なぜか左肩が上がってしまうことが多かったんです。その原因が左肩にカバンをかけていることだと分かって、それからは左右交互にかけるようにしたり、両手で持つようにしています。最近は、身体の歪みが感覚で分かるようになってきたので、気づいたらエクササイズをするようにしています。

「自分の身体の歪みを知って驚きました」

——カバンや靴は姿勢に大きな影響がありますよね。

私たちは仕事でヒールを履くことが多いので、足首がものすごく硬くなっているんです。ヒールは全体重を拇指球で支えていますよね。だから足首の前側は伸びるけど、後ろ側は縮んでカチカチ。たぶん「ずっとつま先立ちになっていろ」って言われたら、ラクにできると思います（笑）。でも、かかとに体重を乗せることがないので、しゃがもうとするとコロンって倒れてしまうんです。ピラティスを始めてからは、なるべくスニーカーで

歩くように気をつけています。

——ピラティスの考え方はファッション以外の仕事にも活かされていますか?

いま、健康のためのウォーキングの番組に出演しているのですが、ロケでは本当に10km、20kmと歩くんです。42・195km歩く大会に出場したときは、「もう走ったほうが楽なんじゃないか」っていうくらいキツかったんですけど、ピラティスをやっていたからゴールできたのかなと思います。自分では分からないけれど、スタッフの方からは「姿勢が良くなった」とか「足の運び方が変わった」と言われるようになりました。ピラティスで身につけた基本姿勢やフォームが役立っているんですね。

——歩き方が変わったというのは?

普通のウォーキングでは、足をまっすぐ前に踏み出しますが、ファッションモデルは、足を交差させながら歩くキャットウォークが基本です。長年の「モデル歩き」で身体の作りがそういうふうになってしまっているので、普段の歩き方にもクセがついているんだと思います。それをちょっとずつ変えるのに慣れてきたかな。

——ゴルファーも、身体にスイングのクセがついてしまうことが多いので、まったく同じことが言えますね。

本当に自分でも「ここまでか」と思

うくらい曲がっていましたね。人間って、絶対に左右対称――真ん中から折ったらピッタリ一致――にはならないと思うから、そこに気づいたほうがいいと思います。なるべく早いうちに！

――身体以外に精神面で変わったことはありますか？

私は、もともと引きこもったりしないので、たぶんメンタルが強いんです（笑）。「あ、私へこんでる」と思ったら、とりあえず外に出るようにしています。外に出て空気を吸って。あと、嫌な気分になったときは、ピラティスの呼吸をするようにしています。寝る前とかにも。

――ピラティス呼吸は、「嫌なことを全部吐き出して」という教え方をしていますよね。

そうですね。マイナスなイメージをばーっと出して。呼吸で気持ちは変わりますよね。免疫力も上がったように思います。

――ピラティスは美容にいいということで女性の間でブームになったことがありましたが、まわりでやっていたという人は？

Interview

■ ピラティスが美しい姿勢を作る!

友達はヨガのほうが多いかな。ピラティスは難しいイメージがあるみたいです。「どこの筋肉を使って」とか、「この筋肉を使うためにこうして」とか、身体に意識を持っていくのがけっこう難しい。ピラティスって何回も言ってるのにティラピスって言われるし(笑)。でも、まわりの友達には、「いいものだよ」って少しずつすすめています。

——実際に教えてあげたりするんですか?

はい。座りながらできる腹筋とか、ロールアップとか、この本でも紹介している簡単なものを。スクワットをやってもらうと、みんな膝より前に顔が出ちゃうから、「なるべく後ろにして」とか指導して。

——指導者コースを受講されているそうですが、インストラクターとして活動していきたいという気持ちもあるんですか?

需要があれば……(笑)。モデルウォーキングを教えるのも同じなんですけど、きちんとポイントを押さえた指導方法を身につけたいなと思います。資格を取るために身体の仕組みを学ぶことが、他のことにも役立っているなとは思いますね。

——最後に、これからピラティスを始める方へアドバイスをお願いします。

ピラティスは、自宅ですぐにできるし、もともとリハビリのために考えられたエクササイズなので、身体に不調がある人でも無理なく行なえます。「できるところまででいい」というのもすごく気持ちが楽ですね。ピラティスを行なうことによって、自分の体幹、背骨や骨盤を本来の正しい位置に戻すことができますし、そのおかげで体調がよくなったり、健康管理ができたりするので、身体の内側に働きかけることの大切さが分かります。やってみて損することはないと思うので、まずはトライしてみてください!

Profile

熊本県生まれ。2003年度ミス・ユニバース日本代表に選ばれ、同年パナマで開催された世界大会にて日本人では約30年ぶりの快挙となる第5位入賞。パリコレクションをはじめ、数々のファッションショーに出演する。現在はモデルとして活躍する傍ら、ウォーキングやポージングの指導も行なっている。2008年よりBSフジ「ウォーキング・プラス」の MC＆リポーターとして出演中

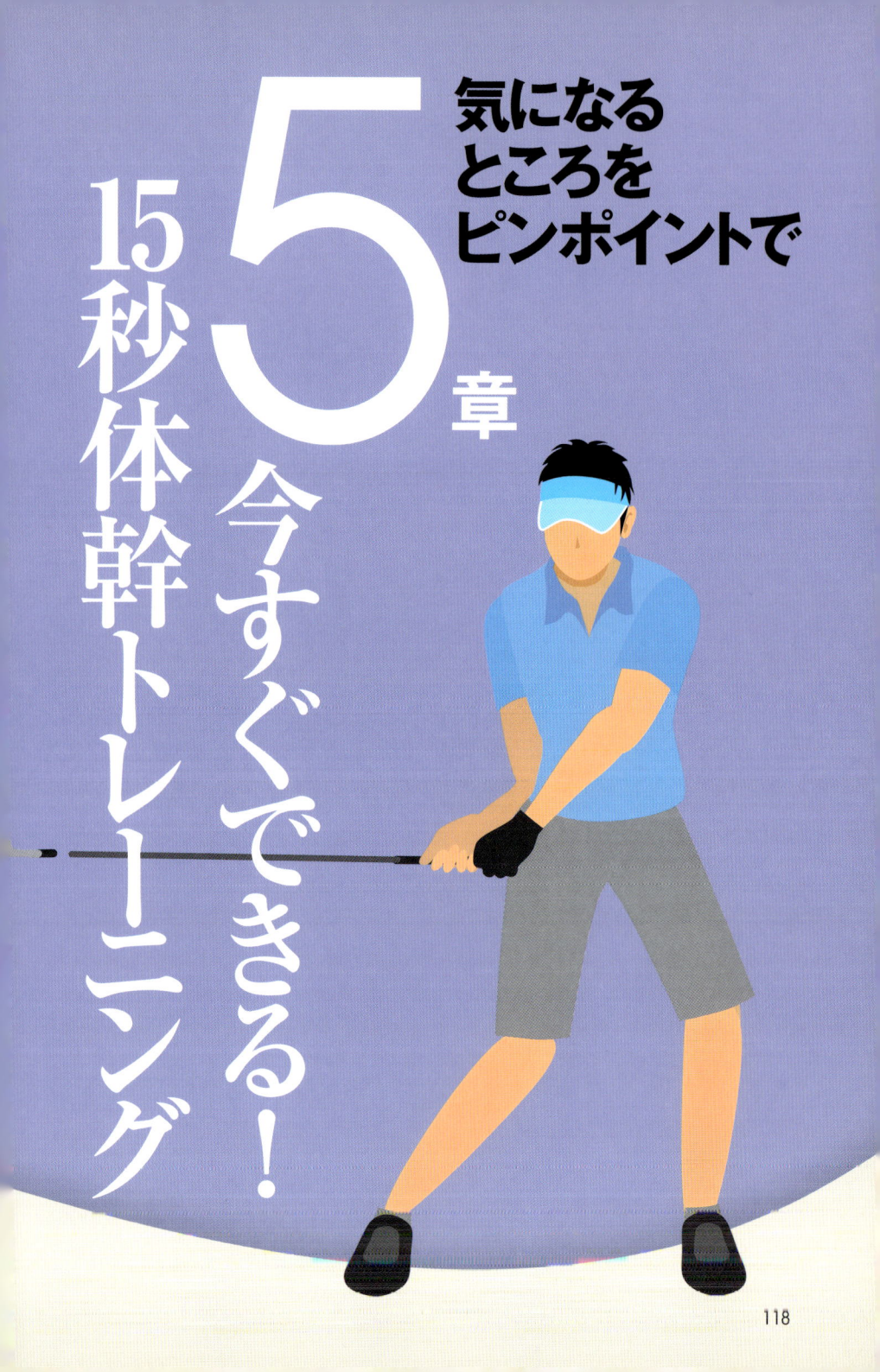

5章

気になる
ところを
ピンポイントで

今すぐできる！15秒体幹トレーニング

2章でピラティスの基礎についてお話ししましたが、ここでは体幹を鍛えるための基礎的なピラティスエクササイズを紹介します。ゴルフコースや練習場で、立ったまま、あるいは椅子やカートに座ってできる簡単なメニューを多く取り入れています。

まずは、違和感のある部位や4章のセルフチェックで動きの悪かった部位から取り組んでみてください。しかし、いざエクササイズを実践するとなると、「そんな時間はないから……」と敬遠してしまう人もいるかもしれません。そこで、15分とは言いません、まずは、1エクササイズを15秒でいいので、普段の生活に取り入れ、習慣づけてほしいのです。朝起きたとき、お風呂から上がったとき、就寝する前など、集中して15秒間行なうようにしてください。習慣になれば、それだけで意識が変わり、身体の状態は驚くほど改善されます。ピラティスは上手さを人と比べたりするものではありません。無理をせず、筋肉を伸ばしながら気持ちよく行ないましょう。

エクササイズの紹介ページでは、無駄なく効果の高いトレーニングにするため、注意すべきポイントも解説します。正しい動きを繰り返すことにより、自らの力で身体を最も楽な状態に導くことができるでしょう。でも、効果があっても継続できなければ意味がありません。いつでも、どこでも、ひとりでも、集中して1エクササイズ15秒から。それが継続し、習慣化するための大きな秘訣です。

効果的に行なうためのコツ

エクササイズの効果を高めるために、次の4点をかならず守ってください。エクササイズなしで、姿勢を作って呼吸するだけでも劇的に身体が変わります

姿勢

① 両足の「つま先・足首・膝・股関節」を結んだ線が平行になるようにパラレルに立つ
② ①で作った脚部の真上に「骨盤・肩・耳」をまっすぐ積み上げる

呼吸

③ 息を吸って、天井から頭が引き上げられるように背を高くし、背骨を伸ばす
④ 息を吐いて、おへそを背骨に押しつけ、コルセットを締めるように腹筋をへこませ、肩を下げ、肋骨を閉じる

※ゴルフスイングの解説は、すべて右打ちを前提にしています

Neck Stretch

ネックストレッチ

柔軟性アップ

基本姿勢で立ちます。肩を下げて、おへそを背中に押し付けるようにして骨盤を安定させます。息を吸って吐きながら顔を右に向けます。次に、息を吸って顎を少し上げて上を向きます。そのまま息を吐いて下を見るように顎を下げます。ここまでが1エクササイズです。

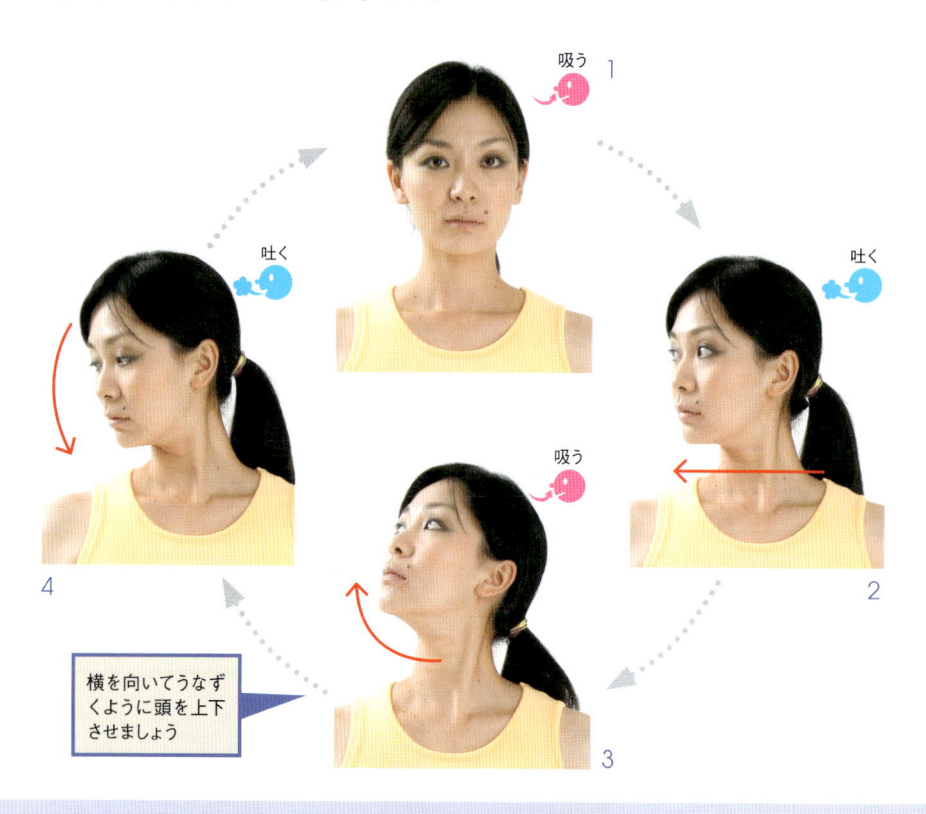

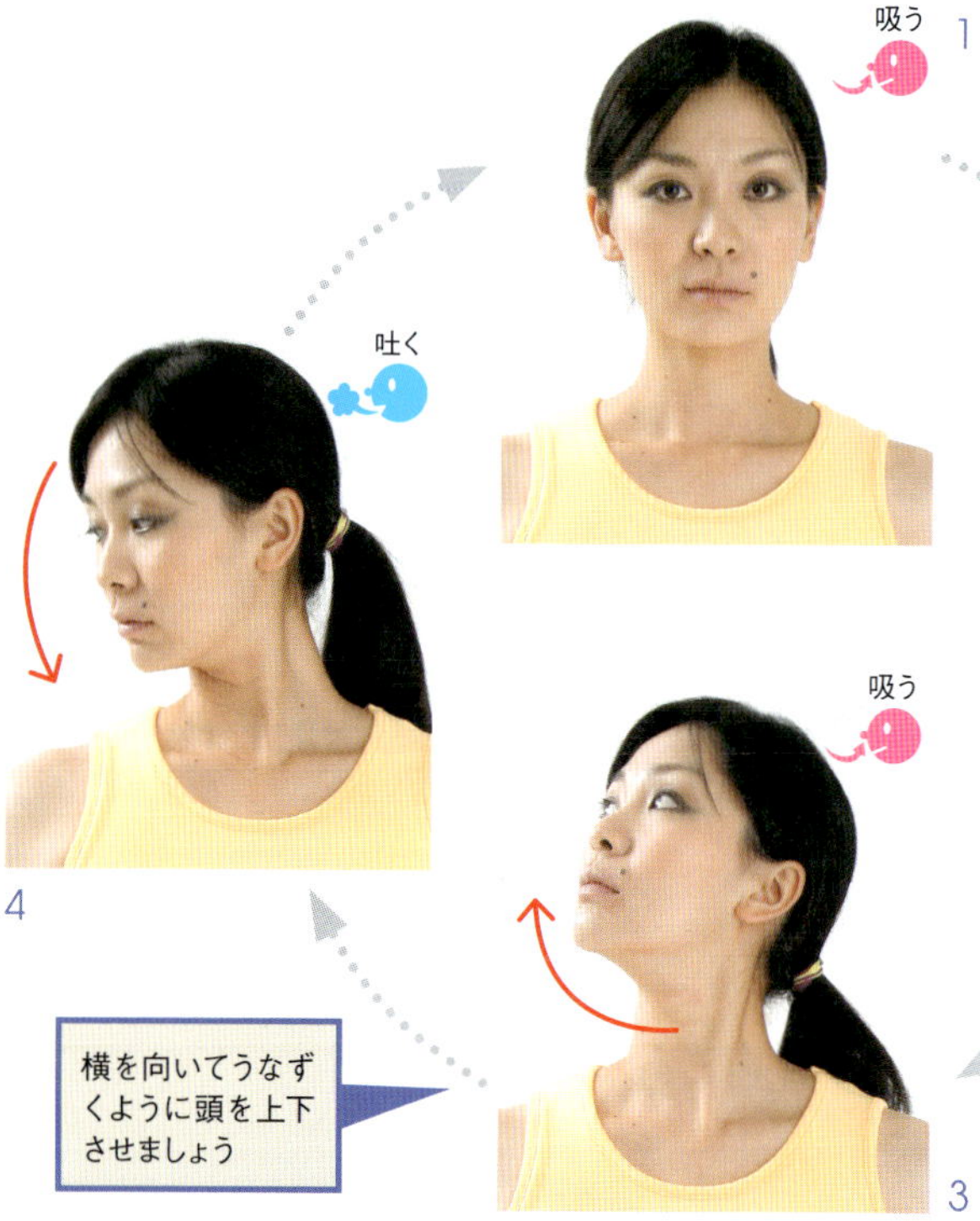
吸う
1
吐く
2
吸う
3
吐く
4
横を向いてうなずくように頭を上下させましょう

スイングに期待できる効果

■スイングの捻転が良くなる ■バックスイングで肩を入れやすく、フォローで肩の入れ替えがスムーズになる ■飛距離アップ

アドバイス

・5回を15秒で
・横を向いたまま、うなずくように

NG

・肩と腰が動く
・鼻筋が斜めになる

Nose Circle

ノーズサークル

筋力アップ

床に仰向けになり、肩を下げて、おへそを背中に押し付けるようにして骨盤を安定させます。息を吸って吐きながら鼻で円を描くように首を動かします。時計回りに5回、反対回りに5回。円を描きながら呼吸を繰り返し、ゆっくり1周します。鼻が下を向く時に首のうしろ側が気持ちよく伸びているのを感じましょう。このエクササイズは直立姿勢で行なってもOKです。

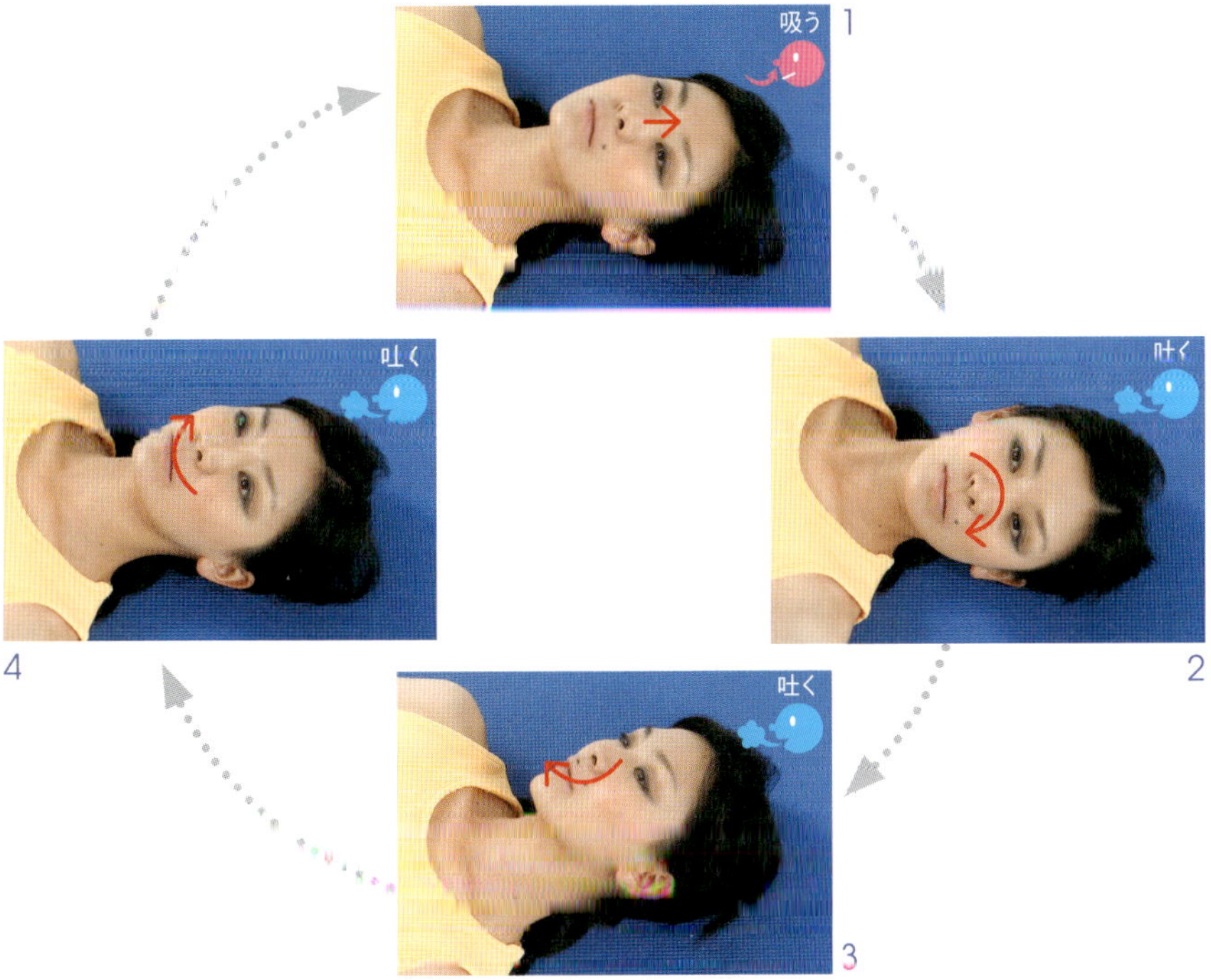

スイングに期待できる効果

■首筋の軸が安定する ■スイングセンターが安定する ■軸回転を助け、ヘッドアップを防ぐ

アドバイス

・5回を15秒で
・小さくてもよいので正円を描く

NG

・速く動きすぎる
・肩が動く
・無理に大きく回して首が反る

Supraspinatus Infraspinatus Teres minor Subscapularis

SITS

柔軟性アップ

[A] 上腕を支点に回す

セラバンドをお尻に敷き、バンドの右側を長くとります。右手のひらを正面に向けてバンドを持ち、肩を下げて、おへそを背中に押し付けるようにして骨盤を安定させます。息を吸って準備。吐きながら二の腕を軸にして手のひらをお腹に引き寄せます。

※余裕がある場合は、そのまま左手にセラバンドを持ち替え、二の腕を軸にして左手を開きます。

1
吸う
テークバックとフォローでの腕の動きがスムーズになる
2
吐く

[B] 肩を支点に押す

バンドの右側を長くとり、右手の甲を正面に向けて持ちます。息を吸って準備。吐きながら、手のひらでお腹をさするように押し込みます。

1
吸う
肘を身体から離したときに肩は上げない
2
吐く

[C] 肩を支点に引く

バンドの左側を長くとり、右手の甲を正面に向けて持ちます。息を吸って準備。吐きながら、肩を支点にしてバンドを引っ張りましょう。

1
吸う
肩と肘の動きを切り離して行なう
2
吐く

スイングに期待できる効果

■ヘッドスピードが上がる ■スイングアークが大きくなる ■飛距離がアップする ■パターのストロークがスムーズになる

アドバイス

・10回を15秒で（A・B・C）
・腕よりも肩甲骨を意識する
・バンドを使わず手の動きだけでもOK
・やわらかいバンド（低反発）を使うと効果大

NG

・腕の力で動かす

Crack the Walnut

クラックザウォルナッツ

筋力アップ

足を伸ばして姿勢よく座り、坐骨の上に重心を乗せます。セラバンドを足裏にかけ、手のひらを下に向けて親指で挟むようにして両端を持ちます。膝は曲げてもOKです。肩を下げて、おへそを背中に押し付けるようにして骨盤を安定させます。息を吸って準備。息を吐きながら肩甲骨を後ろに引くように動かし、セラバンドを引っ張ります。

スタート姿勢を保ったまま肘を後ろに動かすのがポイント

カートなど固定されたものを使って行なうこともできます

NG

背筋が曲がっています。頭が前に出ると首を痛めてしまうので気をつけましょう

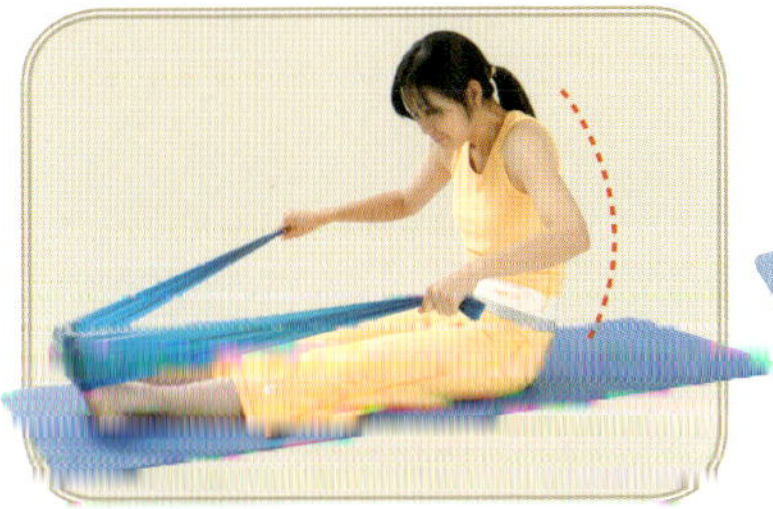

スイングに期待できる効果

■肩甲骨の位置が安定し腕と体幹が一体化する ■スイングプレーンが安定する ■体幹と腕が連携し手打ちを防ぐ

アドバイス

・8回〜10回を15秒で
・胸を張って肩甲骨を少し寄せるよう意識
・椅子に腰掛けて行なってもOK

NG

・背中が丸くなる
・身体を後ろに倒して引っ張る

Wrist Cock

リストコック

柔軟性アップ

肩幅で立ちます。肩を下げ、おへそを背中に押し付けるようにして骨盤を安定させます。肘を軽く曲げて腰の前あたりでクラブを片手で持ち、シャフトが床と平行になるよう構えます。息を吐きながらグリップの位置を変えずに手首でクラブの先を持ち上げます。重く感じる場合はヘッドを持って行ないましょう。

1
Front (A)

2
Front (B)

Side (A)

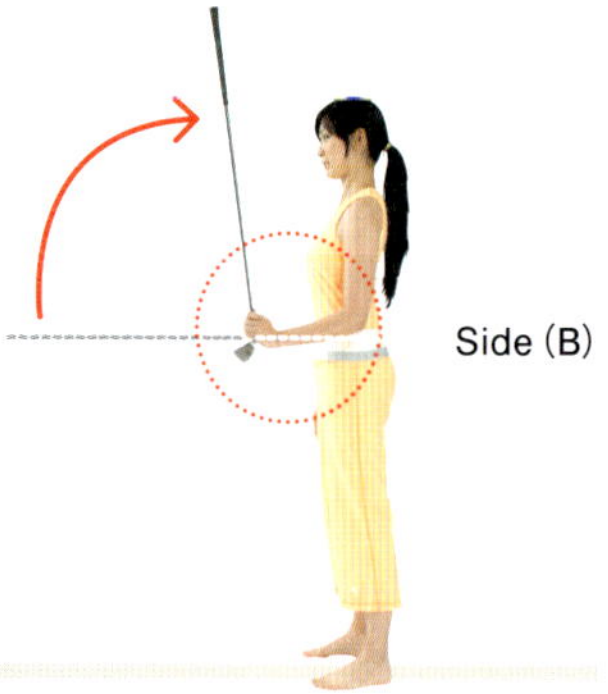

Side (B)

スイングに期待できる効果

■遠心力が働いたクラブに負けない手首の角度が保たれる ■スムーズなパワー伝達が可能になる ■飛距離が伸びる

アドバイス

- 10回を15秒で
- 親指を立てるようにして持ち上げる
- 脇をしめて肘を身体につける

NG

- 肘や肩が動く

Rolling Up

ローリングアップ

筋力アップ

肩幅で立ちます。お腹の高さでクラブを床と平行に持ち、シャフトにセラバンドの端をくくります。両手の手首と指を使ってシャフトを回し、セラバンドを巻き上げます。最後まで巻き上げたら、逆回しで元に戻しましょう。自然呼吸で行なってください。

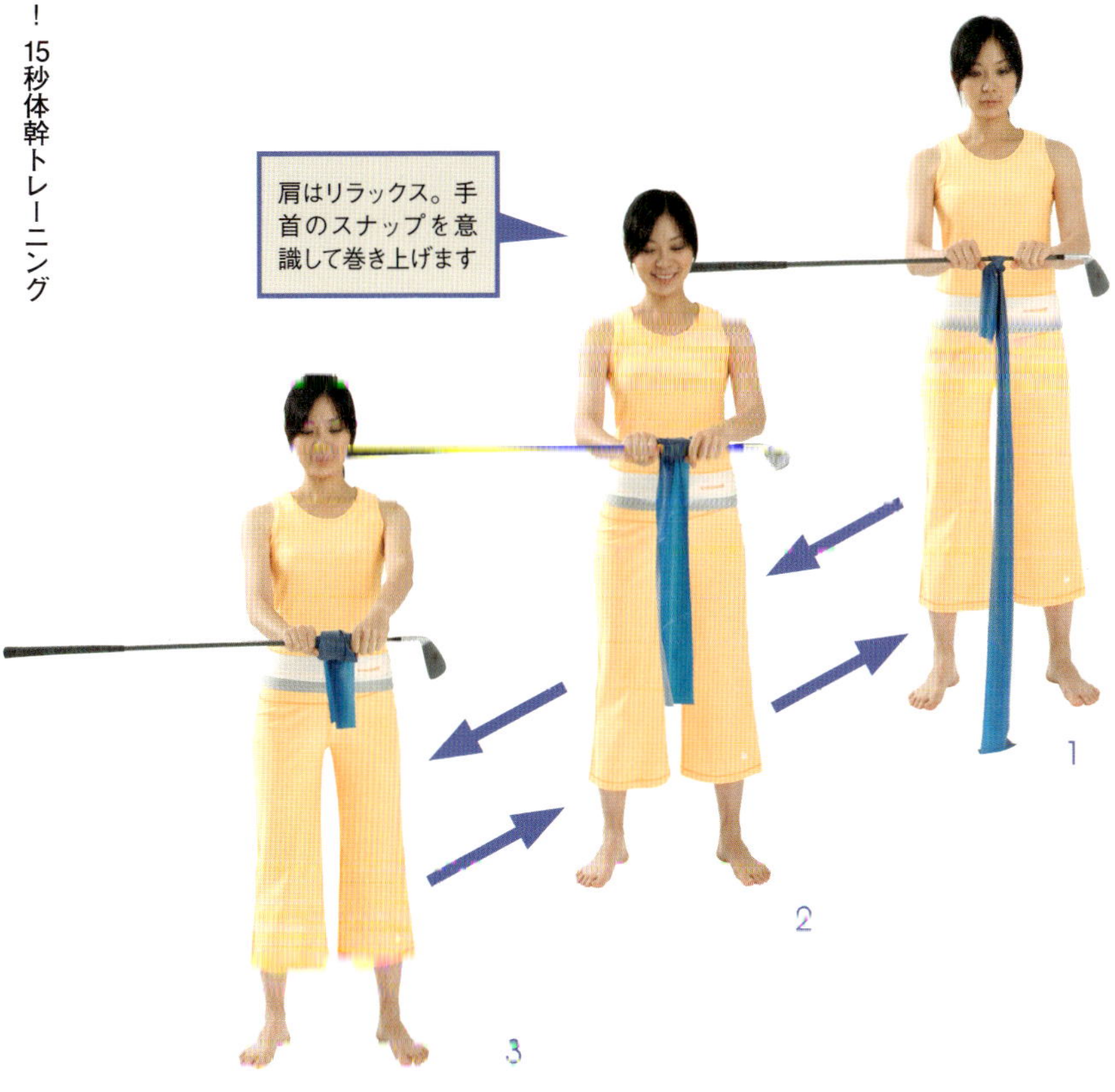
肩はリラックス。手首のスナップを意識して巻き上げます
1
2
3

スイングに期待できる効果

■ヘッドスピードが上がりクラブヘッドが加速する ■スイングの安定性が高まる

アドバイス

- 巻き上げと巻き下ろしを15秒で
- 脇をしめて行なう
- 肩を同じ位置にキープ

NG

- シャフトが大きく揺れる

Thera-Band Footwork Series

セラバンド フットワークシリーズ

柔軟性アップ

片方の足を伸ばして床に座ります。肩を下げ、おへそを背中に押し付けるようにして骨盤を安定させます。伸ばした足の裏にセラバンドをかけ、両端をしっかりと掴みます。息を吐きながらつま先で円を描くように足首を動かしましょう。反対回り、反対足も同様です。椅子に座って行なってもOK。またラウンド前に行なうと効果的です。

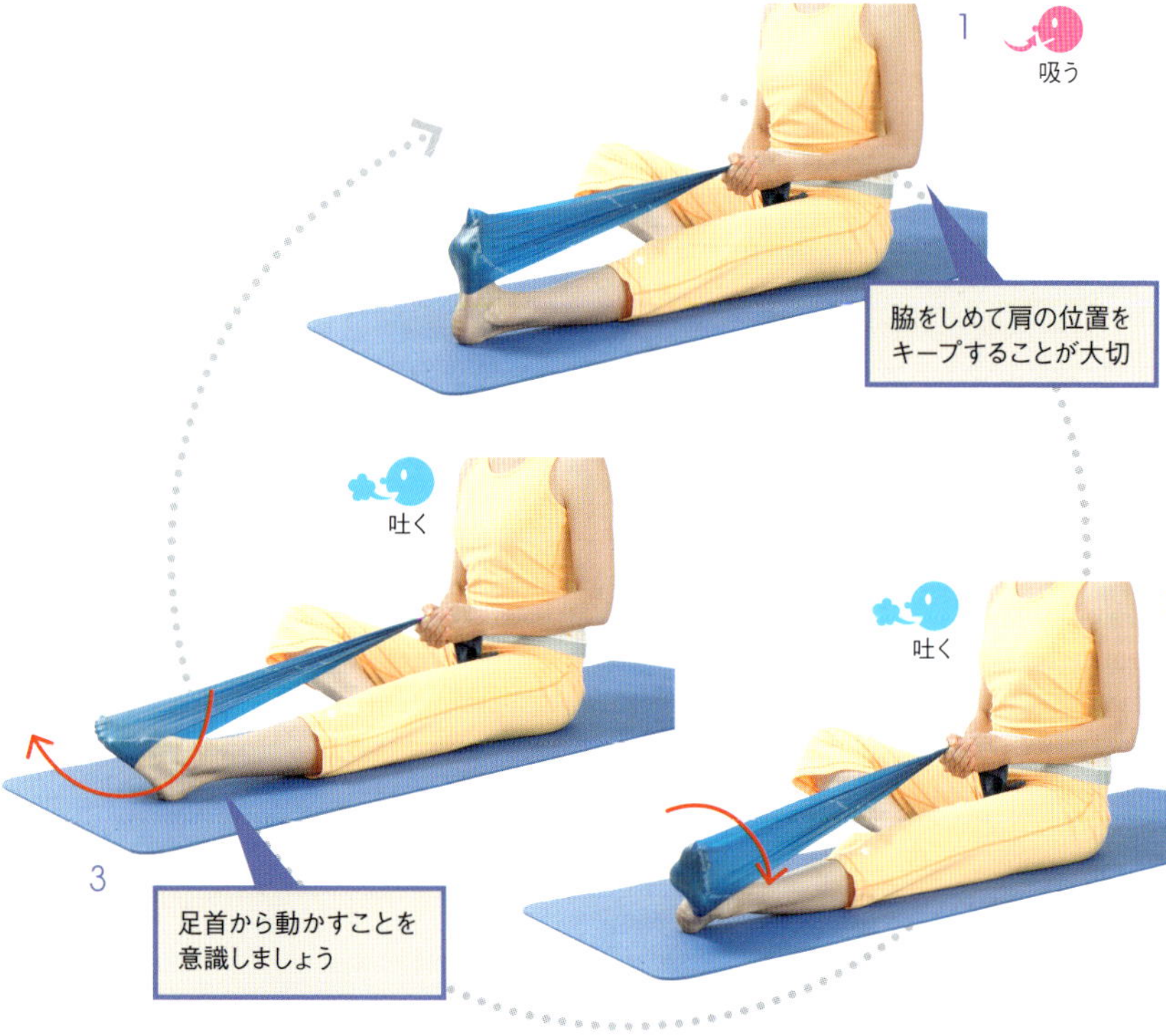
1
吸う
脇をしめて肩の位置をキープすることが大切
吐く
2
吐く
3
足首から動かすことを意識しましょう

スイングに期待できる効果

■傾斜地でバランスよく身体を支えられる ■安定性が高まる ■スイング中の足裏の荷重ポイントの移動を安定させる

アドバイス

・片足8回を15秒で
・セラバンドなしでもOK
・ケガ防止のためにも足首のケアが必要

NG

・膝が動く

Calf Raise

[A]つま先立ち

基本姿勢で立ちます。息を吸って準備。吐きながらつま先立ちになり、かかとを上げていきます。安定しない場合は柱や壁を支えにしてもかまいません。両足同時にできたら、片足ずつ交互に行ないましょう。

Dorsiflexion

[B]ドルシーフレクション

筋力アップ

床に座り、片方の足を伸ばします。伸ばした足の甲にセラバンドを巻いて、反対側を椅子や柱などに固定します。息を吐きながら、つま先を身体のほうに向けます。立位でつま先を持ち上げるだけでもOKです。

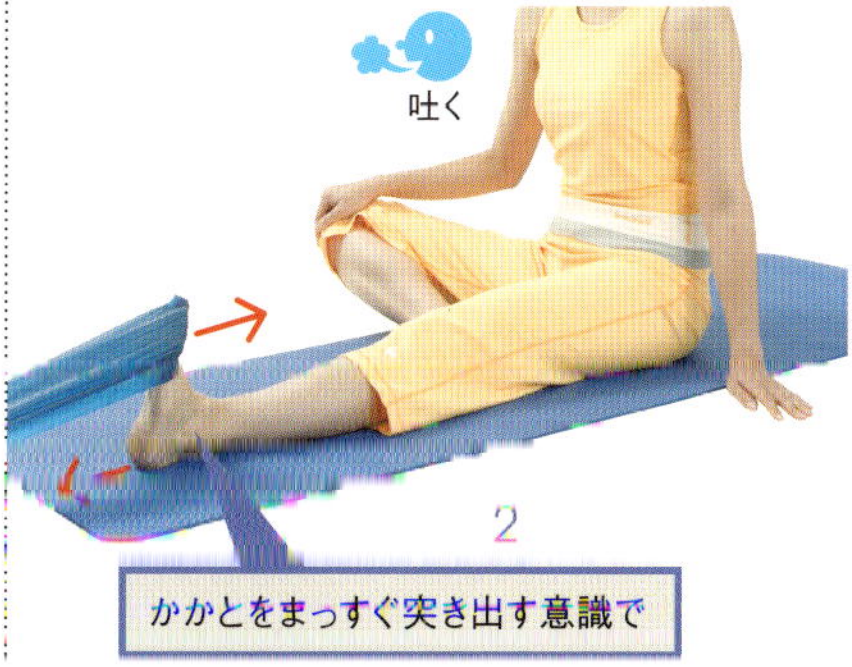

スイングに期待できる効果

■捻転のエネルギーを受け止め、パワーを逃がさずボールに伝えられる ■飛距離がアップする

アドバイス

- 10回を15秒で(A・Bともに)
- 拇指球で立つようバランスをとる(A)
- セラバンドなしでもOK(B)

NG

- 上体が歪む(A)
- 上体ごと引っ張る(B)
- 膝、足首、拇指球のラインがズレる(A・B)

Standing Leg Circle

スタンディングレッグサークル

柔軟性アップ

椅子やカートを支えにし、上半身を安定させて立ちます。ピラティスのスタート姿勢を取り、片方のつま先で円を描くように脚部を動かしてください。足の付け根から回すことを意識しましょう。膝は曲がってもかまいません。

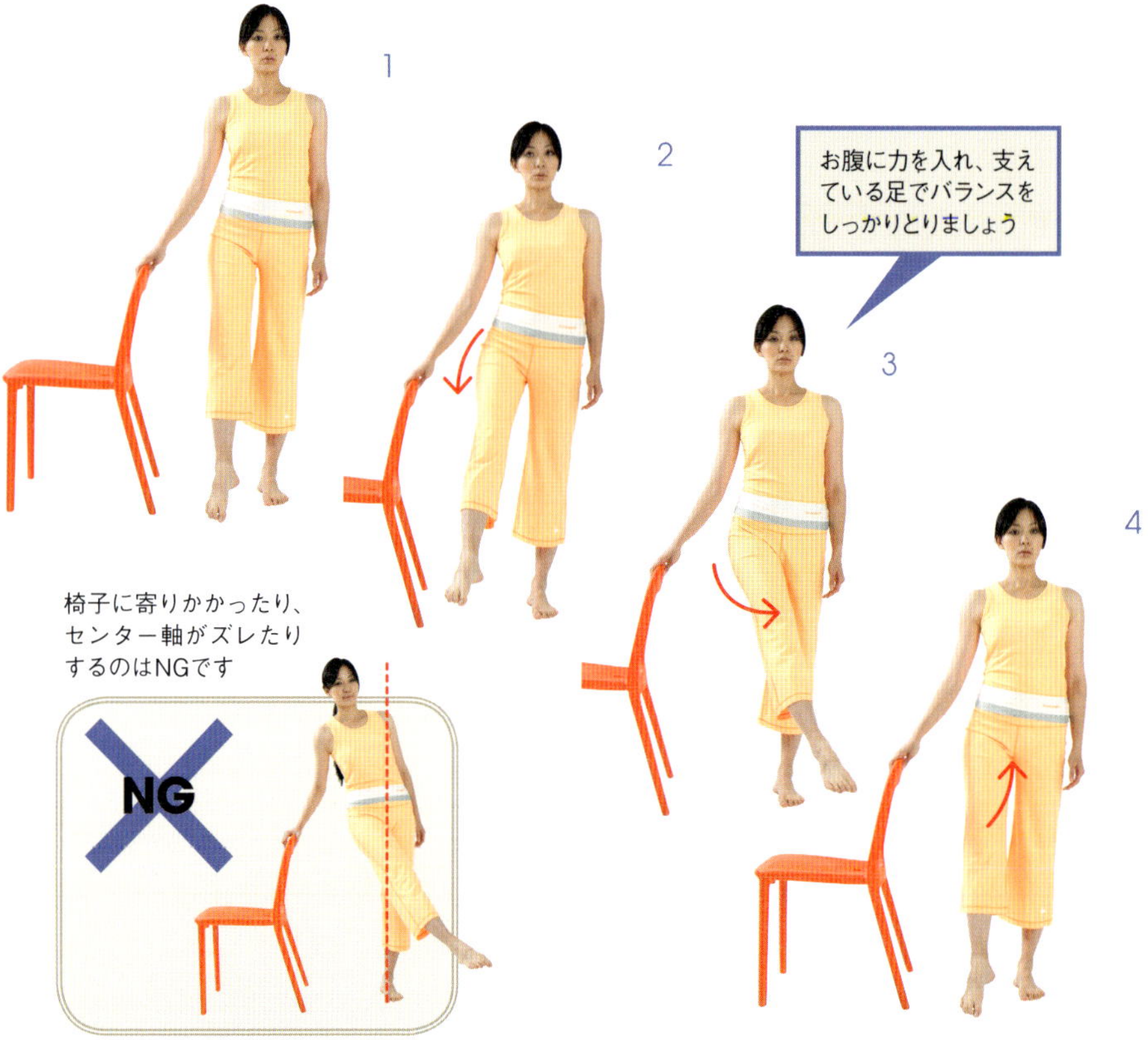
1
2
お腹に力を入れ、支えている足でバランスをしっかりとりましょう
3
4
椅子に寄りかかったり、センター軸がズレたりするのはNGです
NG

スイングに期待できる効果

■アドレスで前傾が維持される ■安定性が高まる ■重心移動をスムーズにする ■スイングのキレがよくなる

アドバイス

・内回りと外回りを5回、合計10回を15秒で
・足の付け根から回す

NG

・腕に力が入りすぎる
・身体が倒れる

Standing Single Leg Hamstring

スタンディング シングルレッグ ハムストリング

筋力アップ

基本姿勢で立ち、椅子やカートを支えにして上体を安定させます。息を吸って膝を後ろに曲げ、かかとでお尻を2回キック。息を吐きながら膝を伸ばし、つま先を斜め後ろに下ろします。

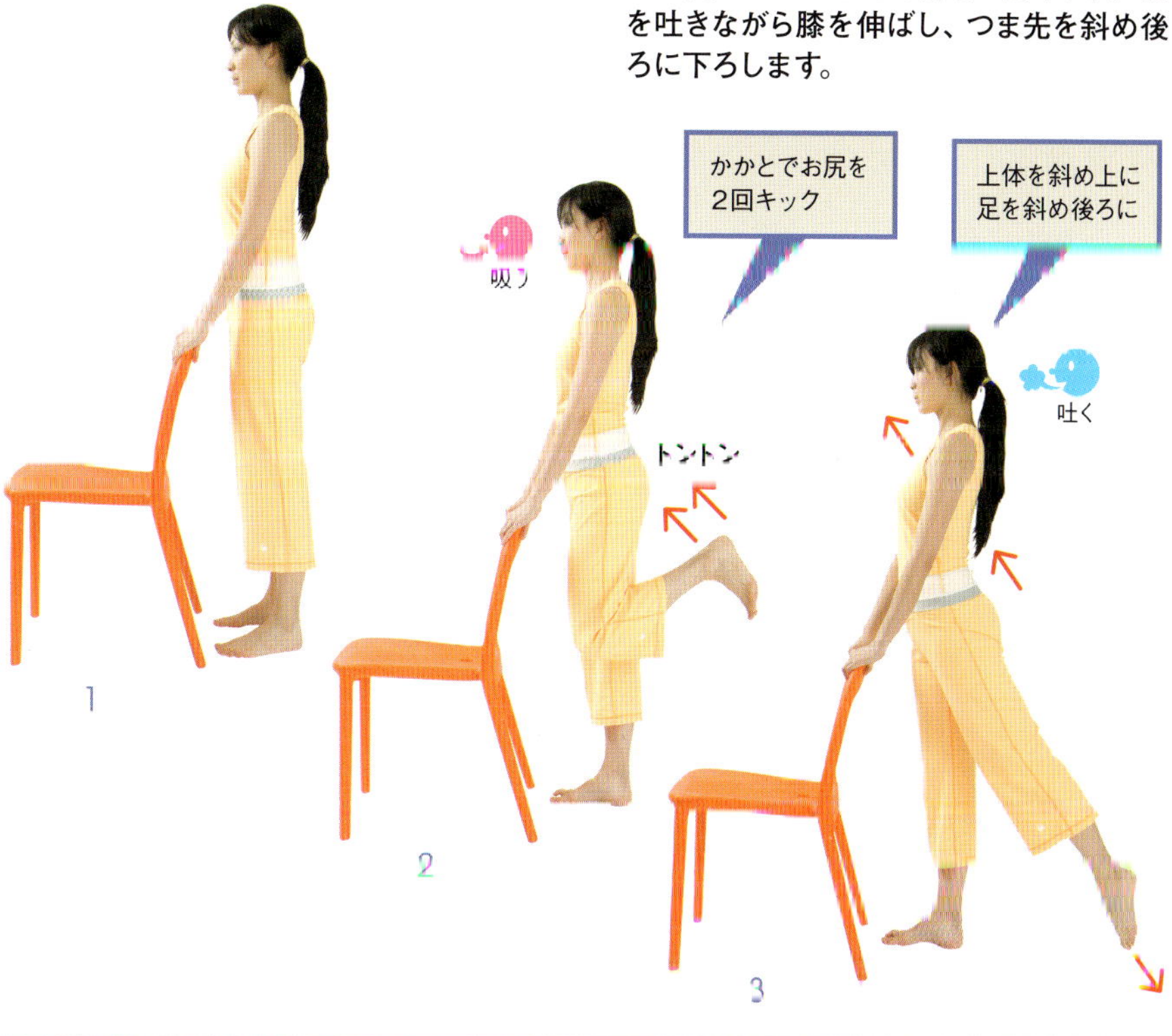
かかとでお尻を
2回キック
上体を斜め上に
足を斜め後ろに
吸う
トントン
吐く
1
2
3

スイングに期待できる効果

■ラウンド中の歩幅を維持する
■身体のターンをしやすくする
■飛距離が伸びる

アドバイス

・片足5回を15秒で
・足を伸ばすときは、
ヒップアップのイメージで

NG

・腰が反る

Standing Saw

スタンディングソー

柔軟性アップ

両足を肩幅より広げて立ちます。背を高く保ち、両手は左右に引っ張られるようなイメージで広げます。肩を下げて、おへそを背中に押し付けるようにして骨盤を安定させます。息を吸って準備。吐きながら上体を斜め下に曲げ、小指で反対側の足首をのこぎりで切るようなイメージで触ります。スタート姿勢に戻ったら、息を吸い、吐きながら反対側に上体を倒していきます。指が足首に届かなければ膝でもOKです。

吸う
腰から脚が気持ちよくストレッチされているのを感じましょう
吐く
吐く
1・3
2
4

スイングに期待できる効果

■身体全体を使ってスイング軸を保つことで、安定したスイングアークが得られる ■ラウンド前に行なうと効果大

アドバイス

・左右往復で1回
・4回～8回を15秒のペースで
・前傾姿勢では息を吐いてお腹をへこませる

NG

・反動をつける
・上体を曲げるときに腰が動く

Knee Rocking

ニーロッキング

筋力アップ

仰向けになり、両足をそろえて膝を90度に曲げ、両手は床につけます。肩を下げ、おへそを背中に押し付けるようにして骨盤を安定させます。息を吸って準備。息を吐きながら、左肩が床から離れない範囲で両足を右横に倒し、すぐスタートポジションに戻します。反対側も同様に行ないましょう。仰向けで行なえない場合は、椅子に腰かけて両手で座面を持ち、足を床から持ち上げて膝を左右に動かしてください。

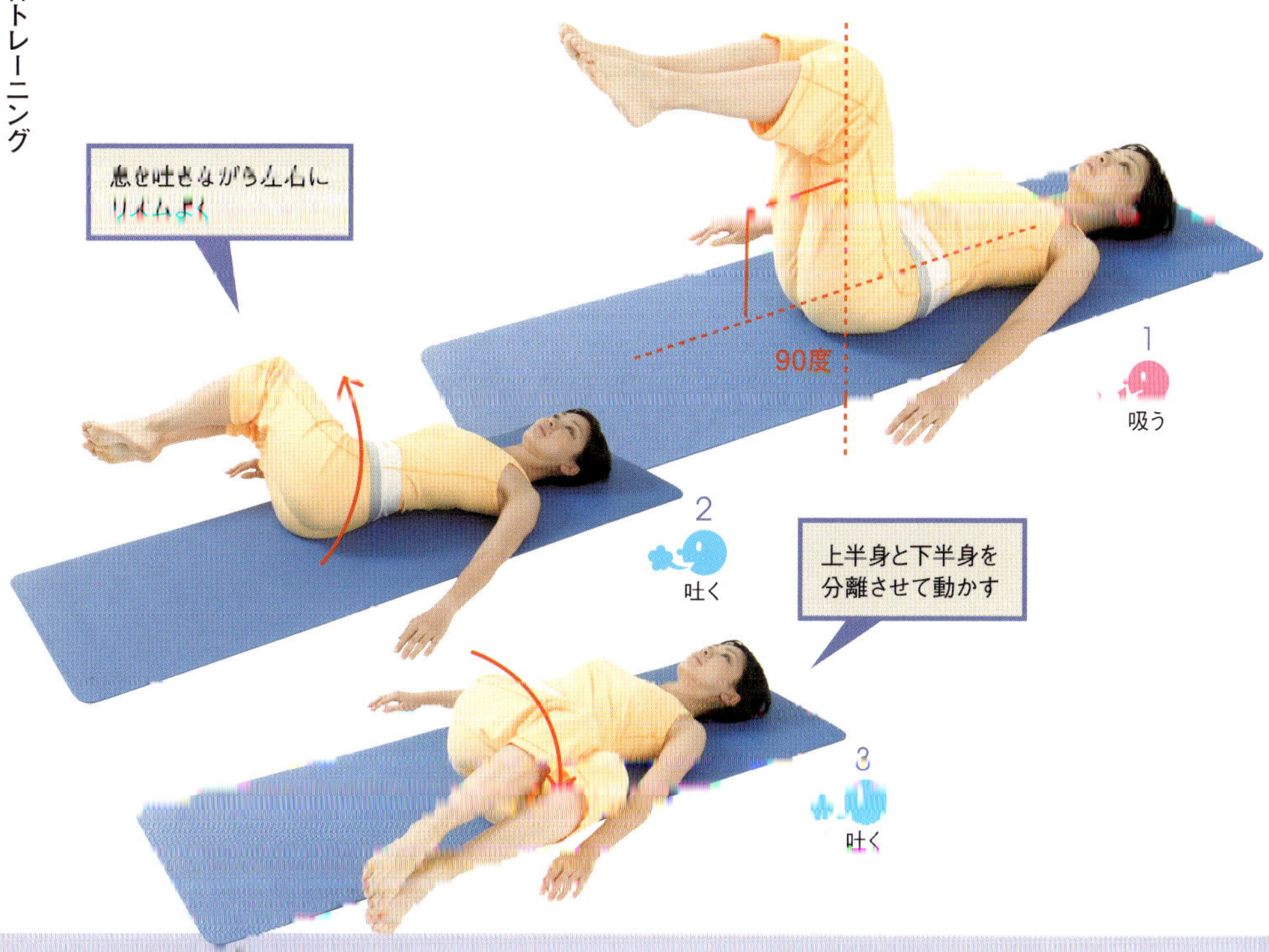
息を吐きながら左右に
リズムよく
90度
1
吸う
2
吐く
上半身と下半身を
分離させて動かす
3
吐く

スイングに期待できる効果

■腕や手先の力に頼らなくなる ■骨盤が安定し体幹を使ったスイングが可能になる ■切り返しの下半身リードがスムーズになる

アドバイス

・左右往復で1回。5回を15秒で
・膝が股関節の真上に来るように
・両膝はつけたまま

NG

・上げた足の角度が90度より浅くなる
・両膝が離れる

Side Bend
サイドベンド

柔軟性アップ

[A] わき腹を伸ばす

クラブを背中に担ぎ、足を肩幅に開いて構えます。肩を下げ、おへそを背中に押し付けるようにして骨盤を安定させます。息を吸って準備。吐きながらお腹を締めて、上半身を横に倒します。息を吐きながらスタート姿勢に戻り反対側も同様に行ないます。

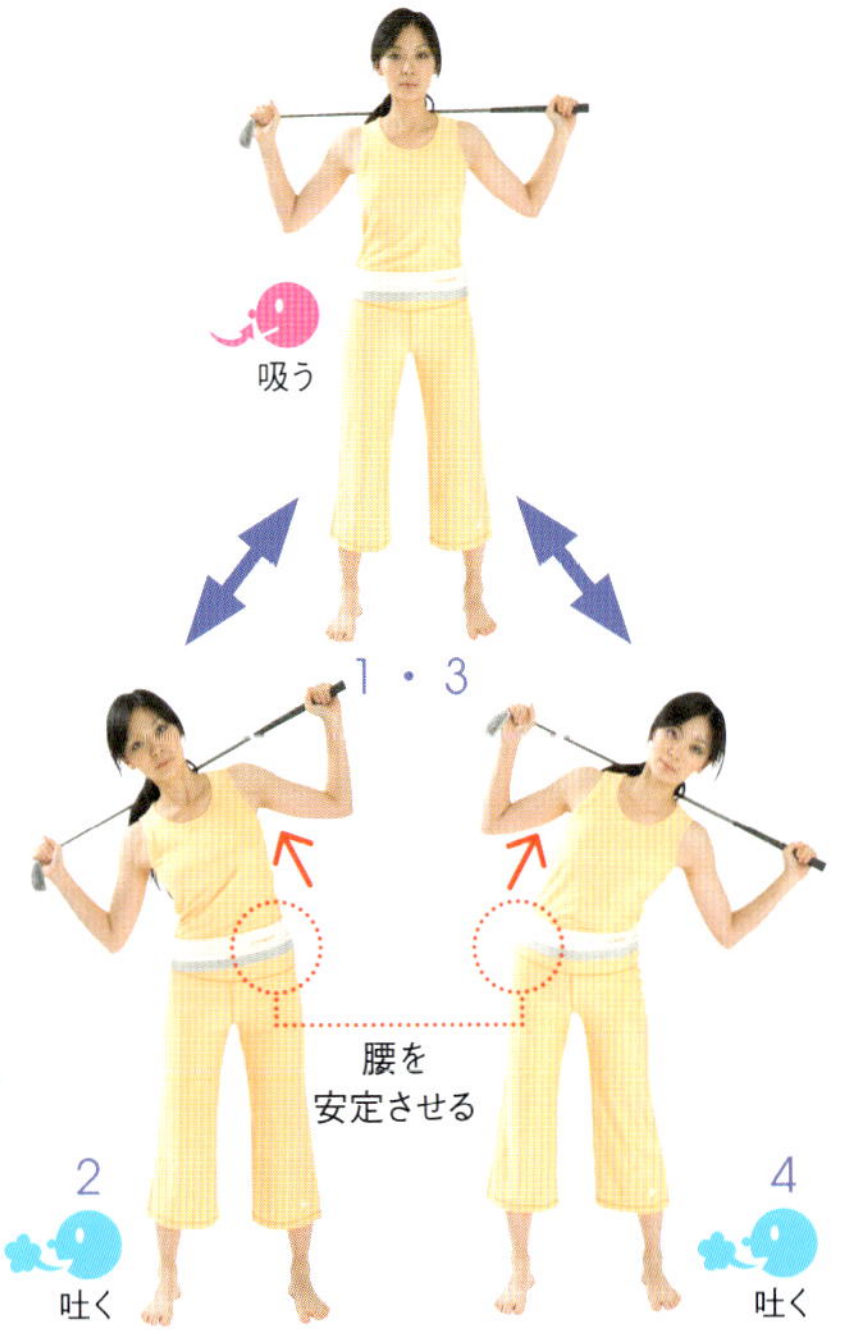

[B] 腰から脚を伸ばす

クラブを背中に担ぎ、［A］と同じスタート姿勢を作ります。息を吸って準備。吐きながら腰を突き出すようにして腰から脚の外側を伸ばします。反対側も同様に行ないましょう。

スイングに期待できる効果

■身体の捻転動作がスムーズになる ■飛距離がアップする ■テークバックが安定して上げやすくなる

アドバイス

・左右1往復を10回、15秒で
・わき腹が気持ちよく伸びるのを感じて

NG

・腰が動く(A)
・上半身がねじれる(B)

Half Roll Up Twist

ハーフロールアップ ツイスト

筋力アップ

ビッグボールまたは椅子に座り、左太ももにスモールボールを置き、右手で押さえます。左手は後頭部にあて、姿勢を正しましょう。肩を下げ、おへそを背中に押し付けるようにして骨盤を安定させます。息を吸って準備。吐きながらお腹をへこませ、上体を後ろに倒していきます。お腹の状態をキープできる限界まで倒したところで息を吸い、吐きながらボールを転がすようにして起き上がり、スタート姿勢に戻ります。スモールボールがない場合は、手のひらを太ももに置いて行ないましょう。

吸う

椅子で代用します

吸う 吐く
3

※スモールボール—
直径12cmくらいのエクササイズボール

スイングに期待できる効果

■アドレスで前傾角度を維持できるようになる ■スイング中の安定性が高まる ■体重移動がスムーズになる

アドバイス

・5回を15秒で
・胸を張った上体の姿勢を保つのがポイント

NG

・足が床から離れる
・背中が丸くなる
・お腹が出る

倒す角度は少しでも
よいので、お腹のへ
こみをキープします
吐く

Swan
スワン

柔軟性アップ

うつ伏せになって両手を肩の横に置き、手のひらで床を押さえます。顔は床を見るようにし、恥骨を床に押し付けておへそをへこませるイメージで骨盤を安定させます。息を吐いて準備。息を吸いながら背中の力で上半身を持ち上げ、最後に手で床を押して起こします。

吐く
1
吸う
2
お腹が気持ちよく
伸びるのを感じます
吸う
3

スイングに期待できる効果

■パワーの貯まるトップとしっかり振り抜けるフィニッシュが作られる ■捻転の可動域が広がる

アドバイス
・8回を15秒で
・背中の力で起き上がり最後に手を使う

NG
・お腹が出る
・腰と首が反る

Head Roll Up

ヘッドロールアップ

筋力アップ

仰向けになって膝を曲げます。両手を太ももにあて、肩を下げます。おへそを背中に押し付けるようにして骨盤を安定させます。息を吸って準備。息を吐きながらお腹をへこませたまま、お腹の力で上体を起こし、両手の指先を膝に近づけます。

パンチされたイメージでお腹をへこませます
吸う

1

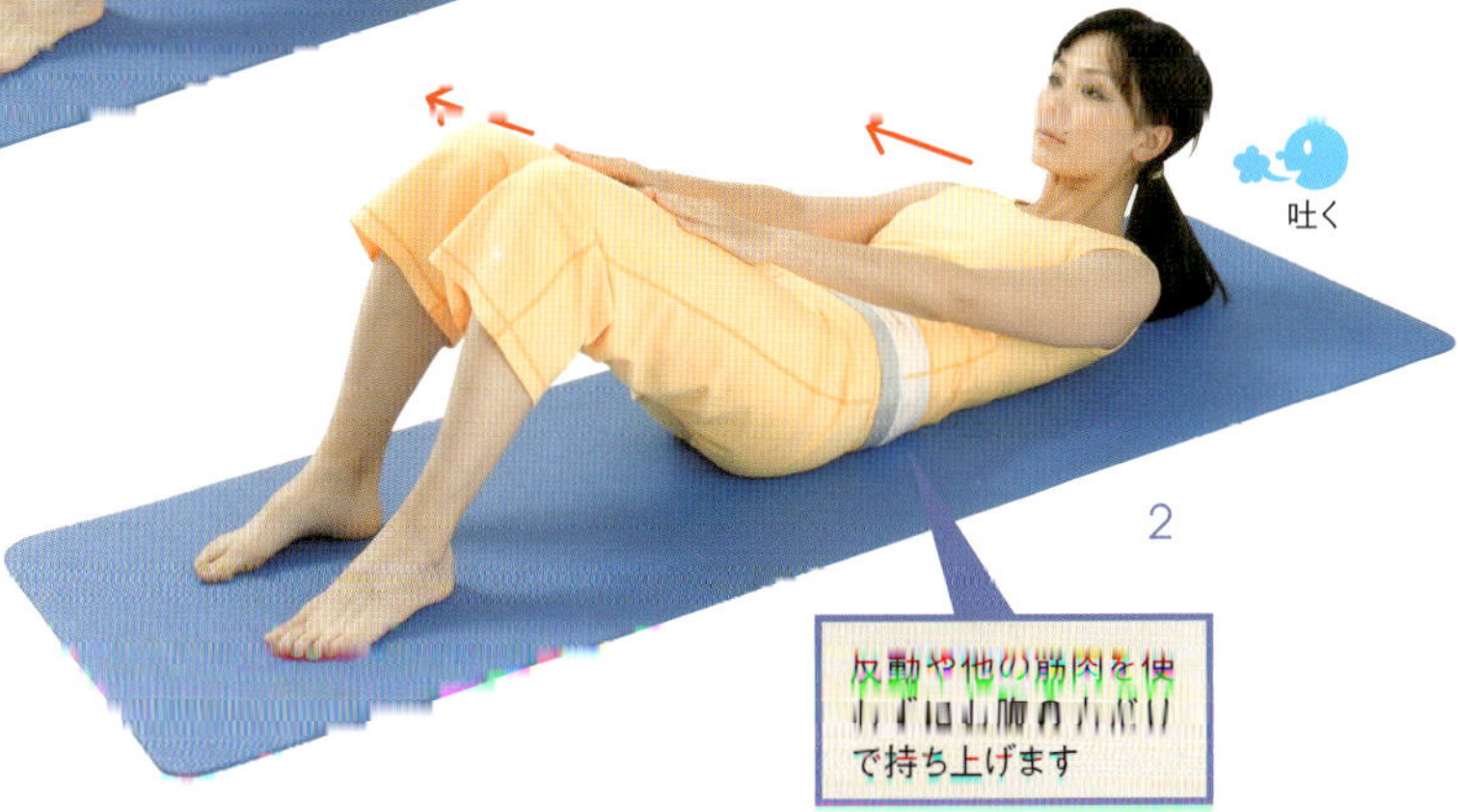
吐く
反動や他の筋肉を使わずにお腹の力だけで持ち上げます

2

スイングに期待できる効果

■アドレスが安定する ■インパクト以降で力が逃げなくなる ■トップやフォローで伸び上がらないようになる ■飛距離アップ

アドバイス

・10回を15秒で
・首、肩がリラックスしているのを感じて

NG

・お腹が出る
・首が曲がりすぎる
・背中が丸くなる

Arch Curl Leg Raise

アーチカールレッグレイズ

柔軟性アップ

椅子に浅く腰かけ、片足のくるぶしをもう片方の膝の上に乗せます。肩を下げて、おへそを背中に押し付けるようにして骨盤を安定させます。息を吸いながら、背中を伸ばした状態で股関節から上体を前傾させます。息を吐いてお腹をへこませ、おへそを覗き込むようにしながら上体を起こしていきます。途中、膝は自然に上がり、最後は背筋を伸ばしてスタートポジションに戻ります。

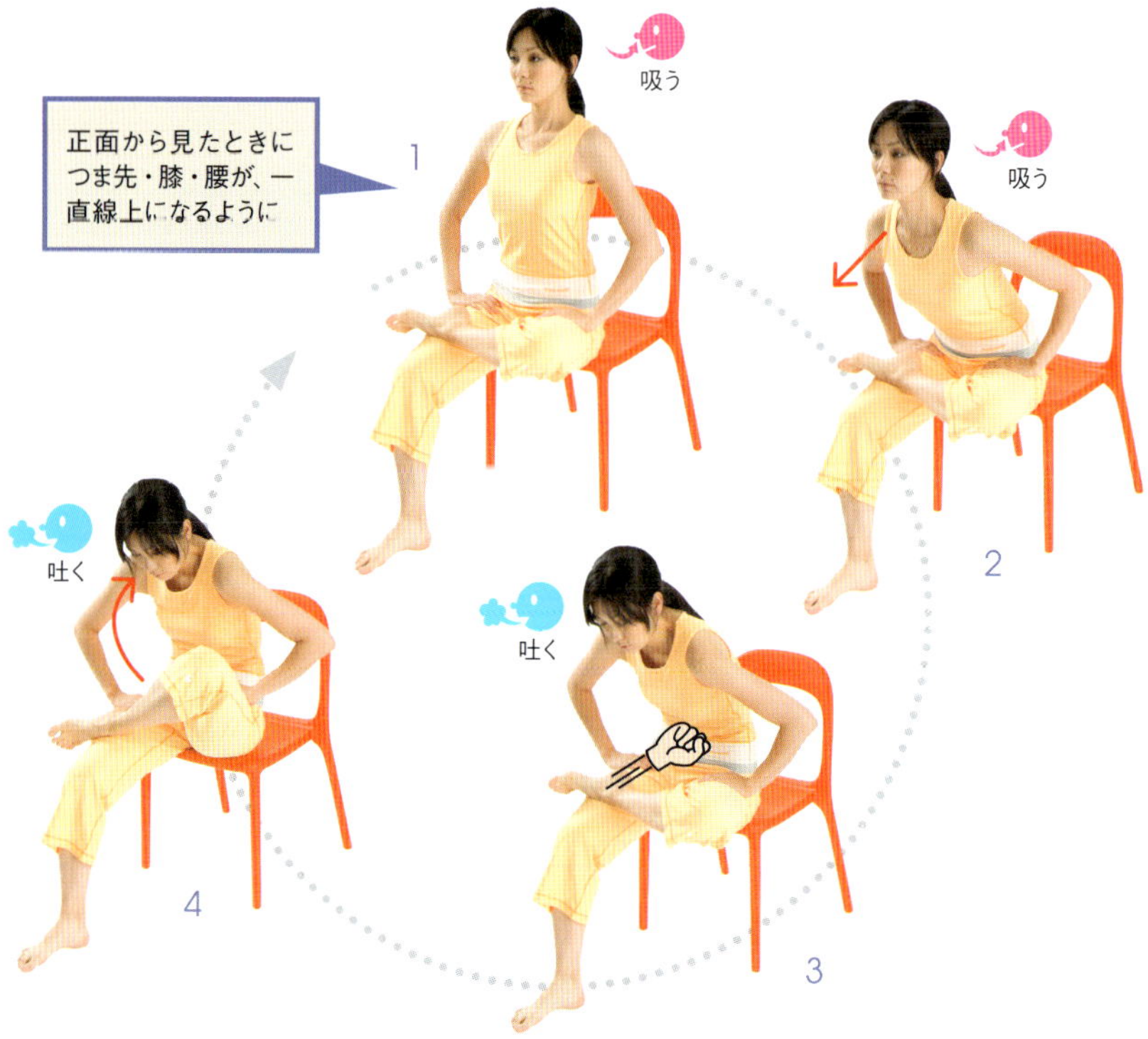

正面から見たときに
つま先・膝・腰が、一
直線上になるように
1
吸う
2
吸う
3
吐く
4
吐く

スイングに期待できる効果

■ヒップターンがスムーズになる
■体重移動がスムーズになる
■骨盤の前傾角度が保たれる

アドバイス

・5回を15秒のペースで（2セットが理想）
・地面についている足はつま先をまっすぐに
・つま先、膝、腰を一直線上に保つ

NG

・前傾するときに背中が丸まる
・地面につけた足が動く

Pilates Squat

ピラティス スクワット

筋力アップ

肩幅で立ちます。肩を下げ、おへそを背中に押し付けるようにして骨盤を安定させます。息を吸いながら腰を落としていきましょう。このとき、膝がつま先より前に出ないように気をつけます。太ももが床と平行になるまで落ちたら、息を吐きながら地面を蹴るようなイメージでスタートポジションに戻ります。

1　2　3

Side　Side

腰が落ちず、上体を前に倒しただけの姿勢になっています

スイングに期待できる効果

■パワーを貯めて放出するイメージをスイングに結びつける
■スイングのパワーを生み出す
■飛距離が伸びる

アドバイス

・10回を15秒のペースで
・椅子に座るイメージで腰を落とす

NG

・背中が丸くなる
・膝がつま先より前に出る

Helicopter Small Ball

ヘリコプター スモールボール

柔軟性アップ

床に仰向けになり、お尻の下にスモールボールを置いて両手で持ちます。肩を下げ、おへそを背中に押し付けるようにして骨盤を安定させます。息を吸って右足を顔に、左足を床に近づけます。息を吐きながら反時計回りに両足を入れ替えます。続けて息を吸って準備。息を吐きながら時計回りに両足を入れ替えます。これを繰り返します。

1
吸う
息を吐きながら
足を入れ替えます
2
吐く
3
吐く

スイングに期待できる効果

■体重移動がスムーズになる ■スイングリズムが良くなる ■飛距離が伸びる ■ラウンド後の疲労回復に効果的

アドバイス

・1往復を1回とし4〜5回を15秒で
・ボールはしっかり押さえる

NG

・骨盤が不安定になる
・肩に力が入る

Side Kick Series

サイドキック シリーズ

筋力アップ

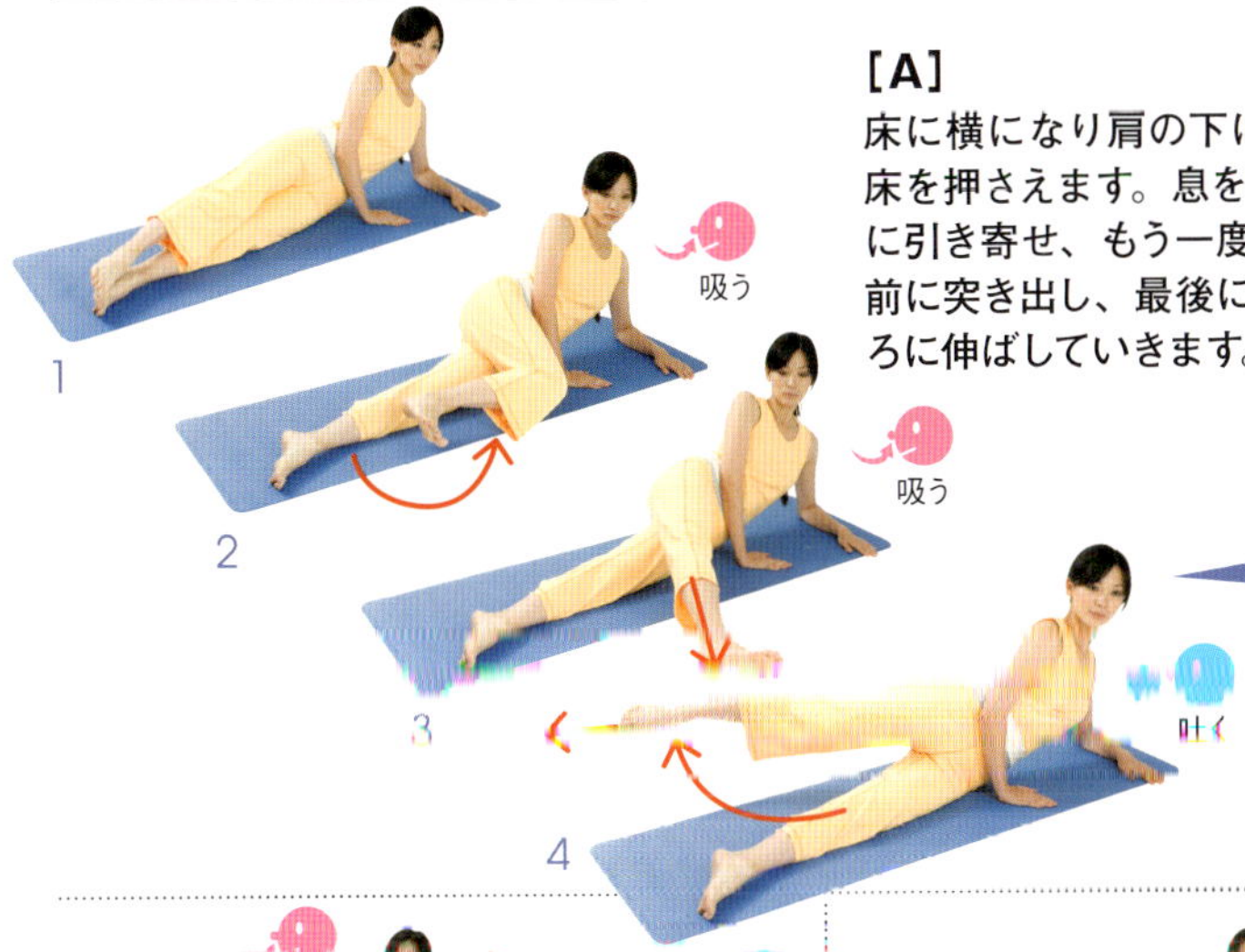

[A]

床に横になり肩の下に肘をついて両手で床を押さえます。息を吸って上の足をお腹に引き寄せ、もう一度息を吸ってかかとを前に突き出し、最後に吐きながら前から後ろに伸ばしていきます。

自転車を漕ぐようなイメージで３拍子で行ないます

[B]

床に横になり肩の下に肘をついて両手で床を押さえます。息を吸って上の足を床と平行に上げ、吐きながらかかとを天井に突き上げます。上の足を上げるときは、つま先は自分の顔のほうを向きます。

[C]

床に横になり肩の下に肘をついて両手で床を押さえます。息を吸って上の足を床と平行に上げ、吐きながら下の足を上の足に引き寄せます。上の足が骨盤の高さと平行に保ちましょう。

スイングに期待できる効果

■アドレスが安定する ■身体の回転が良くなる ■安定性アップ ■飛距離アップ

アドバイス

・5回を15秒のペースで（A・B）
・10回を15秒のペースで（C）

NG

・下の足や骨盤が揺れる（A）
・足を上げたときに腰が大きく動く（B）
・上半身や骨盤が大きく動く（C）

Cobra

コブラ

柔軟性アップ

床にうつぶせになり、手のひらと顔を床につけます。肩を下げ、おへそを背中に押し付けるようにして骨盤を安定させます。息を吸って準備。吐きながら、手の甲が太ももを向くように腕を返し、首から斜め上に引っ張られるように起き上がります。息を吸ってスタート姿勢に戻りましょう。立位で行なうこともできます。

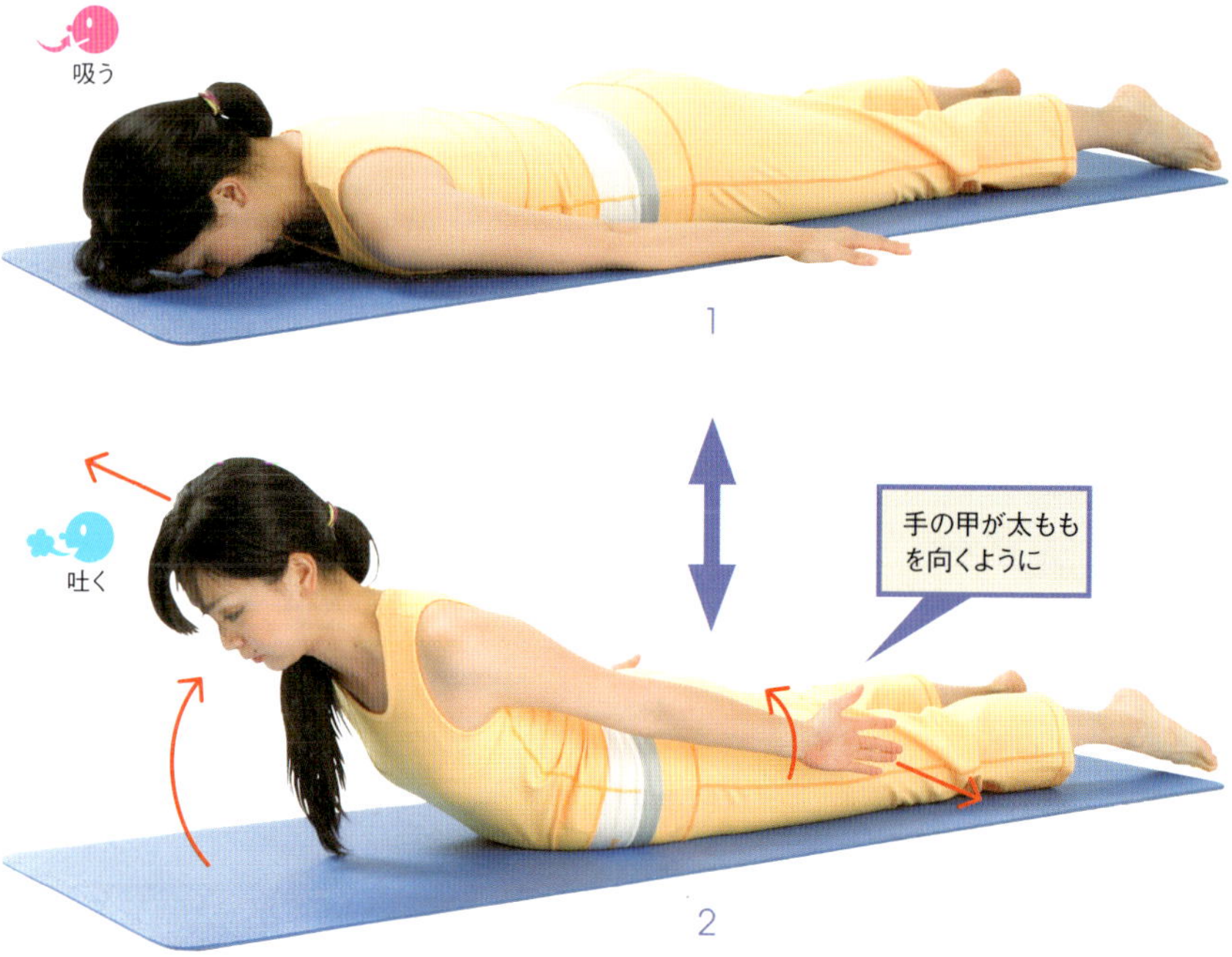

スイングに期待できる効果

■姿勢の良いアドレスになる ■スイング軌道の安定 ■懐の広いバックスイングになる ■飛距離アップ ■安定性アップ

アドバイス

・8回を15秒で
・恥骨を床に押し付けるように
・頭と手が引っ張り合うように

NG

・腰が反る
・足が床から離れる

Pilates Push Up

ピラティス プッシュアップ

肩の真下に手をつき、頭からかかとが一直線になるように構えます。肩を下げ、おへそを背中に押し付けるようにして骨盤を安定させます。息を吸いながら脇をしめるようにして肘を曲げ、お腹と胸を床に近づけます。筋力の弱い人は膝立ちでもかまいません。立ち姿勢で椅子や壁を支えに使ってもOKです。

Basic

Hard

スイングに期待できる効果

■腕と体幹を一体化することにより手のポジションを身体の正面に保つ

アドバイス

・10回を15秒で
・腕ではなく体幹が下がるように意識する

NG

・背中のラインが崩れる

Point Prone Basic

ポイント プローンベーシック

柔軟性アップ

四つんばいになり、肩の下に手を、股関節の下に膝をつきます。肩を下げ、おへそを背中に押し付けるようにして骨盤を安定させます。息を吸って準備。吐きながら片手を上げ、息を吸って戻します。同様に反対の手と足を交互に伸ばします。最後は対角線上の手と足を同時に伸ばしましょう。

スイングに期待できる効果

■腕の振りが良くなる ■身体を斜めに使うのでスイングアークが大きくなる ■飛距離アップ

アドバイス

・左右合計で10回を15秒で
・手が遠くに引っ張られるイメージ
・手と足は床と平行

NG

・伸ばした手の肩が上がる
・骨盤がグラグラする

Swimming

スイミング

筋力アップ

床にうつぶせになり軽く肘を曲げます。肩を下げ、おへそを背中に押し付けるようにして骨盤を安定させます。息を吸って準備。吐きながら恥骨を床に押し付け、足と上体を水面に浮いているように持ち上げます(step1)。息を2回吸いながら、右手と左足、左手と右足を交互に上げます。同様に息を2回吐きながら、同じ動きを繰り返します(step2)。小さい動きでもかまいません。立位で行なうこともできます。

step1
スタート姿勢

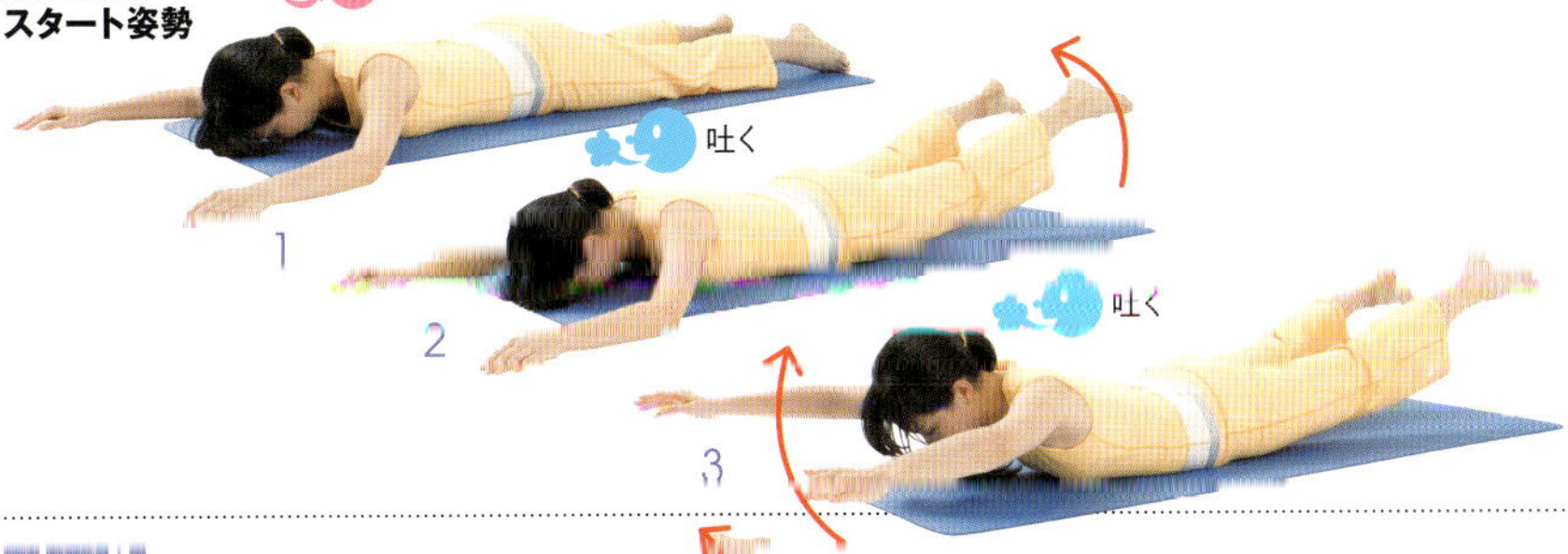

step2
エクササイズ

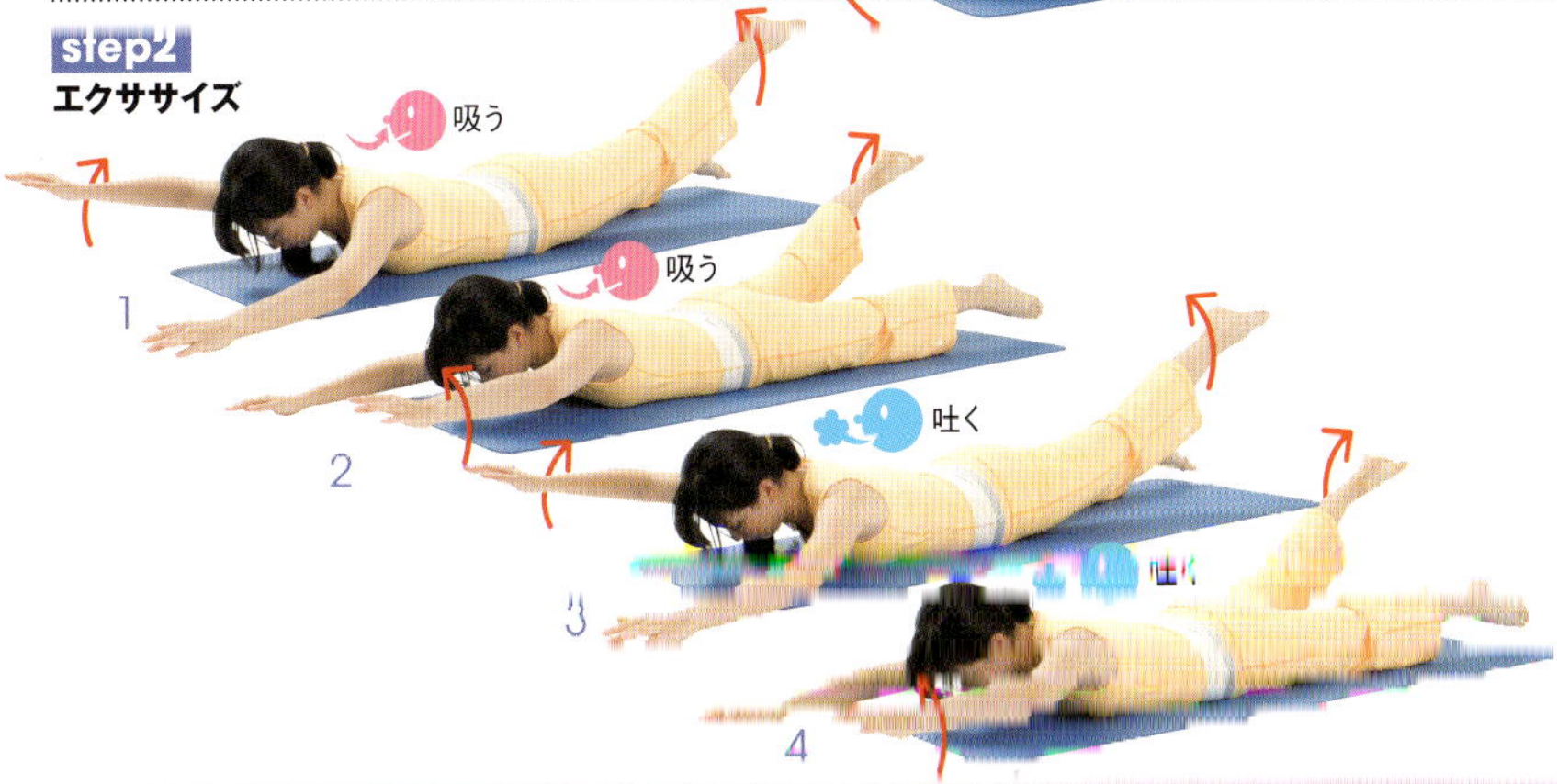

スイングに期待できる効果

■ハリのあるアドレスが作られる ■パワーを生む ■全身の連携を生む ■飛距離アップ ■安定性アップ

アドバイス

- 吸う(右手アップ)・吸う(左手アップ)・吐く(右手アップ)・吐く(左手アップ)を1セット
- 8セットを15秒で

NG

- 骨盤がグラグラする
- 肩が上がる

Single Leg Twist

シングルレッグ ツイスト

バランスアップ

片足で立ちます。両手を肩の高さに上げ、左右に引っ張られるように伸ばします。肩を下げ、おへそを背中に押し付けるようにして骨盤を安定させます。息を吸って準備。息を吐きながら右を向きます。息を吸って正面に戻ります。同様に左サイドも向きましょう。反対側の足でも行なってください。

吸う
吐く
吐く
足首と足裏の
バランスアップ
1・3・5
2
4

スイングに期待できる効果

■重心が安定しスイングセンターがブレなくなる ■芯でとらえる確率が上がる ■飛距離アップ ■安定性アップ

アドバイス

・片足10回を15秒で
・頭、足、両手が引っ張り合うイメージ

NG

・肩が上がる

Hug a Tree Swing
ハグアツリースイング

バランスアップ

セラバンドを背中にまわし、両端を身体の正面で持ち、アドレス姿勢をとります。肩を下げ、おへそを背中に押し付けるようにして骨盤を安定させます。息を吸って準備。

息を吐きながらテークバックをするように上体を右へひねります。息を吸って正面に戻り、息を吐きながらフォローをとるように上体を左へひねります。

吸う
腹筋をうまく使って
バランス力をアップ
吐く
1
2
3

スイングに期待できる効果

■腹筋を使ってバランスがとれるようになる ■スイング軸が安定する ■手を身体の正面に保つ ■身体と腕の一体感を得る

アドバイス

・往復10回を15秒で
・吐く息だけを意識して振り子のリズムで

NG

・軸がブレる

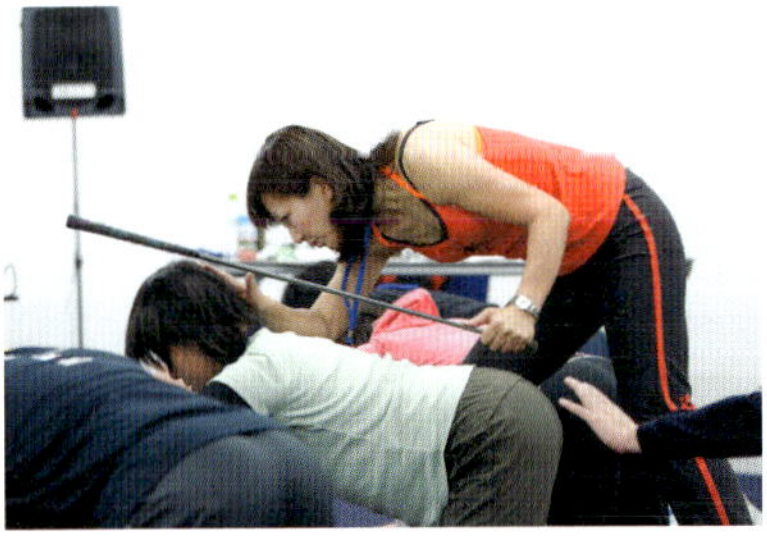

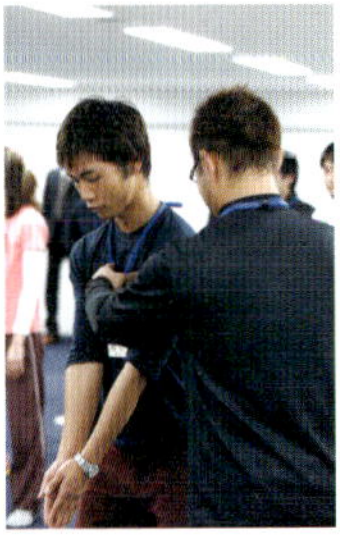

トレーニングの
専門家も注目する
ゴルフピラティス

Report

「コアトレーニングフェスタ」ゴルフピラティス講習会

Core Training Festa

開催日：2009年11月23日
会 場：スタジアムプレイス青山

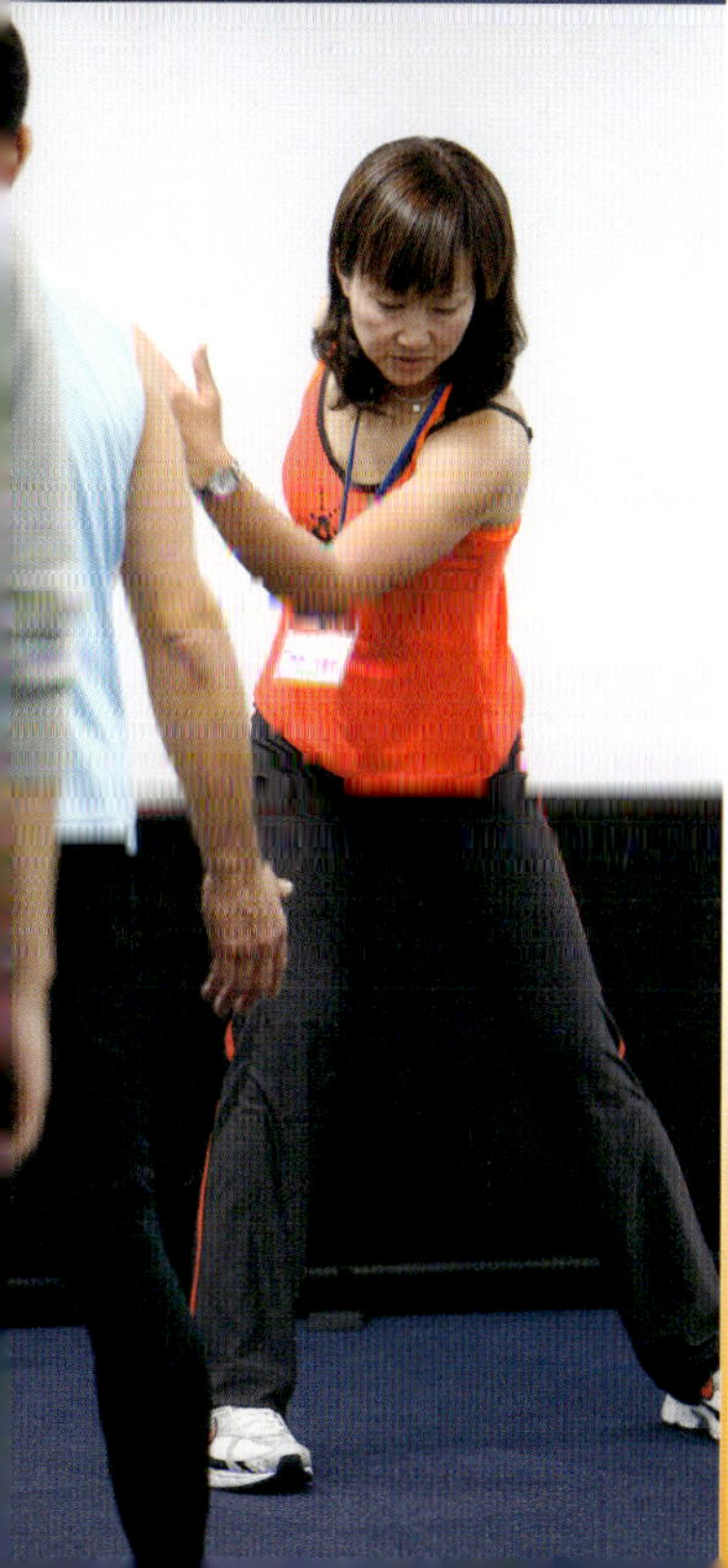

ゴルフとピラティスの融合に大きな関心を寄せるトレーナーたち

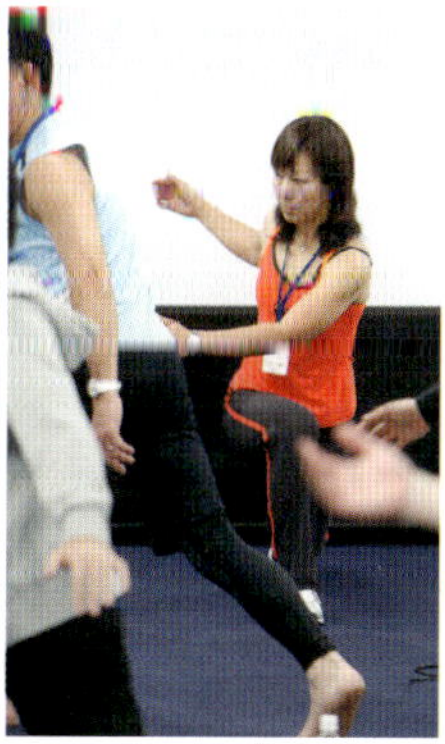

パーソナルトレーナーや理学療法士など、トレーニングの専門家を対象に開催された「コアトレーニングフェスタ」。この催しは、さまざまな分野で活躍する体幹トレーニングの第一人者が講師として集結し、コアやボディワークに関する最新理論、メソッドを発表するという画期的なイベント。

当日はゴルフピラティスの講習も行なわれ、数十名のトレーナーが受講。「ゴルフのための体幹トレーニング」に対する注目度の高さがうかがわれました。

ゴルフの6章

身体を直せば
スイングは
変わる

お悩み解消エクササイズ

5章の「15秒体幹トレーニング」でピラティスの基礎を身につけたら、次はゴルフに役立つトレーニングを実践してみましょう。

スイングは、動き始めるときに土台となるインナーマッスルがきちんと使えていないと、それを補おうとしてアウターマッスルや周囲の協力筋が働いてしまいます。インナー始動のスイングとアウター始動のスイングでは、見かけ上の形は似ていますが、身体の使い方が異なるのです。

インナーを使うスイングは、力まず体幹の回転を利用してクラブを振るので、パワーと安定性に優れ、フォームが美しく飛距離も出ます。身体全体が連動しているためプレー時の疲れが少なくケガも防げます。

対してインナーが働かないスイングは、アウターや協力筋が補助するので暴れたフォームになり、頑張っている割にはボールにパワーが伝わりません。そのためますます力が入り、飛ばず、曲がり、疲れも溜まります。集中力が持たずに何ホールかで大たたきをしてしまうという結果になりかねません。

この章では、アマチュアゴルファーが抱える代表的な悩みを、体幹トレーニングの視点で解説し、正しいスイングに導くためのトレーニングメニューを紹介します。骨盤が安定し、肩まわりや股関節の可動域が広がると、筋肉の連鎖が起こってスイングがスムーズになり、飛距離もアップするはず。

5章の冒頭で紹介した4つのポイントを意識し、たとえ手先・足先のエクササイズでも全身のスイッチをONにして行なってください。少ない回数で集中し、呼吸と合わせて行なうのが効果を上げるポイントです。ピラティスで身体の使い方を再教育し、正しいプログラムに書き直しましょう。

あなたのゴルフの悩みを解消します！

アマチュアゴルファーが抱える代表的な悩みといえば、大きくスライスするドライバーや、正確性に欠けるアプローチ、距離感のつかめないパッティングなどが挙げられます。ここでは、ピラティスの体幹トレーニングによって身体の中から変化を起こし、これらの悩みを解消することを目指します。あなたのスイングはどのタイプですか？

1

腕力まかせの男性

男性は女性に比べ筋肉量はありますが、上半身が強いわりに下半身が弱く、上半身の強さを支えきれていない方が多いです。また、肩甲骨まわり、股関節まわりが女性に比べて硬いのも特徴です。ゴルフでは、下半身がエンジン、上半身はそのパワー伝達の役割を果たしますが、一般的に多く見られる男性の身体のバランスでは、どうしても上半身優位の“手打ちスイング”になりがちです。当たれば飛ぶが不安定、アイアンに比べてドライバーが飛ばないという人も多くいます。そんな男性ゴルファーにおすすめなのが、肩甲骨まわりの柔軟性を高める上半身のエクササイズ、そして股関節やお尻まわりの柔軟性と脚力をアップさせる下半身のエクササイズです。

154ページへGO!

2 筋力不足の女性

女性は男性に比べ筋肉量が少なく、腕力や握力が弱い傾向にありますが、上半身と下半身の筋力バランスは比較的良いのが特徴です。ただし、筋力が少なく関節の安定性に欠けるため、オーバースイングになったり、スイングの再現性が低くなりがちです。また、ヘッドスピードが足りないためにボールが上がりにくく、ダフリ、スライス、飛距離不足に悩む方も多いようです。そんな女性におすすめなのは、まず手首の強さを高め、腕を振れるようにすることです。さらに、腹筋を強化し、骨盤の安定を図ります。上半身と下半身のバランスの良さとしなやかさを活かし、身体全体を上手に使うようにしましょう。

156ページへ GO!

3 スライスで悩む人

ゴルファーにとって最初の壁はスライスの克服ではないでしょうか？　スライスにはいろいろな要因がありますが、ひとつには「身体の硬さや弱さ」が「誤ったアドレス」につながり「スライススイング」を引き起こしていると言えます。アドレスで顕著なのは、上体の過度な力み、極端なウィークグリップや猫背です。頭が下がった状態で構えると、バックスイングが十分にとれず、アウトサイドインの軌道になります。結果、ボールに右回転がかかり、多くの場合はスライスします。エクササイズでは、まず姿勢を正すこと。そして上半身を脱力させ体幹を使ってクラブを振れるようにし、下半身主動でスイングできる身体に近づけることを目的とします。

158ページへ GO!

4 フックで悩む人

フックはゴルフを始めてしばらく経ち、ボールをとらえたりヘッドを走らせる感覚が身についた時期に多くみられます。フックを招く典型的なアドレスは、極端なフックグリップ、左脇のつっぱり、左肩上がり、右肘の引きすぎなどが挙げられます。右足を大きく後ろに引いたクローズドスタンスでもクラブをインサイドに引きやすくなりフックが出ます。また、初心者に多いアウトサイドインの軌道を避け、極端なインサイドアウト軌道で振ろうとしてボールに左回転がかかりフックする例も多いです。初級時にはスライスの原因になっていた強いグリップやかかと体重のスイングなども、ヘッドを走らせる感覚が身についてくるとフックの原因に変わってくることがあります。なぜなら練習を重ねてきた結果、左の股関節が硬くなり、スイングの途中で腰の回転が止まりやすくなっているからです。加速しているヘッドが急に返ってフックとなったり、「左の壁」を意識して左サイドを意図的に止めようとしても同様のことが起こります。フックを直すために、腰まわりと足全体の柔軟性を取り戻し、力みのないバランスの良い上半身を作ります。

160ページへ GO!

5 飛距離を伸ばしたい人

飛距離が伸び悩む原因は、体幹をうまく使えず、手先でクラブを振ろうとすることにあります。ゴルフスイングは軸回転の遠心力を利用した円運動です。骨盤の回転スピードが速いほどヘッドスピードは上がります。それを飛距離に結びつけるには、安定したスイングプレーンとヘッドの軌道、正しい入射角、正しいフェースの向きなどが条件となります。これらを満たすためには、インナーマッスルがしっかりと骨盤と軸を支え、適正な前傾角度での軸回転を実現しなければなりません。また体幹から腕、クラブ、ボールへの効率的なエネルギー伝達のためには各関節の安定も必要です。四肢を動かしてもブレない軸を可能とする強い体幹、柔軟な上半身、全身のバランス感覚、そして軸回転が完了するまで前傾姿勢を保つ股関節の屈筋、腹筋をしっかり作りましょう。

162ページへ GO!

6 正確性を上げたい人

　ゴルフは飛ばすばかりではスコアにつながりません。きれいな弾道で空に吸い込まれていくショットも、目標方向に飛んで良い結果を生み、はじめて「ナイスショット」となります。飛ばし屋さんのなかにはボールが曲がりＯＢに悩む方も多く見られます。正確性を上げるためには、フェース面とスイング軌道の安定、クラブの入射角度の安定、そしてそれらを再現する確率を上げることが重要です。そのためには、体幹や骨盤まわりのインナーマッスルがしっかりと身体の軸を保ち、骨盤を安定させなければなりません。また、クラブをスイングプレーン上に保つために、大胸筋や肩甲骨まわりの柔軟性およびバランスの良さも必要です。

164ページへ GO!

7 上がり症の人

　コンペのスタートホールなどで大勢の前でティーショットを打つとき、「ギャラリーが多いほど良い結果を出す」という人もいれば、「クラブを持つ手が震えるくらいドキドキしてしまう」という人もいます。後者の方は、緊張のせいで上体に力みが出てスイングリズムが早くなり、心拍数も上がって呼吸が浅くなります。そんなときは、ピラティス呼吸がおすすめです。鼻からエネルギーを吸い込み、不安や心配などのネガティブイメージを口からきれいに吐き出しましょう。身体の深層に意識を向け呼吸を整えます。また、骨盤底筋群を締めて片足で軸を保ち、軽くかかとの上げ下ろしをするのも有効です。重心を下げるつもりで軽くジャンプするのもいいでしょう。

166ページへ GO!

8 かっかしやすい人

ラウンド中にミスが続くと、「何やってるんだ、へたくそ！」と自分に腹を立て、クラブを叩きつけたり怒りの感情を抑えきれなくなることがあります。一度気持ちが切れてしまうと、自分を客観的にとらえ冷静になるのはむずかしいものです。しかし、そのままプレーを続けてもなかばやけくそでボールを打つだけになり、「自分で考え、判断し、実行する」というゴルフ本来の楽しみが失われてしまいます。一緒にラウンドしている他のプレーヤーにも不快な思いをさせるでしょう。こんなときは、ストレッチで身体全体を伸ばし、ピラティス呼吸でリフレッシュすることで冷静さを取り戻し、怒りや焦りの感情を断ち切るようにしてください。

168ページへ GO!

9 アプローチが苦手な人

アプローチショットではスイング幅の正確なコントロール力が求められます。初級者と上級者の差は、ショットの内容はもちろんですが、アプローチやパットに顕著に現れると言えるでしょう。カップという小さなターゲットへのアプローチでは、結果を気にしすぎて集中力が乱れたり、コントロールスイングの大きさがイメージと合わず緩めてダフッたり、途中で力を加えてトップしてしまったりします。グリーンまわりでのミスはスコアの1打に直結します。ここでは自分のイメージどおりの球を打つためのクラブコントロール力を高めるエクササイズを紹介します。アプローチをきちんと身につけることにより、ゴルフスイングの正しい軌道の再現性も高めることができます。

170ページへ GO!

10 パッティングが苦手な人

パッティングで大切なのが、肩甲骨のスムーズな動きです。パッティングは、両腕で脇を軽くしめ、手首の角度を保ち、肩を動かして振り子のリズムでストロークします。肩甲骨の動きが悪いとリズムがつかみにくく、つい手首を使って手先でパチンと打つことになります。その結果、ヘッドがスムーズに出なくなり、合わせて緩んだり、強く打ちすぎたりして距離感が合わなくなります。やがてはショートパットにも自信がなくなってしまいます。ここでは体幹を安定させて、肩甲骨の動きを良くし、パターのストロークを改善させるためのメニューを紹介します。

172ページへ GO!

下半身と体幹でスイングを始動し上半身にパワーを伝える

ツイストランジ Twist Lunge

腰幅で立ち、クラブを地面と平行に持ちます。肩を下げ、おへそを背中に押し付けるようにして骨盤を安定させます。息を吸って準備。吐きながら左脚を大きく後ろに踏み出します。右膝が90度になるまで腰を落とし、上体を右に向けます。息を吸って、スタートポジションに戻ります。右足も同様に行ないましょう。はじめは前足の膝が90度にならなくてもよいので、リズムよく交互に行なってください。

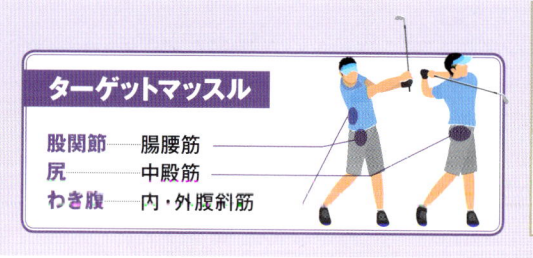

吸う
肩はリラックス
吐く
ゴルフのスイングを意識して軸を保つ
吐く
吸う
1
2
3
4

ターゲットマッスル

股関節……腸腰筋
尻……中殿筋
わき腹……内・外腹斜筋

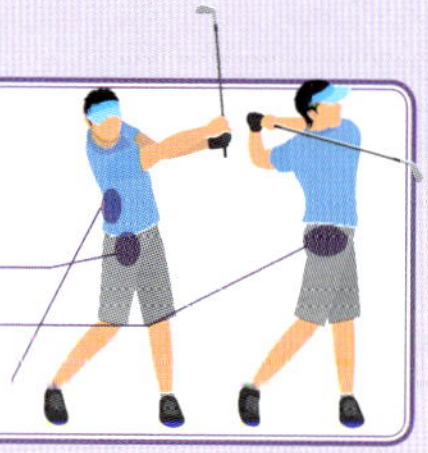

アドバイス

・左右交互に10回を15秒で
・足のラインをまっすぐに保つ

NG

・足を曲げたときに上体が前に倒れる
・クラブが平行でなくなる
・膝がつま先より前に出る

硬くなりがちな足のサイドをストレッチして体重移動をスムーズに

ITバンドストレッチ Iliotibial Band Stretch

床に仰向けになります。左足は伸ばし、右足にセラバンド（タオルでもOK）をかけ、かかとを天井に突き上げます。肩を下げ、おへそを背中に押し付けるようにして骨盤を安定させます。息を吸って準備。吐きながら足の甲を天井に向けるようにして左に倒します。息を吸ってスタートに戻ります。反対の足も同様に行ないます。

頭と足の引っ張り合いを感じて
1
吸う
足の甲を天井に向ける
2
吐く
腰は床から離れない

ももの外側を走る大きな腱のことです

ターゲットマッスル

腰と太ももの外側
腸頸靭帯・大腿筋膜張筋

アドバイス
- 3回～5回を15秒で
- 足の外側全体をストレッチ

NG
- 上げた足の骨盤が動く
- 反動をつける

スイング中にキープしたい手首の角度とローテーションを覚える

リストクラブローテーション Wrist Club Rotation

肩を下げて、おへそを背中に押し付けるようにして骨盤を安定させます。肘を軽く曲げてクラブを片手で持ちクラブの先を上げて構えます。息を吸って準備。息を吐きながらクラブを左右に倒しましょう。

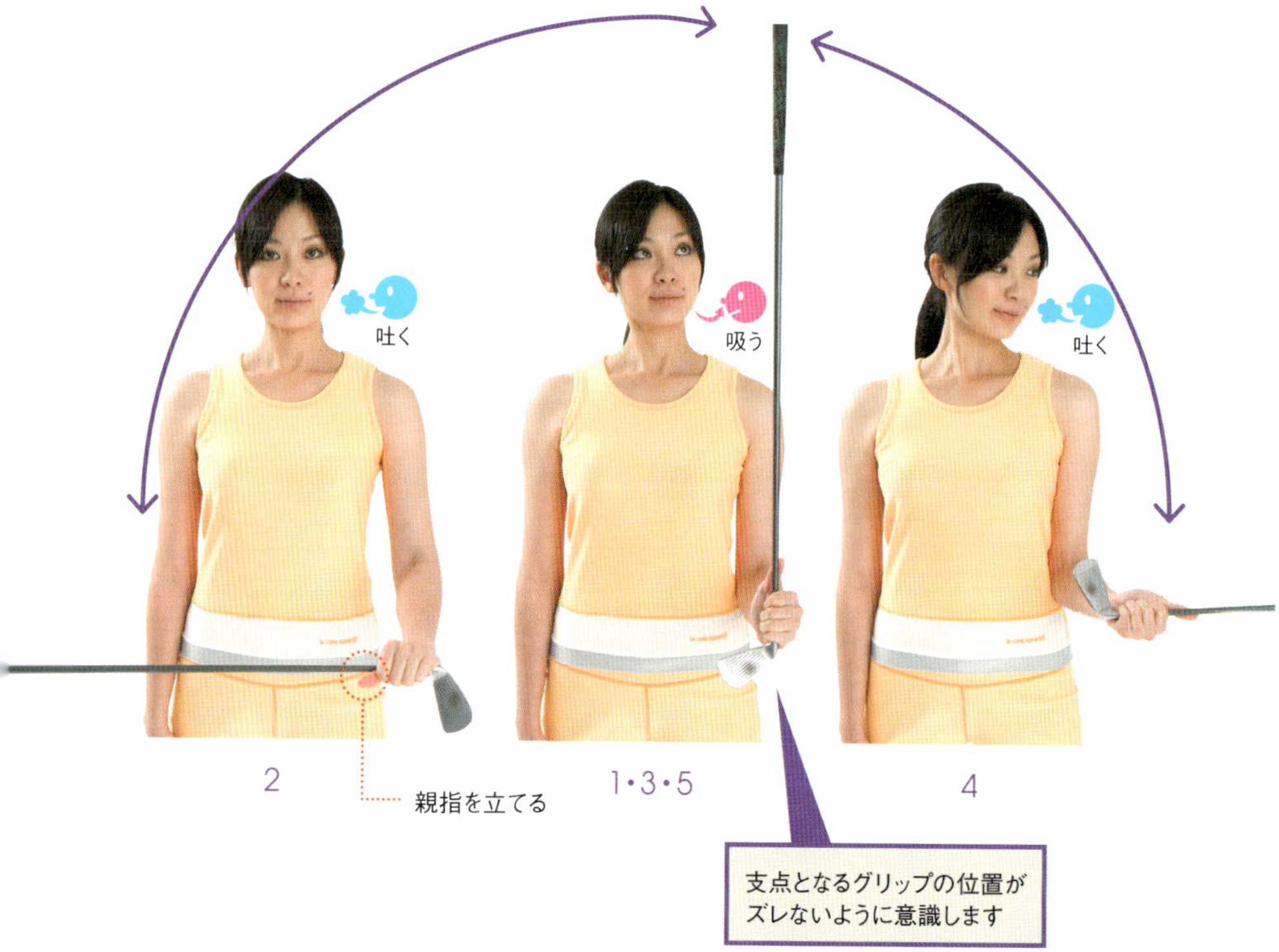
吐く
吸う
吐く
2
1・3・5
4
親指を立てる
支点となるグリップの位置がズレないように意識します

ターゲットマッスル

手首……手根屈筋・伸筋群

アドバイス

・10回を15秒で
・親指を立て肘を身体につける

NG

・身体が動く
・肩が上がる

全身を使って体幹を鍛え飛距離アップをはかる

エルボーツーニー Elbow to Knee

両手を頭の後ろに軽くあて、膝を立てて床に仰向けになります。肩を下げ、おへそを背中に押し付けるようにして骨盤を安定させます。息を吸って準備。吐きながら両肘を開いたまま身体をツイストし、左肘と右膝を近づけます。息を吸ってスタート姿勢に戻ります。反対側も同様。動きに慣れたら写真2と写真4を吐く息で行ないます。

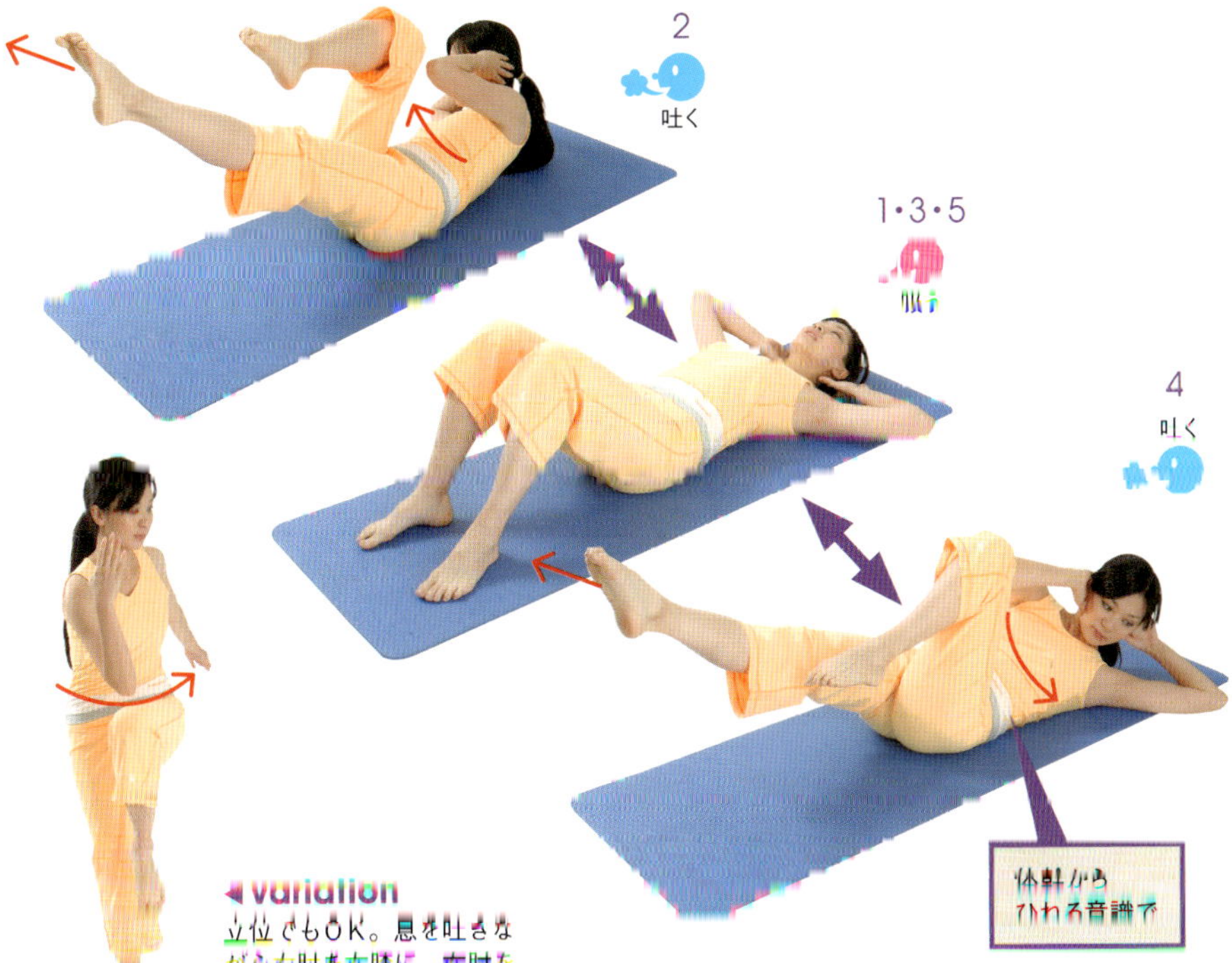

◀variation
立位でもOK。息を吐きながら右肘を左膝に、左肘を右膝に近づけます

ターゲットマッスル

わき腹——内・外腹斜筋

アドバイス
・左右交互に8回～10回を15秒で
・骨盤を安定させ、お腹をへこませる

NG
・肘が前に出すぎる
・首や肩に力が入る

胸を開いてバックスイングをスムーズにする

チェストオープンストレッチ Chest Open Stretch

床に横になり膝を曲げます。腕はまっすぐに伸ばし両手を合わせます。肩を下げ、おへそを背中に押し付けるようにして骨盤を安定させましょう。息を吸いながら上の手を天井に上げ、そのまま反対側の床まで近づけます。息を吐きながらスタート姿勢に戻ります。

1
吸う
2
吸う
3
吸う
吐く
視線は手先に向けましょう
4
吐く
5
吐く

※タオルを頭の下に敷いて枕にしてもOKです

ターゲットマッスル

胸 ………… 大胸筋

アドバイス

- 3～5回を15秒で
- 手の重さで胸を気持ちよく開かせる
- 上半身はリラックス

NG

- 両骨盤、両肩がずれる
- 肩が上がる

上半身と下半身の捻転差を作り腰リードの切り返しを体得する

レッグロッキング Leg Rocking

仰向けになり、両手は床を押さえるようにして広げます。左右の足が離れないようにくっつけて持ち上げ、膝を曲げます。肩を下げ、おへそを背中に押し付けるようにして骨盤を安定させます。息を吸って準備。息を吐いて両足を右側に倒し、吸って戻します。左右交互に行います。

2
吐く
1・3・5
吸う
4
吐く
持ち上げた足の角度は
90度以下に保たないと
腰に負担がかかり危険

膝を胸に近づけると
強度ダウン、
[illegible]
強度アップ

ターゲットマッスル

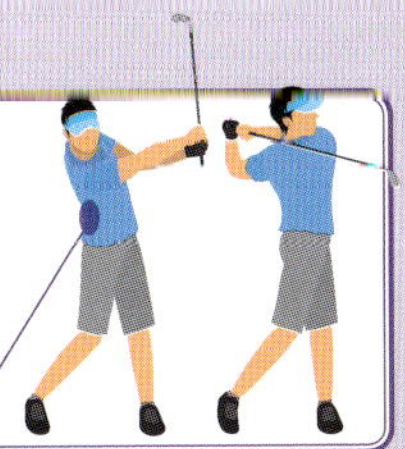
わき腹……内・外腹斜筋

アドバイス

・左右交互に合計10回を15秒で
・リズムよく

NG

・肩が床から離れる
・首や肩に力が入る
・腰の角度が90度以上になる

硬くなったお尻を柔軟にしてヒップターンをスムーズに

ヒップストレッチ Hip Stretch

椅子に浅く座り、片足のくるぶしをもう片方の膝に乗せます。肩を下げ、おへそを背中に押し付けるようにして骨盤を安定させます。息を吸って準備。吐きながら背筋を伸ばしたまま股関節から上体を前に倒します。息を吸ってスタート姿勢に戻ります。

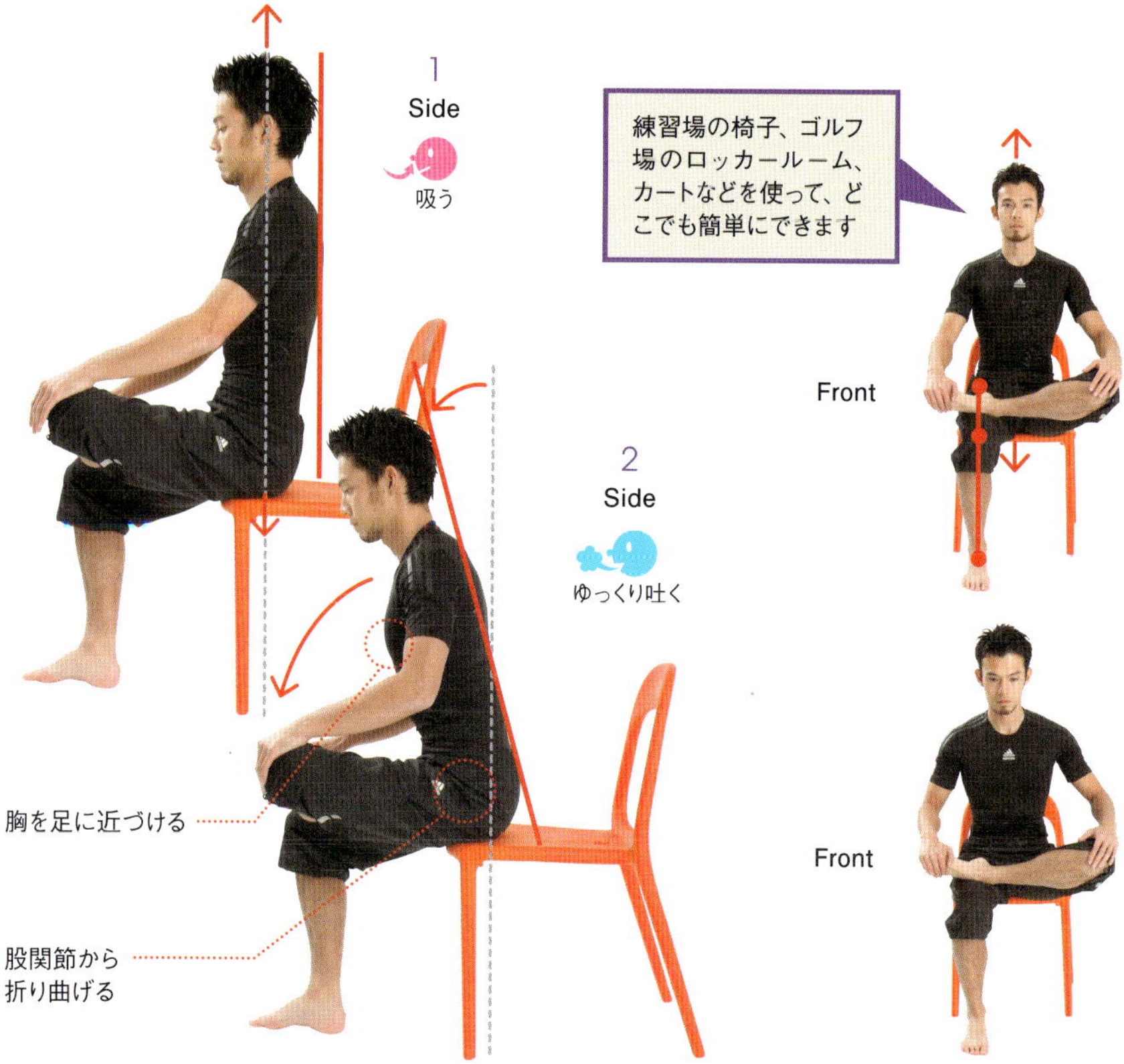
1
Side
吸う
2
Side
ゆっくり吐く
胸を足に近づける
股関節から
折り曲げる
練習場の椅子、ゴルフ場のロッカールーム、カートなどを使って、どこでも簡単にできます
Front
Front

ターゲットマッスル

尻
殿筋群

アドバイス

- 片方3回を15秒のペースで
- お尻がストレッチされるのを感じる

NG

- 背中が丸くなる
- 床についている足のラインが傾く
- 骨盤がゆがむ

腰まわりの柔軟性と強度を高め前後左右のバランス感覚を向上させる

スプリットピラティスランジ Split Pilates Lunge

両手を腰にあて両足を前後に大きく開き腰を落とします。肩を下げ、おへそを背中に押し付けるようにして骨盤を安定させます。息を吸って準備。吐きながら骨盤底筋群、お腹を締めて両膝を伸ばし、身体を持ち上げます。

膝を伸ばすときは頭が天井に引っ張られるイメージで
吸う
吐く
腹筋の力で持ち上げる
1
足の付け根から太ももが気持ちよく伸ばされているのを感じる
2

ターゲットマッスル

股関節……骨盤底筋群

アドバイス
・片側10回を15秒で
・テンポよく
・両足は平行に

NG
・上半身がフラフラ倒れる
・前の足の膝がつま先より出る

飛距離を伸ばしたい人

スイング軸となる背中と首に働きかけ体幹を安定させて四肢を使う

ポイントプローンアドバンス Point Prone Advance

5章で紹介したポイントプローンの発展形です。ビッグボールの上で四つんばいになり、肩を下げ、おへそを背中に押し付けるようにして骨盤を安定させます。まずはこの姿勢をとれるようにしましょう。息を吸って準備。吐きながら右手と左足を床と平行に伸ばします。この姿勢を15秒キープするのが目標です。

動かしていない部分は
ビクともしないよう安定させる

伸ばしている手と足が
引っ張り合うように
気持ちよく伸ばす

※ボールの上で行なうエクササイズは上級編のため、危険を伴います。難しいと感じた場合は、142ページで紹介しているベーシック編を行なってください

ターゲットマッスル

背中 ········ 脊柱起立筋

アドバイス

- 1ポーズを15秒間キープ
- お腹を締めて安定させる

NG

- 骨盤がグラグラする
- 手を伸ばしたときに肩も上がる

お腹を鍛え上半身の力みなくスイングできる体幹に

フロッグアブ Frog Ab

両足でビッグボールを挟み、なるべく膝を伸ばします。肘は肩の真下につき上半身を支えます。肩を下げ、おへそを背中に押し付けるようにして骨盤を安定させます。息を吸って準備。吐きながら両手の指先でボールを触るように腕を伸ばします。息を吸って身体を戻し、吐いて再びボールにタッチします。

ボールを挟むことで、
骨盤底筋群が締まり、
骨盤が安定する
肩は
リラックス
1
吸う
2
吐く

※ボールの代わりにクッションなどを使用してもOKです

ターゲットマッスル

足……腸腰筋
腹……腹直筋・腹横筋

アドバイス

- 10回タッチを15秒で
- 足が下がりすぎると腰を痛めるので注意

NG

- お腹が出る
- 肩が丸くなりすぎる

正確性を上げたい人

腕と体幹を一体化させ安定したスイングプレーンを得る

スパイラルアーチ Spiral Arch

バランスボールに座り、足幅を広めに取ります。左手の甲を右脚の外側に置き、右手をクロス。肩を下げ、おへそを背中に押し付けるようにして骨盤を安定させます。息を吸いながら体幹からひねり、右手を斜め後方に伸ばしていきます。左手で右脚を押さえ、もうひとひねり。股関節の上で身体を回しましょう。息を吐きながらスタート姿勢に戻ります。左右交互に行なってください。

1
吸う
膝は不動
2
吸う
ボールが
転がら
ないように
手だけ引くのではなく、
体幹からひねり上げる
意識を持ちます
3
吸う
右股関節で
体重を
受け止める
4
吐く
5
吐く

※不安定なバランスボールの上で行なうことで腹筋が安定筋として働き、エクササイズの効果が高まります

ターゲットマッスル

肩まわり……胸筋群
肩甲骨周辺筋

アドバイス
・左右交互に8回を15秒で
・椅子に座って行なってもOK

NG
・軸が倒れる
・足や骨盤が動く

不安定な姿勢でもバランスをキープし再現性の高いスイングを作る

シングルレッグツイスト Single Leg Twist

両手を肩の高さに開いて片足で立ちます。肩を下げ、おへそを背中に押し付けるようにして骨盤を安定させます。息を吸って準備。吐きながら右を向き、息を吸いながら正面に。続いて息を吐きながら左を向き、吸いながら正面に。反対の足も同様です。

1
吸う
2
3
骨盤が
床と平行に
回るイメージで

ターゲットマッスル

腰まわり……中殿筋
足首……下腿筋群

アドバイス

- 片足で左右10回を15秒で
- 正面で止まらず、リズムよく
- 腰のリードでツイスト

NG

- 肩が上がる
- 上半身主導で回す

上がり症の人

深い呼吸で脈を整え落ち着きと自信を取り戻す

ピラティス呼吸ベーシック Pilates Breathing Basic

基本姿勢で立ち、両手を肋骨にあてます。両手の間隔は指の先が軽く触れる程度。息を吸って肋骨をふくらませ、両手の指の間隔が開きます。吸った時間の倍の時間をかけてゆっくりと息を吐き、スタートの状態に戻ります。

吸うときは
胸を張って
自信をつける
肋骨を広げる
1
吸う
肋骨を閉じる
吐くときは
不安や不満を
出し切る
2
吐く
胸を上げる
吸う
Side
肩を下げる
吐く
Side

ターゲットマッスル

胸……横隔膜・肋間筋
腹……腹横筋

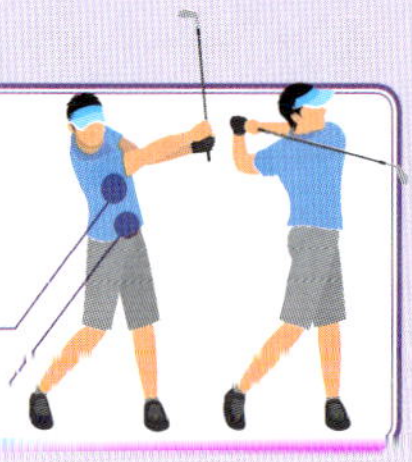

アドバイス

- 「吸う」「吐く」を3回15秒で
- 吐くときに肋骨を閉じお腹をペタンコに

NG

- 吸うときに肩が上がる
- 吐くときに背中が丸くなる

自信あふれるアドレス姿勢のために

エルボーオープニング Elbow Opening

スモールボールを背中にあてて仰向けになります。両手を頭の後ろに回し、親指を両あごの付け根に軽くあてます。膝は曲げておきましょう。息を吸いながら胸を張り、床に頭を近づけていきます。息を吐きながら膝が視界に入るくらいの高さまで起き上がります。ボールを使わず立位で行なってもかまいません。

1
吸う
2
吸う
腰は反らせない
お腹をより深く
へこませて
上体を持ち上げる
3
吐く

ターゲットマッスル

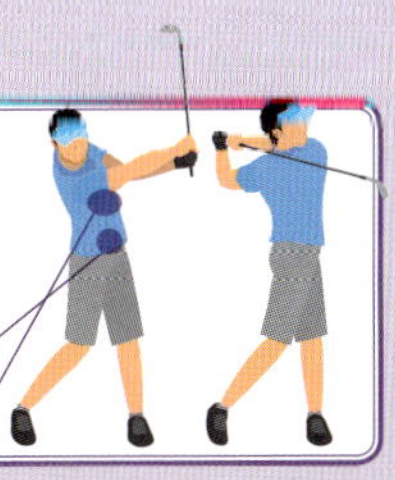

腹……腹直筋・腹横筋

胸……大胸筋

アドバイス

・「吸う」「吐く」を1セット

・6セットを15秒で

NG

・吸ったときに腰が反る

・吐いて起きたときにお腹が出る

・足が床から離れる

肩を安定させゆっくりした呼吸で冷静さを取り戻す

ピラティス呼吸アドバンス Pilates Breathing Advance

クラブを肩に担ぎます。お腹を締めたまま、鼻から息をゆっくり吸い、胸を大きく膨らませます。続いて吸った時間の半分の長さで口から一気に吐き、胸を閉じます。肋骨を大きく膨らませることで肩の入りがよくなり、背中も柔軟になります。カッカすると打ち急いで、さらなるミスを招きます。酸素を脳に送り込んであげましょう。

1
吸う
肋骨を大きく膨らませることで肋間筋の伸張を促します
2
吐く

ターゲットマッスル

胸……………横隔膜・肋間筋

アドバイス

・「吸う」「吐く」で1セット
・3セットを15秒で

NG

・腰が反る
・肩が動く

息をゆるやかに吐き全身の血流をよくする

ローワーバックストレッチ Lower Back Stretch

クラブを両手で持ち、軽く肘を曲げて頭の上にかかげます。肩を下げ、おへそを背中に押し付けるようにして骨盤を安定させます。息を吸って準備。吐きながら身体を右に向け、お腹をへこませるようにして、クラブを床に近づけていきます。身体を曲げ切ったら、息を吸って吐きながらスタート姿勢に戻ります。

1
吸う
2
吐く
クラブ→頭→肩→腰の順で
背骨をひとつずつ
動かす意識を持つと効果大
3
吐く
クラブと左腰の
引っ張り合いを
感じましょう
4
吐く
5
吸う
6
吐く
7
吐く
8
吐く

※練習前やラウンド前に行なうと効果的です

ターゲットマッスル

背中……広背筋・脊柱起立筋
腰……大殿筋

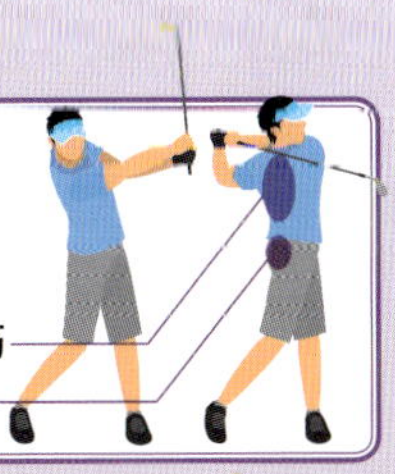

アドバイス

- 左右1回を15秒で
- 先にツイストしてから上体を倒す

NG

- 手を上げたときに肩が上がる
- 身体を倒したときに膝が曲がる
- お腹の力が抜ける

体幹と腕の一体感をつかみ身体の正面にクラブを保つ

ツイストウィズビッグボール Twist with Big Ball

ビッグボールの上に座りスモールボールを胸の前に持ちます。肩を下げ、おへそを背中に押し付けるようにして骨盤を安定させます。息を吸って準備。吐きながらお腹からひねるようにして右を向きます。息を吸って正面に戻り、吐きながら左を向きます。ボールの代わりに椅子などを使ってもOKです。スイングを意識して行ないます。

吐く
頭と尾てい骨が
引っ張り合うイメージで
姿勢よく
吸う
胸の前にボール
を持ちましょう
吐く
2
1・3・5
4

ターゲットマッスル

脇　大胸筋
肩　大円筋・肩甲下筋

アドバイス

・左右合計10回を15秒で
・ボールを胸の正面にキープして

NG

・骨盤がグラグラする
・軸がブレる
・足が動く

体幹を使ってスイングの大きさを覚える

ニュートラルスパインツイスト Neutral Spine Twist

足を肩幅に開いて立ち、スモールボールをお腹の前に持ちます。股関節から前傾し肩を下げ、おへそを背中に押し付けるようにして骨盤を安定させます。息を吸って準備。吐きながらお腹からひねるようにして右を向きます。息を吸って正面に戻りましょう。息を吐きながら同様に左側にひねります。

ターゲットマッスル

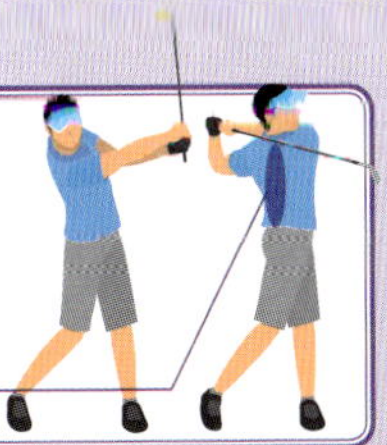

背中……多裂筋

アドバイス

・左右合計10回を15秒で
・はじめは目でボールを追う
・ボールの高さを
膝、腰、肩の3段階で

NG

・手と体幹の一体感がない

パッティングが苦手な人

パッティングストロークのときに働く肩甲骨周辺筋と体幹を安定させて動かす

ローテーターカフ Rotater Cuff

セラバンドを腰の幅で持ちます。肩甲骨を意識しながら両端を小刻みに引っ張りましょう。手の高さは、胸の前(写真A)、おへその前(B)、頭の上(C)、お尻につける(D)、お尻から少し離す(E) の5箇所で行ないます。ローテーターカフとは肩まわりのインナーマッスルの総称で、肩の関節を安定させ滑らかに動かす役割を担っています。

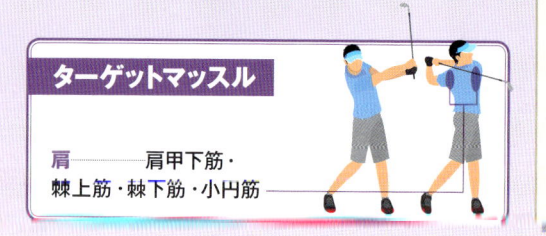

A 胸の前で

自然呼吸で
行ないます
肘は軽く曲げる
肩甲骨を意識して
動かしましょう
1
2

B おへその高さで

C 頭の上で

D お尻につけて

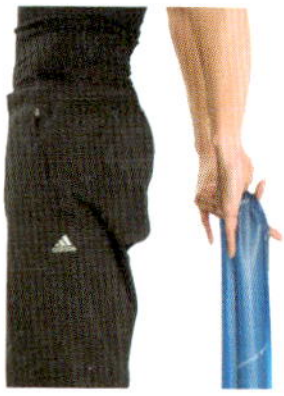

E お尻から離して

ターゲットマッスル

肩……肩甲下筋・棘上筋・棘下筋・小円筋

アドバイス

・小刻みに60回を15秒で
・バンドは握らず挟むように持つ

NG

・肩が上がる
・手先で動かす
・身体がブレる

腹筋を安定させ腕と体幹の一体感をつかむ

セラバンドパター Thera-Band Putter

パターの構えで立ち、セラバンドを両足の下に通して両端をグリップのイメージで持ちます。肩を下げ、おへそを背中に押し付けるようにして骨盤を安定させます。息を吸って準備。吐きながらテークバックをイメージして右へ、そのままフォローをイメージして左へ。腕の力を使わないことがポイントです。

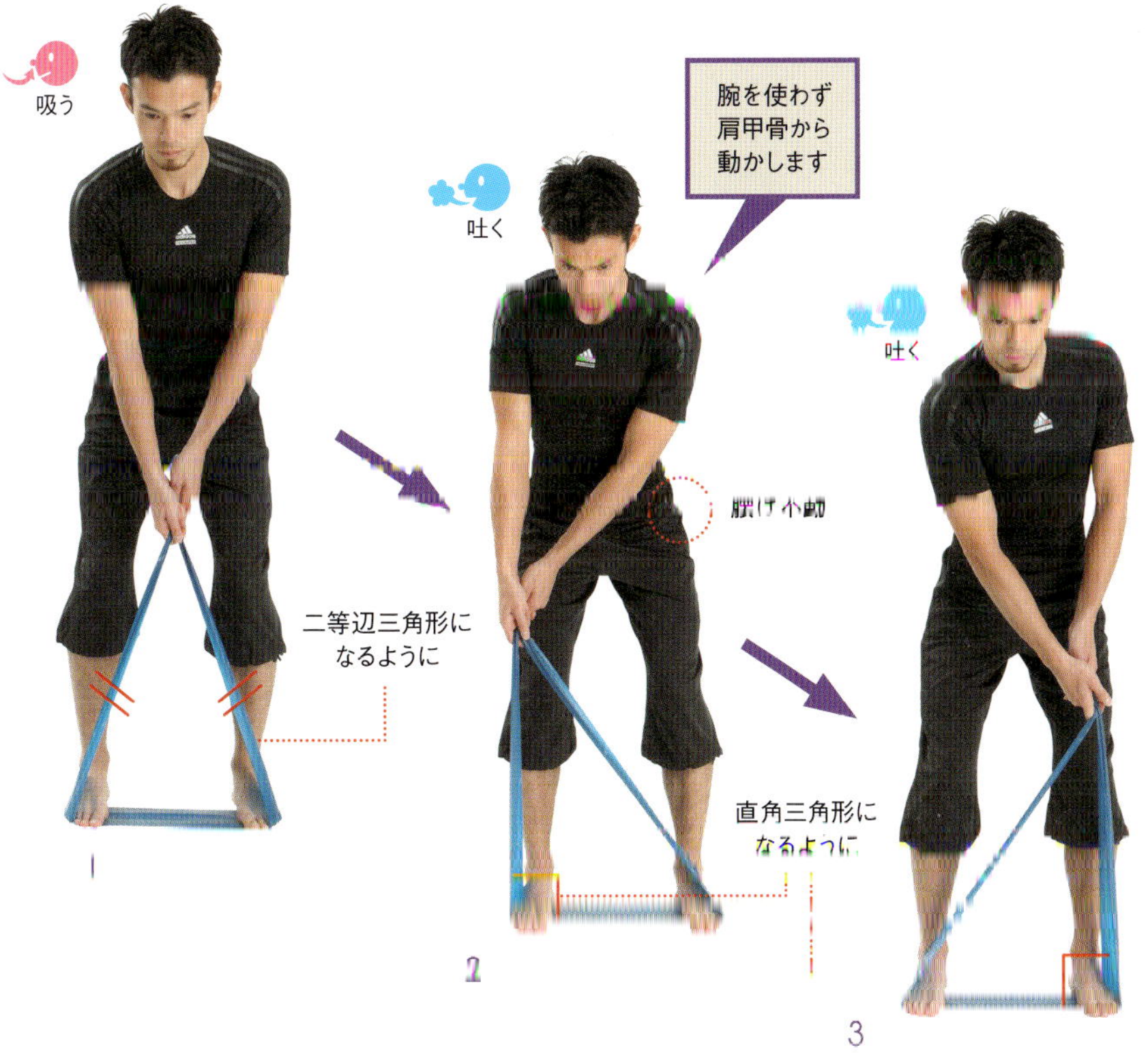
吸う
1
二等辺三角形に
なるように
吐く
腕を使わず
肩甲骨から
動かします
腰は不動
2
直角三角形に
なるように
吐く
3

ターゲットマッスル
わき腹……内・外腹斜筋

アドバイス
・左右合計20回を15秒で
・背骨の軸を意識

NG
・お腹の力が抜けて腰が反る
・骨盤が動く
・頭の位置がずれる

パーソナルトレーナー

菅原順二

Junji Sugahara

［対談］

ティーチングプロ

竹内弓美子

Yumiko Takeuchi

本書の実技モデル・菅原順二さんは、
ゴルフピラティスの指導者資格も持つ
新進気鋭のパーソナルトレーナー。
多くのアスリートやモデルの
コンディショニングを担当する傍ら、
自身もシングル入りを目指すゴルフ愛好家です。
ゴルフピラティス監修者・竹内弓美子との対談は、
トレーニングや身体の話を経て、
テーマはいつしか人類の進化へ――。
ふたりの熱い体幹トークをお届けします。

ティーチングプロとパーソナルトレーナーの体幹談義

「体幹トレーニングがゴルファーにもたらすもの」

トレーナーから見たゴルファーの身体作り

——（司会）竹内さんはティーチングプロ、菅原さんはパーソナルトレーナーという立場から、ゴルフと身体についてお話しいただきたいと思います。

菅原：まず、トレーナーの視点でプロゴルフの世界に目を向けると、最近活躍している若手の女子選手は全体的にスマートに感じます。スマートなのに高いパフォーマンスを発揮できるのは、身体の質が上がっているからなんでしょうか？

竹内：そうですね。彼女たちは小さい頃からゴルフをやっている選手が多く、トレーニングやコンディショニングの重要性と必要性を理解し、しっかり実行している点が大きいです。まず、体幹がしっかりしていますよね。そして下半身がとても強く見受けられます。

菅原：どんなスポーツも体幹と下半身の強さは重要ですよね。

竹内：とくに若い選手のようにボールの上に身体をかぶせるくらいの前傾姿勢で構えて、そのまま振り切れるというのは、よっぽどの脚力がないとできません。道具も進化しているので、打ち方自体が20年前のパーシモンを使っていたときとは全然違うということもあります。

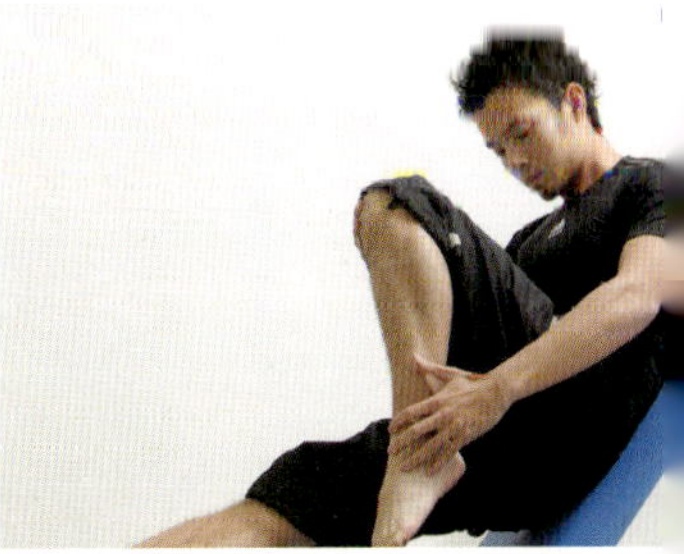

菅原：道具を使うスポーツは、マテリアルの変化に合わせた身体作りも大切ですね。やはりプロゴルファーも身体を作り上げたときは、自信につながるんでしょうか？　たとえば体幹が強くなったとか、柔軟性が高まったとか。

竹内：それはもう、気持ちの面で全然違いますね。体幹が弱かったり脚力

ティーチングプロ

竹内弓美子

が弱かったりすると、みなぎる自信もなくなりますし、イメージどおり身体を動かしにくく、スイングできないですから。

菅原：数年前まで、ゴルファーはあまり肉体トレーニングをしないという印象がありました。野球やサッカーでは、チームに技術コーチとフィジカルコーチが在籍しているのが普通です。この違いはなぜなんでしょうか。

竹内：野球やサッカーと違って、日本には「ゴルフはスポーツ」という感覚がなかったように思います。運動量も他のスポーツに比べると少ない。昔は「トレーニングする時間があるなら球を打て」と言われていたくらいで、最近になってようやく身体のコンディショニングの大切さが認識されるようになってきたと感じます。

菅原：私のお客さんで最も多いのは、「ぎっくり腰になった」とか「膝が痛む」とか、ケガをしてから訪ねてくるケースなんです。聞いてみると「実はゴルフをやっていて……」と言う。でも最近では、「パフォーマンスを上げるために身体を作りたい」という人も嬉しいことに増えてきています。

竹内：NGスイングの原因が身体にあるということに気づく人はまだまだ少ないです。体幹を鍛えたり、狭くなった関節の可動域を正常に戻すことによって、今までできなかったスイングができるようになる。その結果、飛距離も伸びる。ここに気づいて取り組んでいただきたいですね。

菅原：ストレッチのポイントも理解してほしい。

竹内：練習場やゴルフ場で準備体操している人を見ると、どの筋肉に働きかけているのかを意識して行なっている人は少ないように感じます。それから身体を温めずにいきなりストレッチしたら危険ということも知ってもらいたいですね。

アドレスで意志表示をすべし

菅原：僕たちトレーナーは技術的なスイングの指導はできませんが、正しい姿勢とか、筋肉の連鎖とか、身体の使い方を教えてあげることはできる。

竹内：それだけでも十分助けになります。姿勢はゴルフのアドレスとスイングに直結するので。

菅原：どんなスポーツでも姿勢の悪い選手はケガをしますよね。トレーナーが選手を見るときに、まず行なうのは姿勢のチェックです。

竹内：第一に姿勢、それからピラティスであれば呼吸法。

菅原：男性で多いのは、上半身を鍛えすぎて呼吸筋のまわりに無駄な筋肉をつけている人。そういう身体だと呼吸も上手くできないことがありま

パーソナルトレーナー

菅原順二

す。上半身と下半身のバランス、それから前後左右のバランスを整えることが大切です。

竹内：特にゴルフは片側方向の運動なので身体が歪みやすいでしょう。左右バランスを整えるだけでも、アドレスはかなり良くなります。でも、アドレスに注意を払っている一般ゴルファーは少ないんですよ。スイングを良くするには、姿勢とアドレスを改善することがすごく大事なんですけれど……。

――姿勢が軽視されているということですが、アドレスはスイングの何割くらいを決定しているのでしょうか？

竹内：私の考えでは8割を占めています。

菅原：ゴルフは止まっているボールを打つわけですから、たしかに最初の構えが一番大切ですよね。そう考えると8割と言われても納得です。テニスや野球は動くボールに合わせていくので、そこが大きく違う。

竹内：プロゴルファーは、アドレスにその人の意志が現れるんです。構えたときの肩の位置や、視線の向け方、スタンスの幅など、様々な要素から感じ取ることができます。

菅原：その人が、どういうショットを打ちたいのか？

竹内：そうです。たとえば高い球か低い球か、右から行くのか左から行くのか。それが、アマチュアの多くの方の場合はアドレスの時点で何をしたいのか分からない。決めきれずにいることがけっこう多いですね。コースレッスンでも「どんな球を出したいのですか？」と聞くと、「いやぁ、とくに考えていません。とにかくまっすぐ」

テニスや野球は、動いているボールに対して反射的にスイングする。一方、止まっているボールに対して自発的にスイングするゴルフでは、アドレスの意味合いが変わってくる

となる。それではスイングのイメージもできませんよね。コースの情報をインプットして、どんな球を打つべきか判断し、「この状況だからこういうショットをしたい」と決める。そして成功をイメージすることが大切です。前回うまくいかなかったからといって、また失敗するとは限りません。でも、ゴルフでは1番のティーショット次第で「今日はダメな日」と占いのように決め込んで、自らを陥れてしまっている人が意外と多いんです。たとえずっと失敗し続けていても、次も失敗するというわけではありません。この本を読んでいただいている読者の方は、練習にも真剣に取り組んでいると思います。これまで練習し努力しているのだから、今度こそ成功すると忍耐強く自分を信じて成功イメージを持ち続ける訓練が必要です。

菅原：イメージは大事ですね。五感をフル活用して思い描く。打ち出す角度、高さ、距離感など、手先で調節しようとしたら失敗しますね。

竹内：わたしの周囲のプロも、アプローチの調子が悪くなったら、距離感をつかむためにボールを下投げで放る練習をしたりします。パターも悪くなったら手で転がしたりするんです。それで感覚を蘇らせる。私は初心者の方にレッスンするときは手でボールを投げる練習をしてもらいます。それがだんだんスイングになっていく。やさしいイメージを持つことは大切ですし、やっていて楽しいでしょう。

菅原：手首の使い方も、イメージで感覚的に身につけていくのがいいんですね。

竹内：はい。ボールをポーンと放る感じがアプローチのイメージにつながります。手首は少しアンダースローのスナップのイメージ。

菅原：ピッチャーの人はゴルフが上手

いですもんね。

竹内：そうなんです。バッティングより、ピッチングのほうがゴルフスイングの身体の使い方と共通点が多いと思います。

脱力すれば地面の力が感じられる

——ゴルフはスイングしている時間よりも歩いている時間のほうが長いスポーツですが、ツアープロは歩き方にも気を配っているんでしょうか？

竹内：すごく意識していますよ。歩くということは「重心の移動」ですから、なるべく無駄なエネルギーを使わないように。トッププロは非常に美しい姿勢で歩いています。骨盤がまっすぐに立って、身体に負担をかけない効率的な歩き方です。

菅原：いかにエネルギーを残して最終ホールまで行くかが重要なんですね。2009年の全英オープンのとき、石川遼選手はタイガー・ウッズ選手の後ろにぴったり付いて歩きましたよね。タイガーの姿勢を見るために。それくらい歩き方は大事なんですね。

竹内：体力の消耗は一打に対する集中力にも影響しますから本当に大事です。歩き方と同様に、歩くリズムもとても大切ですね。18ホール通して同じリズムをキープする。

菅原：どんなスポーツでも、順番に段階を経て、歩き方から走り方や動き方につながっていきます。そう考えると、まず最初は正しい立ち方を身につけることですね。

——立ち方では「地面の力」というのがよく分からないんです。ピラティスでも「足裏で地面からのパワーを受ける」という指導がありますが、なかなか実感できません……。

竹内：身体が緊張していると重心がストンと落ちないから、足がフラフラした感じになって地面の力を感じられないんです。上半身をリラックスさせて緊張が緩めば、自分の重さがわかるようになって、立っているだけでズーンと重心が落ちますよ。重い腕を振るだけでもスイングにパワーは加わります。足裏の感覚も緊張がほどけたら、ペタッと落ちた感じが出てきます。本当は身体って重いんですが、それを感じられない人が多い。

——ストンと重心が落ちると、地面の反発が得られる？

竹内：はい。上から重心がストンと落ちるから地面からの抗力が起きるんです。ゴルフは重心をうまく保ちバランスをとりながら重心移動させてスイングします。

菅原：人間って重力がなかったら生きていけないんですよね。筋力がなくなってしまうから。つまり、重力と地面との間で筋力を発揮して生きているわけです。見えない力が働いているということですよね。身体には「頭の上からの力」と「地面からの力」がかかっているはずなんです。スポーツは、地面の力をどれだけ対象物に伝えていくかという運動の連鎖。ラグビーでも、体幹を安定させて地面の力を伝えることができれば、強いタックルになるんです。中継地点は体幹にあって、四肢がそれを連動させていくというのが一番の理想です。ゴルフでは「地面の力をいかにヘッドに伝えてボールを飛ばすか」ということを考えないといけない。

スイングは力の働く方向が重要

菅原：良い姿勢で立っていれば重力は頭からストンと抜けて地面に落ちる。串刺しにしてあげればいいんです。でも、頭が前に出ている人の場合は、重力がまっすぐに身体を通らずに代償が首にかかりやすくなります。その姿勢でスイングしたら危険ですよね。

——なるほど、本当に美しい姿勢というのは、頭から地面に重力がまっすぐに抜けて、首や腰に負担をかけないんですね。

菅原：そうです。たとえばスクワットが上手な人は、重力をうまく受ける。下手な人は身体が前に倒れるから腰が反る。そうすると腰を痛めてしまいます。そこで「正しい姿勢を可能にするのは何か？」と言えば、股関節まわりの筋肉や足首の可動域ということになるんです。

竹内：地面の力を感じる簡単な方法があります。クラブを持って右・左・右・左と足踏みをしてみてください。右を踏んだときにバックスイング、左を踏んだときにインパクト。肩も一緒に回してクラブを振ります。地面を踏みながらスイングすると、自然に重心移動できて、腰が回る感じがしませんか？　それがヘッドをうまく使い、クラブを振り切るための身体の動きです。

猫背の姿勢が首にかける負担は一目瞭然

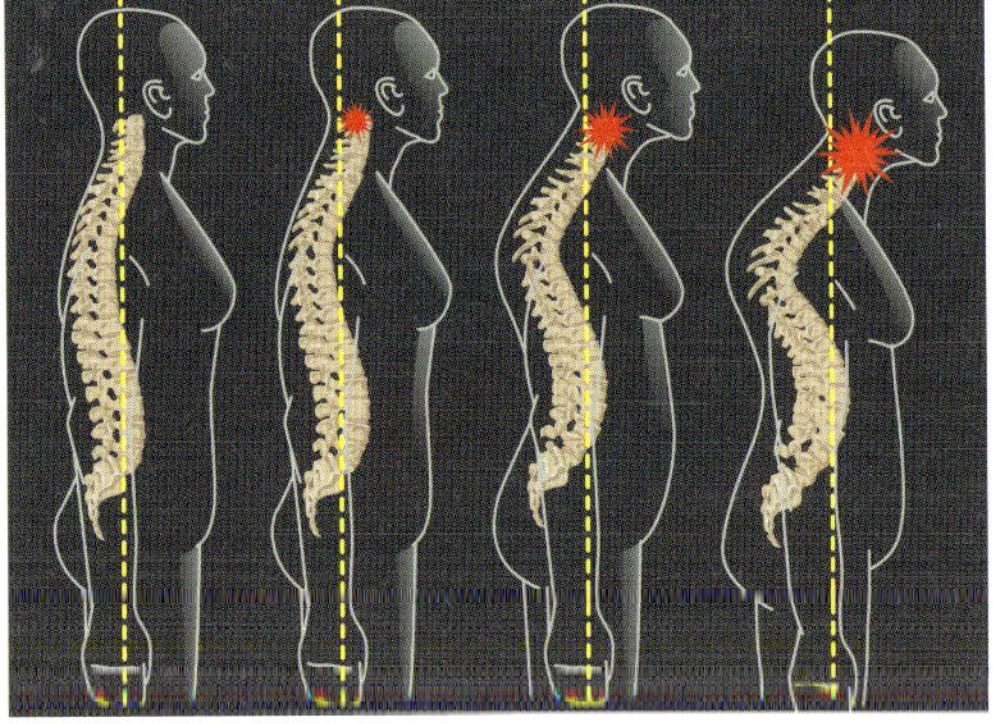

——たしかにスムーズに振り抜けますね！

菅原：体重移動と地面からの力を利

用して、パワーを右足から左足に伝えているんですね。力のベクトルを考えると分かりやすいです。たとえば左肩が下がってる人のスイングは、力のベクトルが地面に向かっているわけです。それではボールが飛ぶわけがない。ゴルフでもバケツに入れた水を撒く練習がありますが、あれは合理的な身体の使い方なんですよね。

　筋肉には、伸ばされることによって縮んだり力を発揮したりするという作用があります。ゴムと同じです。ジャンプするときには、腰を落としてももの前の筋肉を伸ばしますが、すべてその連動なんです。スイングも同じです。部分的に言えば、テイクバックしたときに、胸の前が伸ばされる。その縮もうとする反動を活かせばいい。腕で振るわけではないんです。

竹内：一般の男性よりも筋力の少ない女子プロが飛ばせるのは、その連鎖がすごく上手いからです。ヘッドスピードが37～38でも、キャリーで200ヤードを超え、ランを含めると220～230ヤードくらいは飛びます。エネルギー伝達がすごく効率的なんです。

菅原：小さいときからやっているほうが筋肉も伸びやすい。

竹内：ジュニアからゴルフをやっている選手は深く考えずにできるんですね。大人になってから始めた人は、どうしても頭で考えて理論が先行しがちになってしまう。

菅原：感じる能力をつけるためには、ピラティスとかヨガといったトレーニングをすると有益です。

竹内：持っているものを眠らせているのもったいないです。それを起こして、本来の能力を発揮できれば、みんなそれぞれの目標に近づけると思うんです。

四足歩行の動物は肩まわりが発達している

肩甲骨の使い方はヒョウに学べ

――一般ゴルファーの身体で、とくに硬い部分はどこだと思われますか？

竹内：男性はお尻から足の後ろ側、そして背中がすごく硬いです。猫背になっていて、肩甲骨のまわりがパンパン。車を運転したり、パソコン操作で、手が前に出た状態になっているので、特に肩まわりが硬く縮んでいます。

菅原：肩まわりが柔らかい人は少ないですね。でも、トップアスリートは肩甲骨の柔軟性がいかに重要か分かっているんですよ。たとえば石川遼選手や西武ライオンズの（菊池）雄星選手は肩まわりの柔らかさを非常に重視しています。スポーツニュースでもよくクローズアップされますよね。

――われわれ現代人は、普通に日常生活を送っていると、肩の柔軟性が落ちていくということですね。

菅原：人類は二足歩行を始めたことで、肩まわりの機能が変化したと言えます。人間と動物の違うところは肩甲骨の使い方です。二足歩行と四足歩行の違いはありますが、ヒョウの動きなんかを見ると肩甲骨の使い方がすごい。ぐにゃぐにゃですよ。

――ゴルフでは肩甲骨の可動域が重要なのに、肩まわりは身体の中で最も硬くなりやすいところのひとつです。

菅原：もちろんヒョウのように動く必要はありません。でも普段からストレッチをすれば、もっと可動域を広げることはできるはずです。動物って自分で調整する能力に長けているので、ぐーっと伸びをしますよね。あれはまさにピラティスのエクササイズじゃないですか。

竹内：動物は本能でストレッチをしていますね。ピラティスの創始者のジョセフ・ピラティスさんは、動物の動きを研究してエクササイズを考案されたんです。

菅原：キャットバックとか、ヨガのポーズもそうですよね。二本足で歩く人間にとって、動作のキーポイントは足関節と股関節と肩甲骨です。それから、二足歩行になると重心の位置が変わるので、大切なのは体幹で支えること。そう考えると、ストレッチして可動域を正常にしなければいけない部位は、おのずと決まってきます。

竹内：ゴルフもスポーツですから、理想とする身体は他のスポーツと一緒です。

硬く縮んだ筋肉を伸ばす猫

菅原：肩甲骨の使い方では、日本人と外国人でも全然違うんです。よく言われるのが、刀の使い方の違い。西洋の刀は「押す動作」です。シャベルなんかもそう。アメリカ人のお客さんを見ていると、上半身のパワーが強いから肩甲骨があまり動かない。ベンチプレスをやっても腕力で持っていける。それに対して日本の刀は「引く動作」ですよね。クワやカンナも引きます。引くということは肩甲骨や背中が使われる。

竹内：なるほど。日本人はもともと肩まわりの柔軟性が高い民族だったはずなんですね。

菅原：近代になって生活スタイルが欧米化してきたことが、身体の変化の原因かもしれません。われわれの活動が、少しでも日本のゴルファーの方々の健康促進とゴルフ上達に貢献できればいいですね。頭と関節を柔軟にして、これからもがんばりましょう！

菅原 順二
Junji Sugahara

NSCA認定ストレングス&コンディショニングスペシャリスト(CSCS)
日本のコーチング協会ベーシックパフォーマンスアナリスト(CBPA)
ネバダ州立大学公認ピラティス指導者
ゴルフピラティス指導者

1978年東京生まれ。法政大学ラグビー部出身。キッズからアスリートやモデルまで、幅広いクライアントを持つパーソナルトレーナー。都内を中心に、ピラティスを取り入れた独自のトレーニングメソッドで、ボディメイク、傷害予防、パフォーマンス向上などをサポートしている

7 新感覚！部位別ストレッチ 章

筋肉を触って伸ばす！ ジョイストラティス

最後の7章では、新感覚のストレッチ法を紹介します。

この「ジョイストラティス」は、筋肉の付着点である「骨」に手をあて、ターゲットの筋肉が伸びるのを感じながら行なうという、まったく新しい発想のメソッドです。伸ばしたい部位にピンポイントで働きかけるので、筋肉の動きが分かりやすいというのが最大の特徴です。

ピラティスの準備運動として、またゴルフのウォーミングアップやクールダウンとして、ぜひ取り入れてみてください。わずか7秒でターゲットの筋肉に集中して働きかけ、プレー中に疲れを感じたり動きにくくなったときも簡単にストレッチすることができます。歪みの解消にも効果的です。

人間は成長とともにさまざまな身体の使い方を脳にプログラムしていきます。ゴルフのスイングも新しく脳が覚える動きのひとつと言えるでしょう。一方で、私たちは生活習慣やクセなどによって、偏った身体の使い方をしたり、自分自身の感覚と実際の動きにズレが生じてしまっているのが現実です。背骨や骨盤が歪んだまま生活していると、「それでいい状態」を「正常な状態」と脳が判断してしまい、そのままゴルフのスイングを続けるとケガの元にもなります。

歪んだ身体でプレーを続けても、下手を固めるだけでいいことがありません。ジョイストラティスを行なって、効率よく理想のスイングができる身体に戻すことが大切です。

※ジョイストラティスは「ジョイント・ストレッチ・ピラティス」に“喜び”を意味する「Joy」を掛け合わせた造語です。ピラティスと同じく、両足はパラレル、骨盤底筋群を締め、肩を下げた状態で行ないます。

頭のストレッチ Head

頭の後ろに親指をあて、首を前に倒す

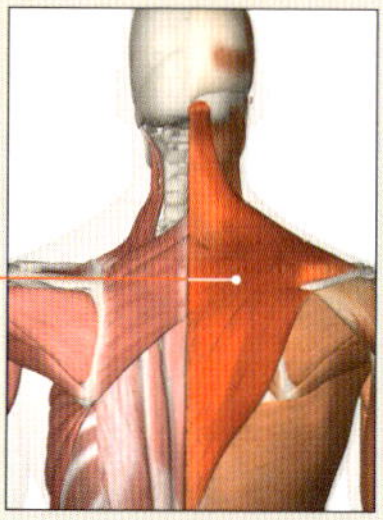

首のストレッチ Neck Part 1

鎖骨の上部を押さえ、首を反対側に倒し、腕を肩の高さから斜め下に伸ばす

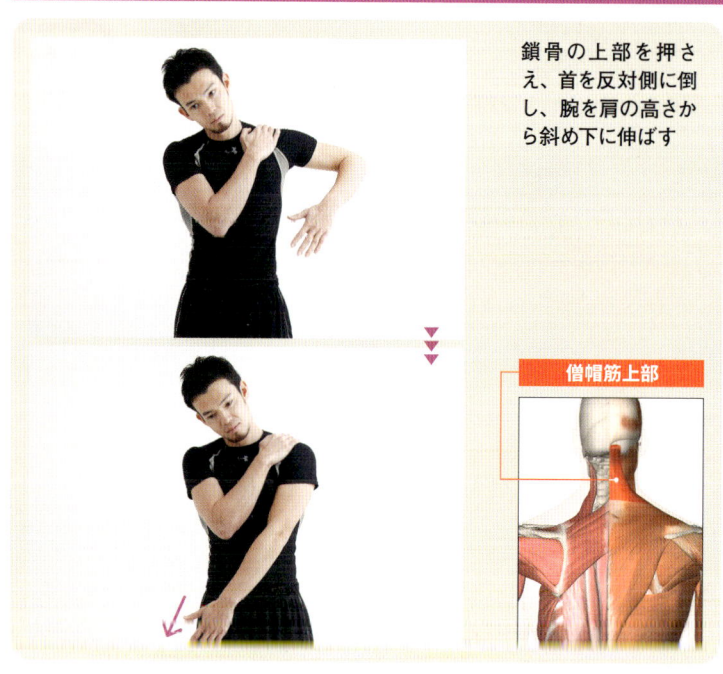

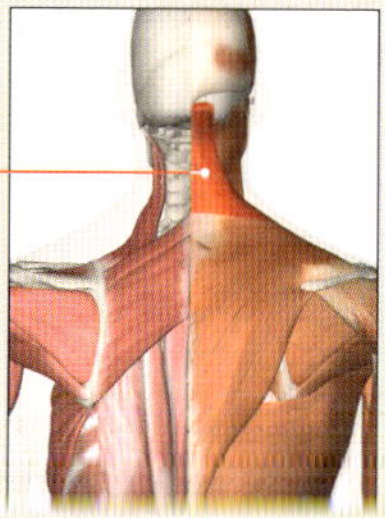

首のストレッチ Neck Part 2

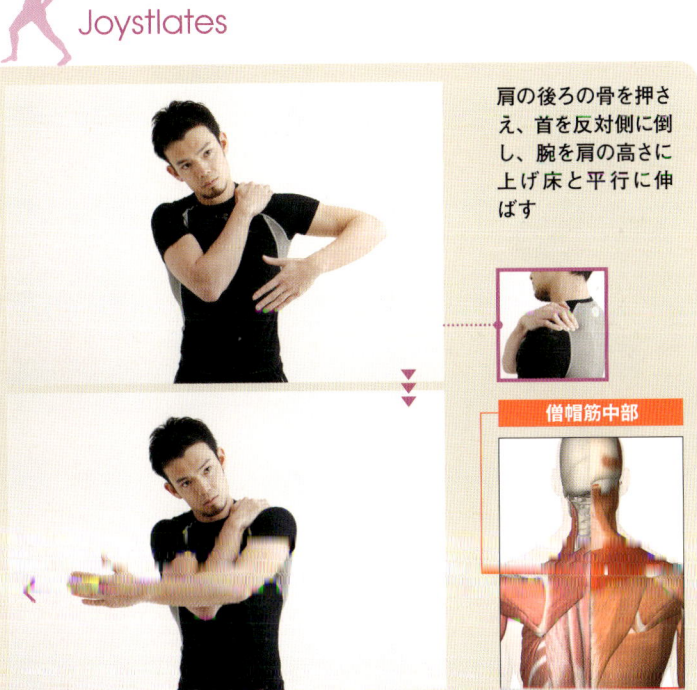

肩の後ろの骨を押さえ、首を反対側に倒し、腕を肩の高さに上げ床と平行に伸ばす

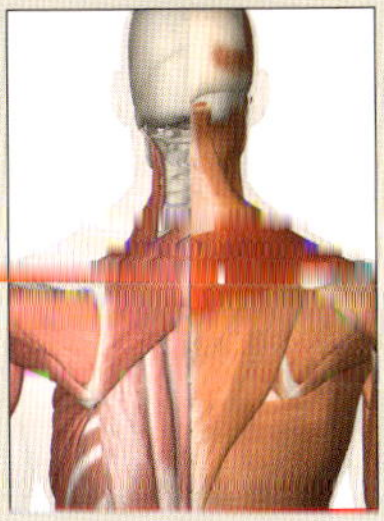

首のストレッチ Neck Part 3

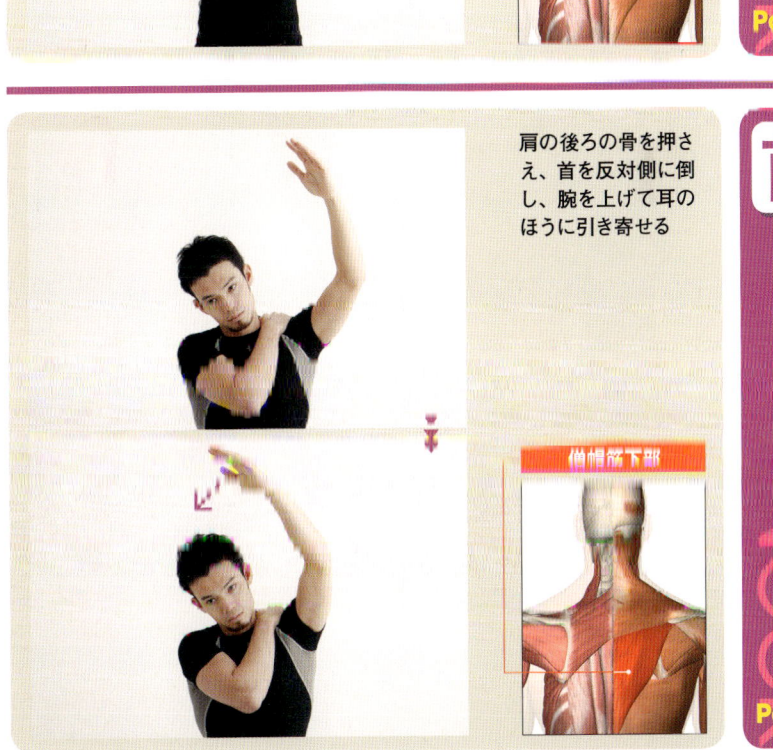

肩の後ろの骨を押さえ、首を反対側に倒し、腕を上げて耳のほうに引き寄せる

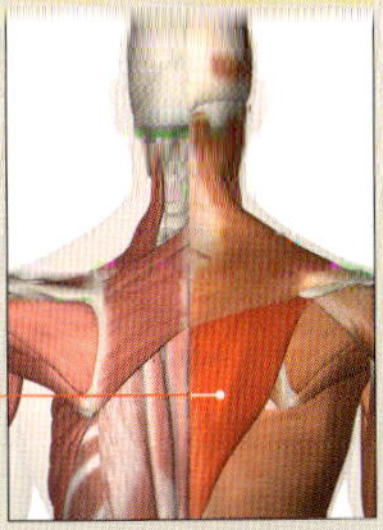

首のストレッチ Neck Part 4

鎖骨と鎖骨の間を押さえ、首を左右に向ける

胸鎖乳突筋

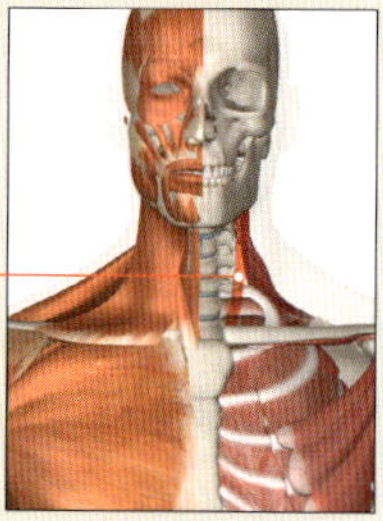

肩のストレッチ Shoulder Part 1

肩の後ろの骨を押さえ、脱力させた腕を内側に回す

棘下筋

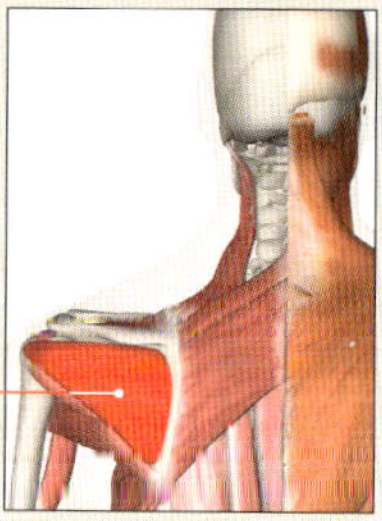

肩のストレッチ Part 2

鎖骨の肩側に指をあて、脱力させた腕を外側に回す

三角筋前部

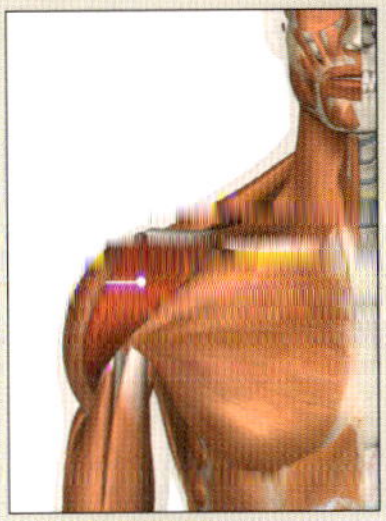

肩のストレッチ Part 3

肩をつかみ、腕を床と平行になる高さまで上げる

三角筋中部

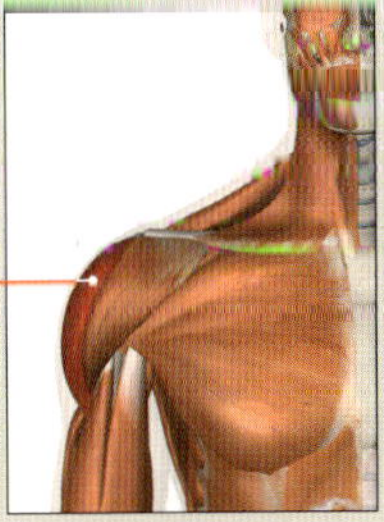

背中のストレッチ Part1

腰骨を押さえ、身体を反対側に曲げる

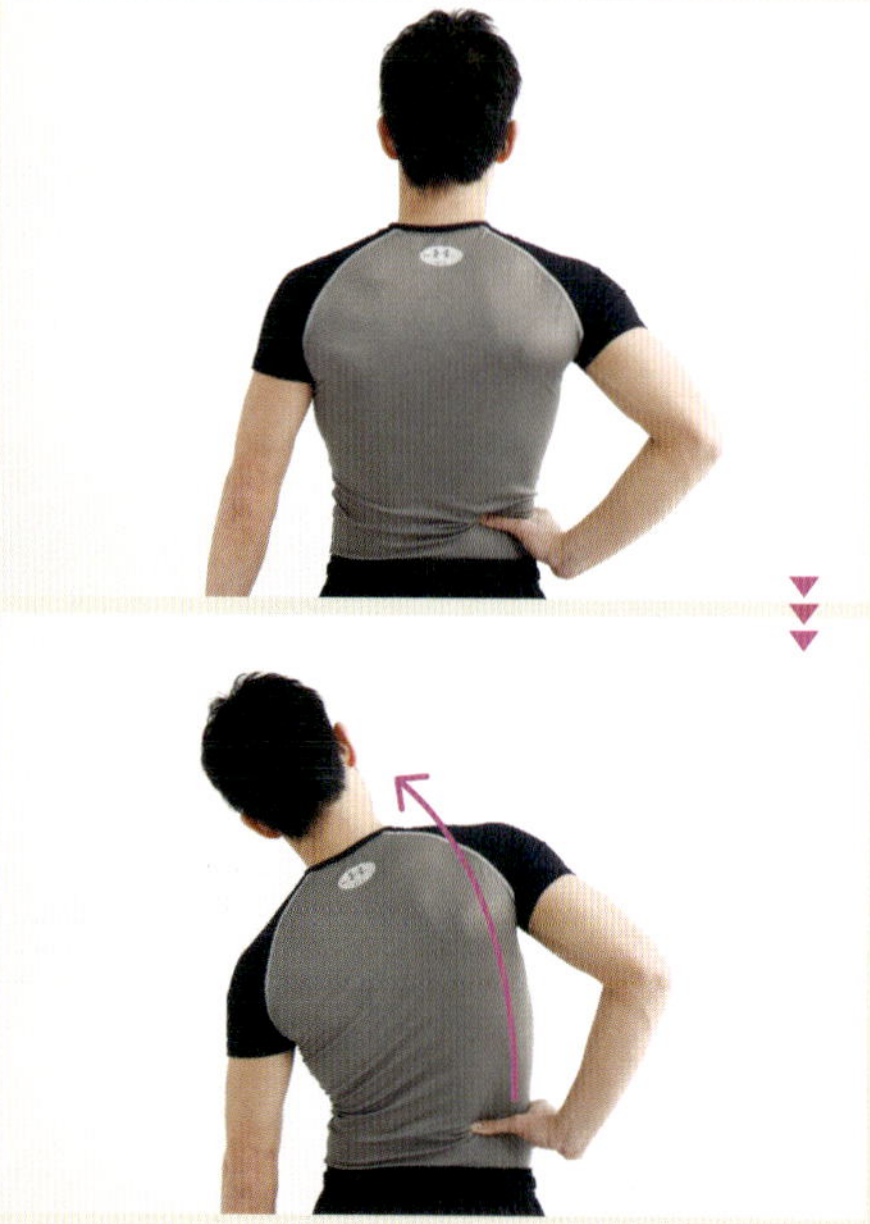

広背筋

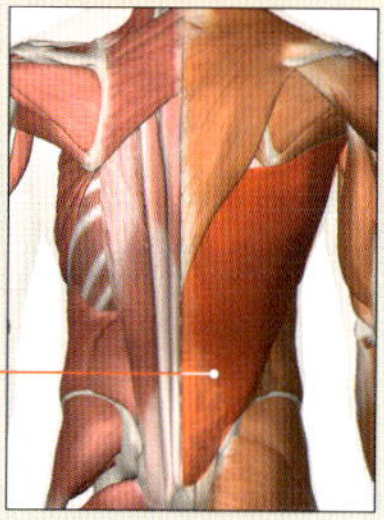

背中のストレッチ Part2

肩甲骨の下側を押さえ、手を上げて反対側に倒し、脇を伸ばす

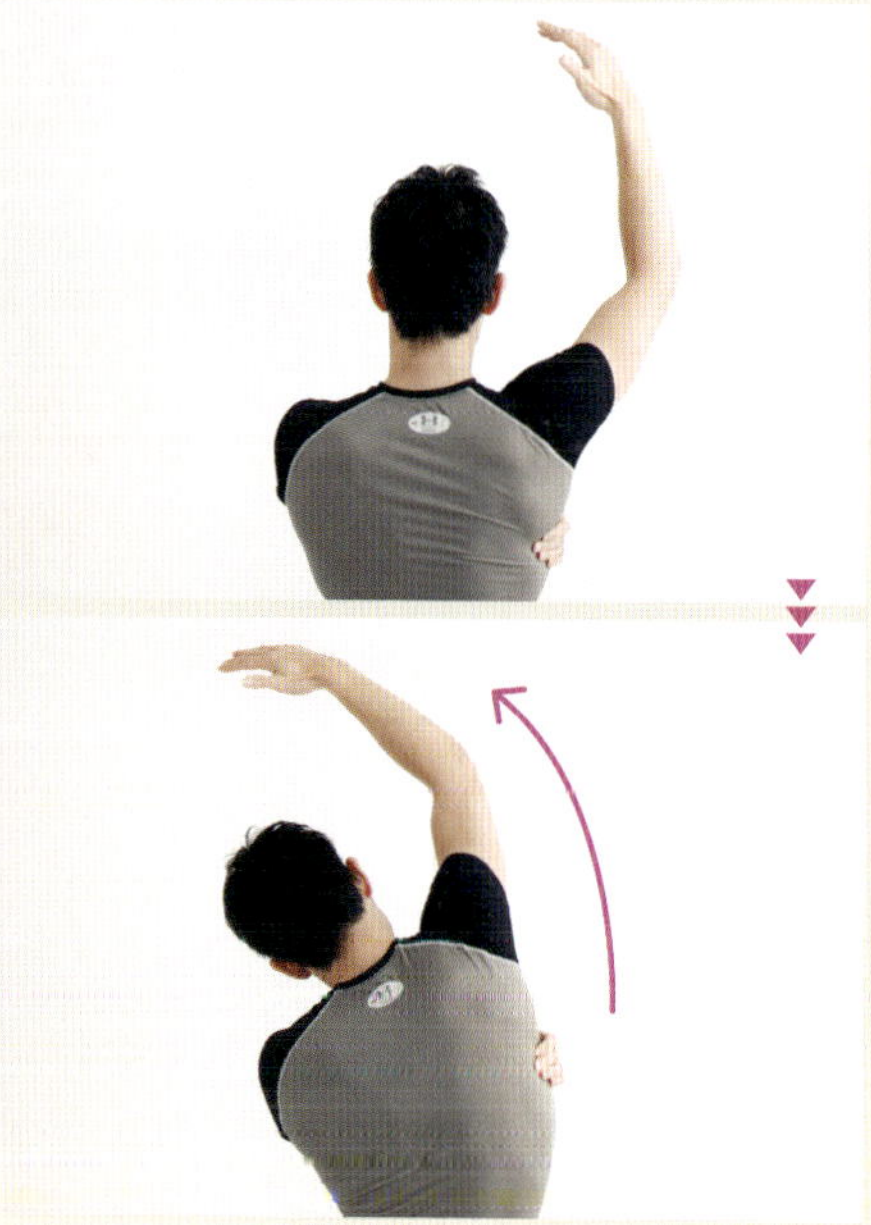

広背筋

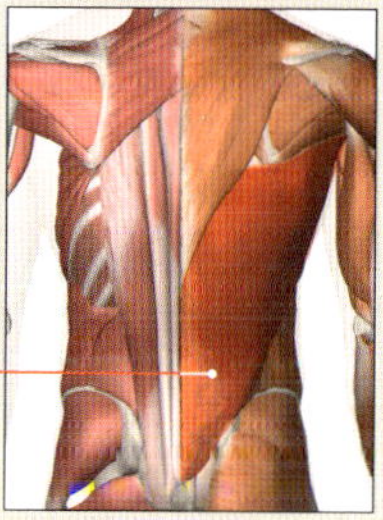

胸のストレッチ Part 1

胸の真ん中に指をあて、伸ばす側の肘を床と平行に引く

大胸筋

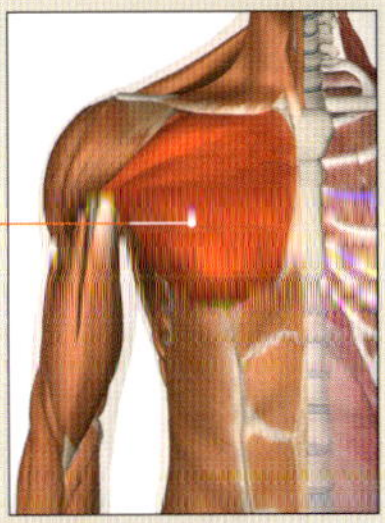

胸のストレッチ Part 2

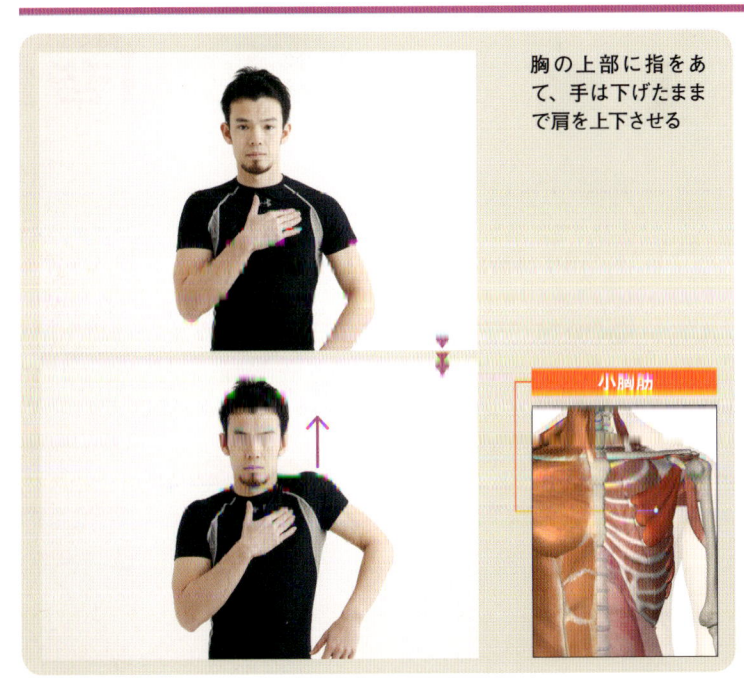

胸の上部に指をあて、手は下げたままで肩を上下させる

小胸筋

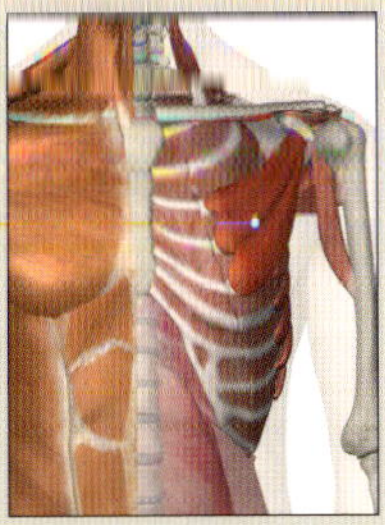

脇のストレッチ Side Part1

肋骨の脇に手をあて、
腕を上げ下げする

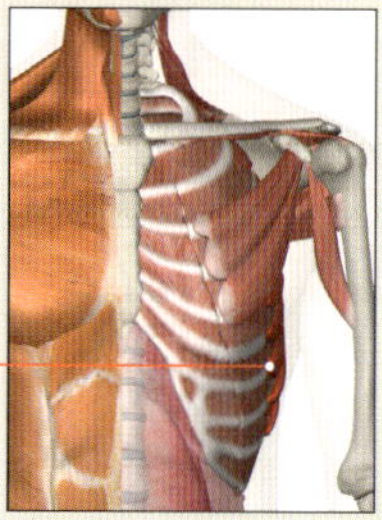

脇のストレッチ Side Part2

肩甲骨の内側に手をあて、水をかくように腕を動かす

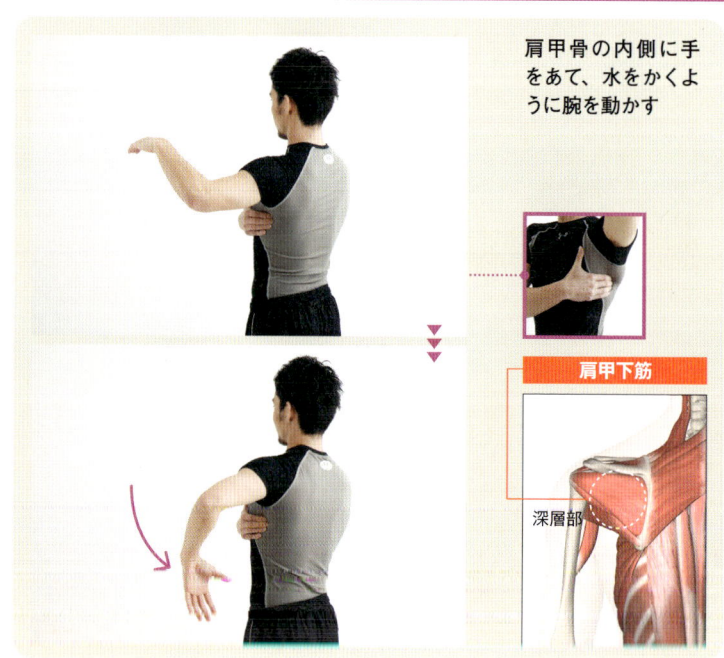

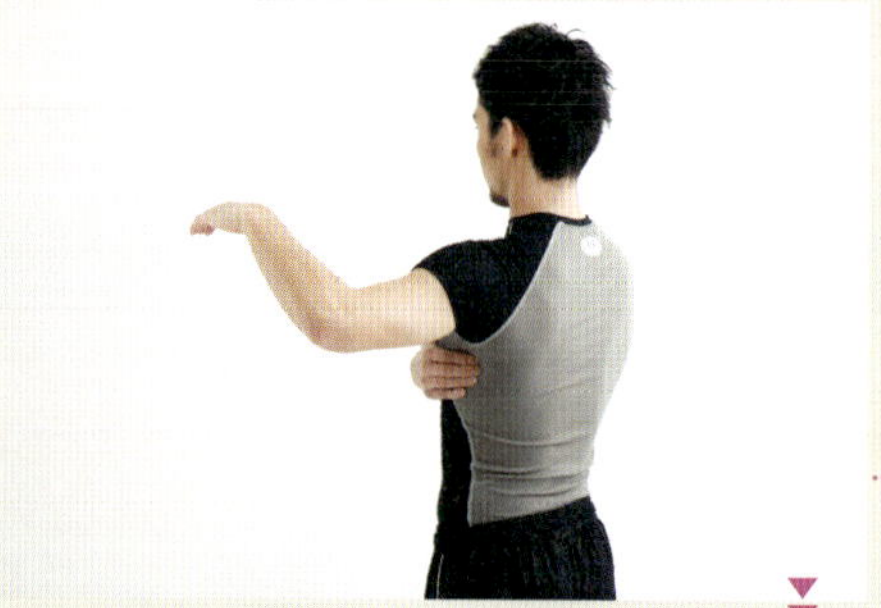

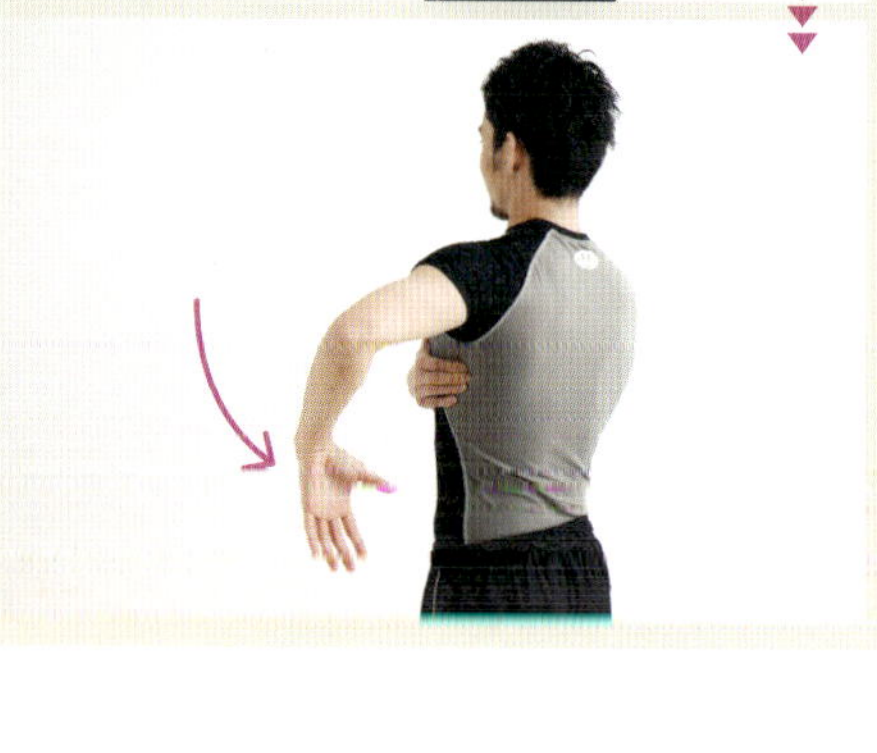

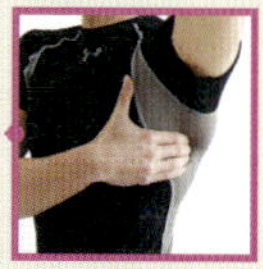

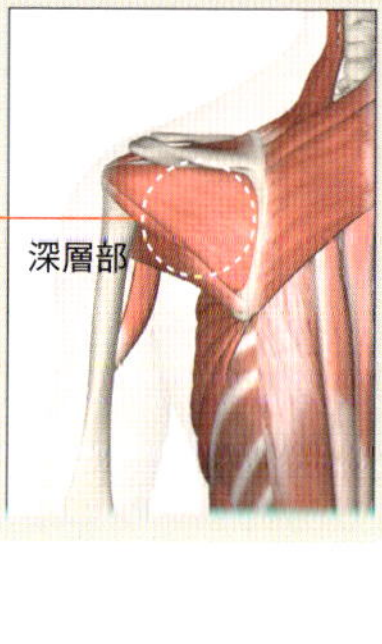

腋のストレッチ

Side

Part 3

肩甲骨の下側に手をあて、腕を上げ下げする

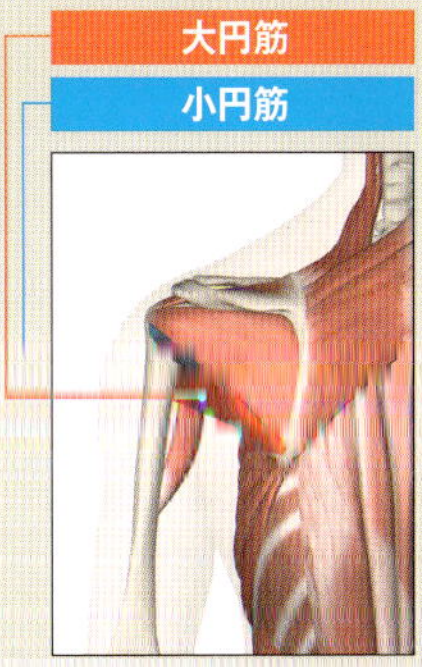

お腹のストレッチ

みぞおちのすぐ上の肋骨を押さえ、お腹を伸ばす

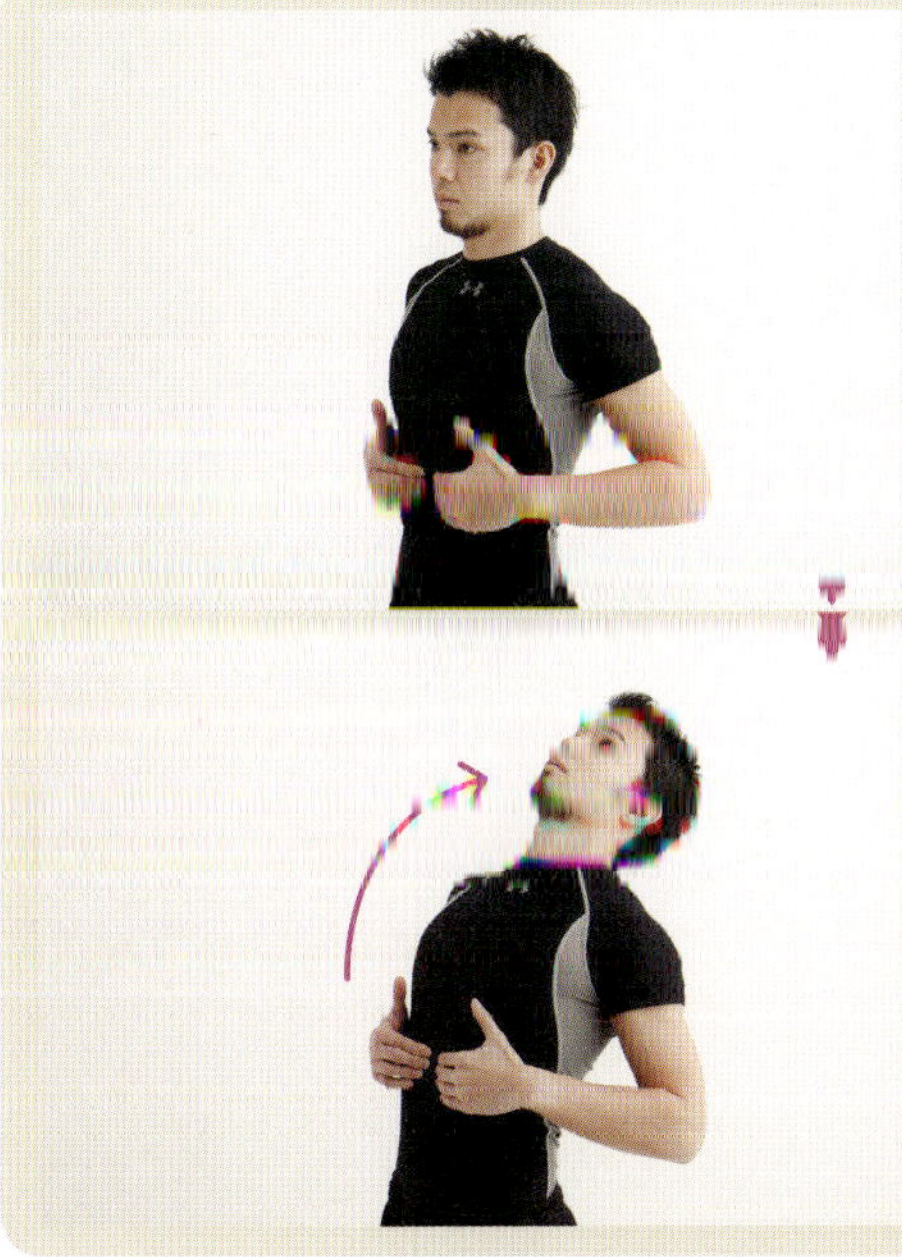

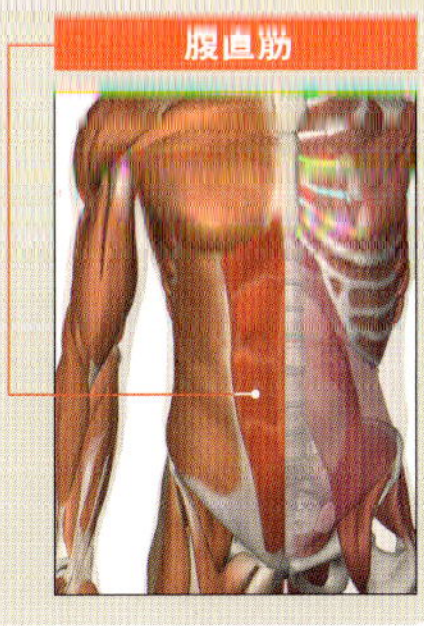

腰のストレッチ
Lower back Part 2

左右の腰骨に親指をあててつかみ、腰を動かさずに上体を横に向ける

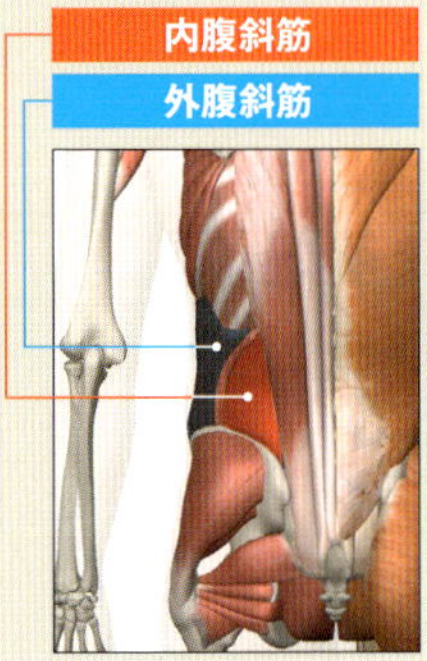

お尻のストレッチ
Hip

足の付け根の骨に手をあて、腰を横に向ける

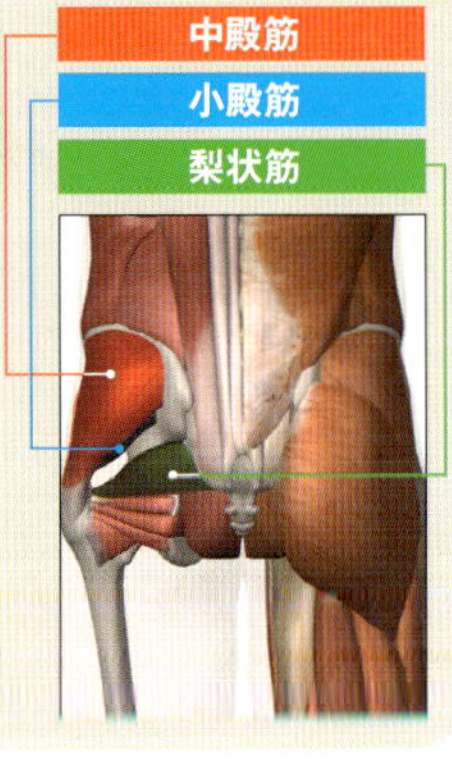

腕のストレッチ Arm

片方の手のひらを上に向け、反対側の手で肘の下をつかみ、手のひらを下に向けるようにして腕を回す

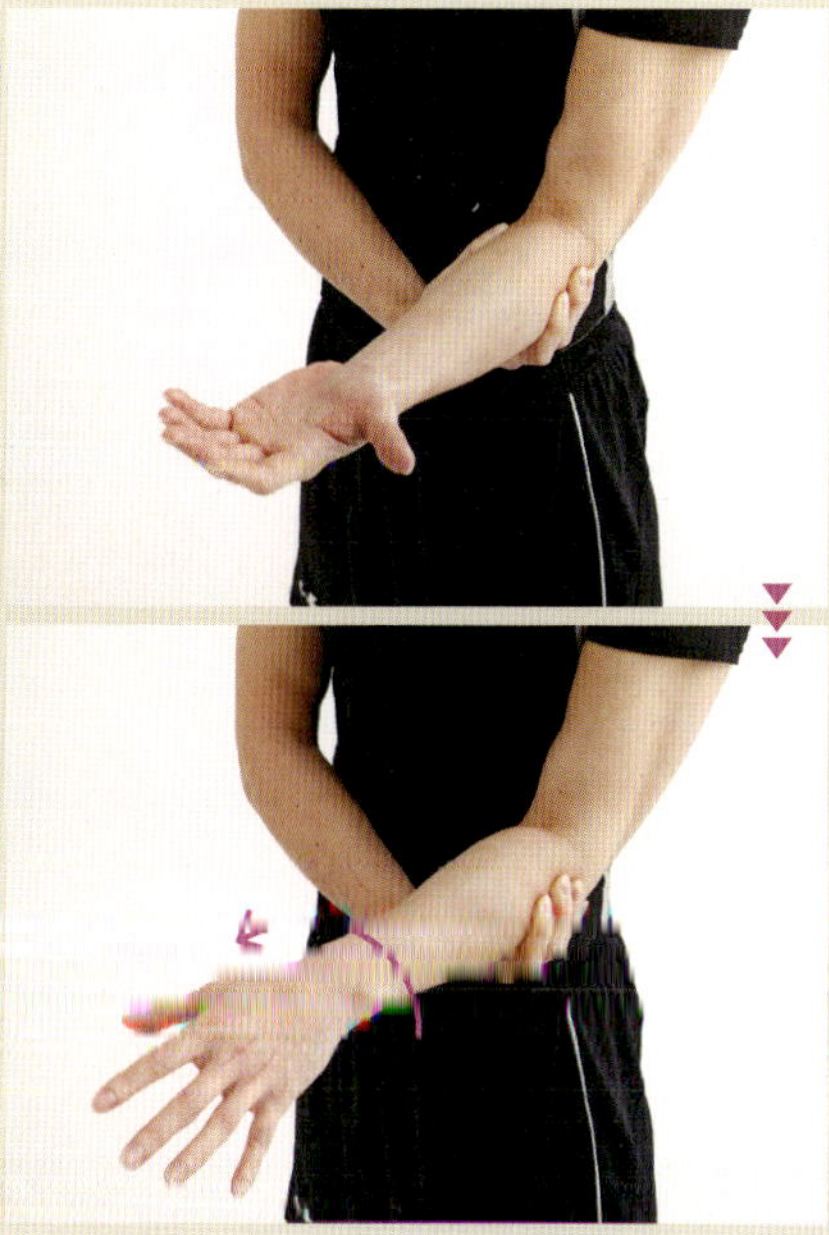

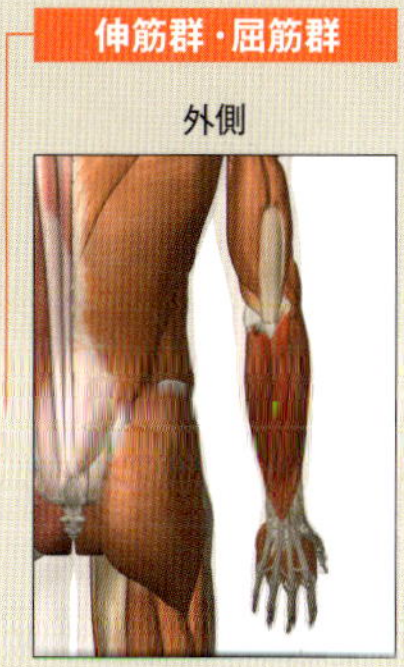

手首のストレッチ Wrist

片方の手のひらを上に向け、反対側の手で手首をつかんで、手首を曲げ伸ばしする

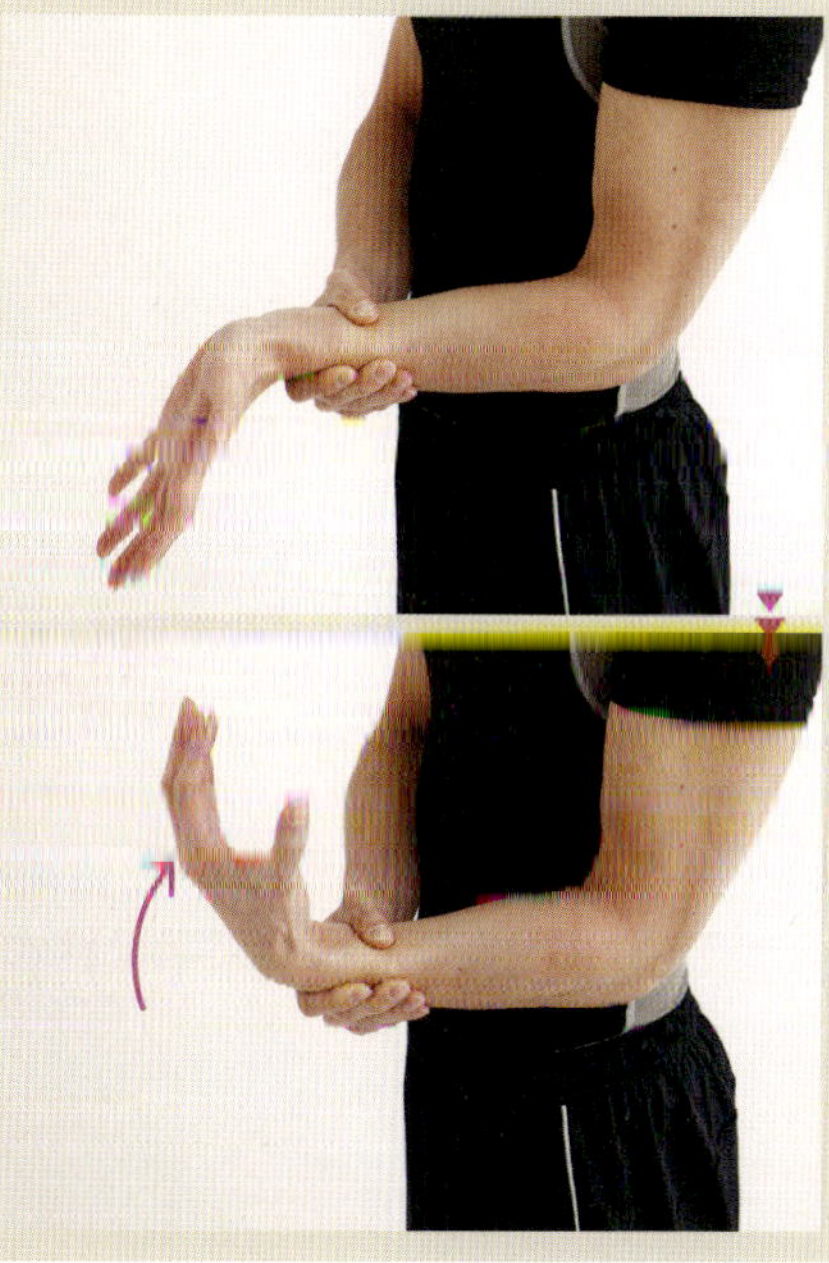

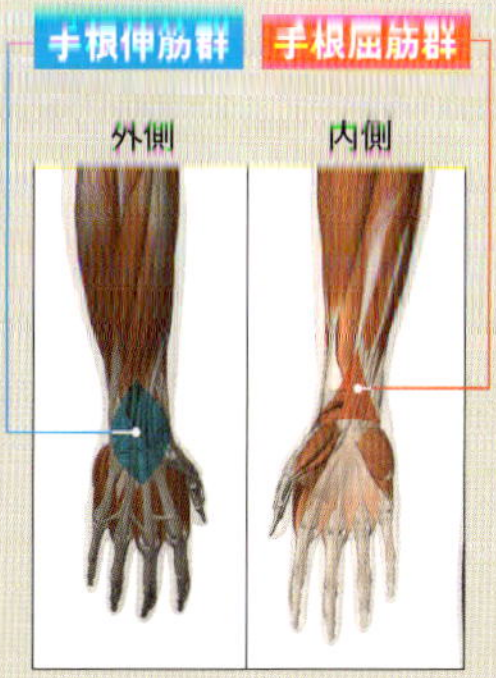

太もものストレッチ Part 1

足の付け根の骨を両手で押さえ、腰を左右に突き出す

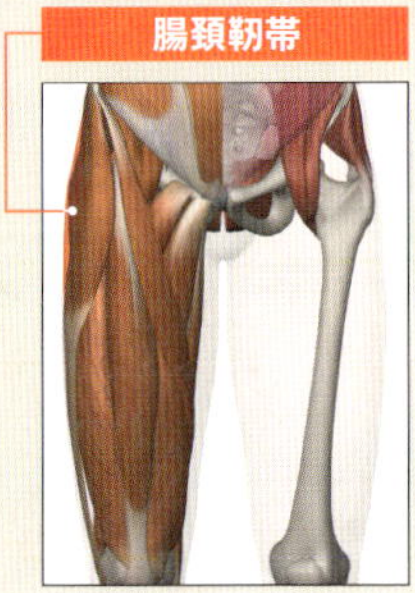

太もものストレッチ Part 2

太ももの付け根に親指以外の指４本をあて、脚を前に踏み出し曲げ伸ばす

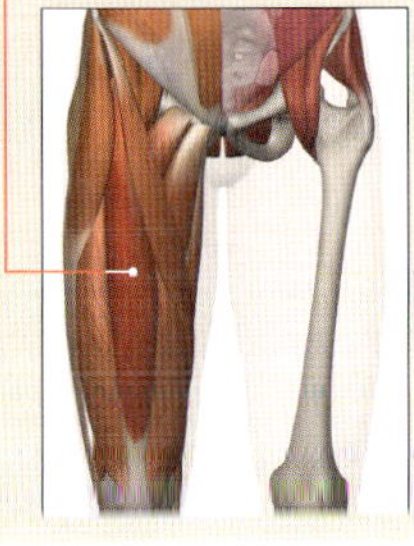

膝のストレッチ Knee

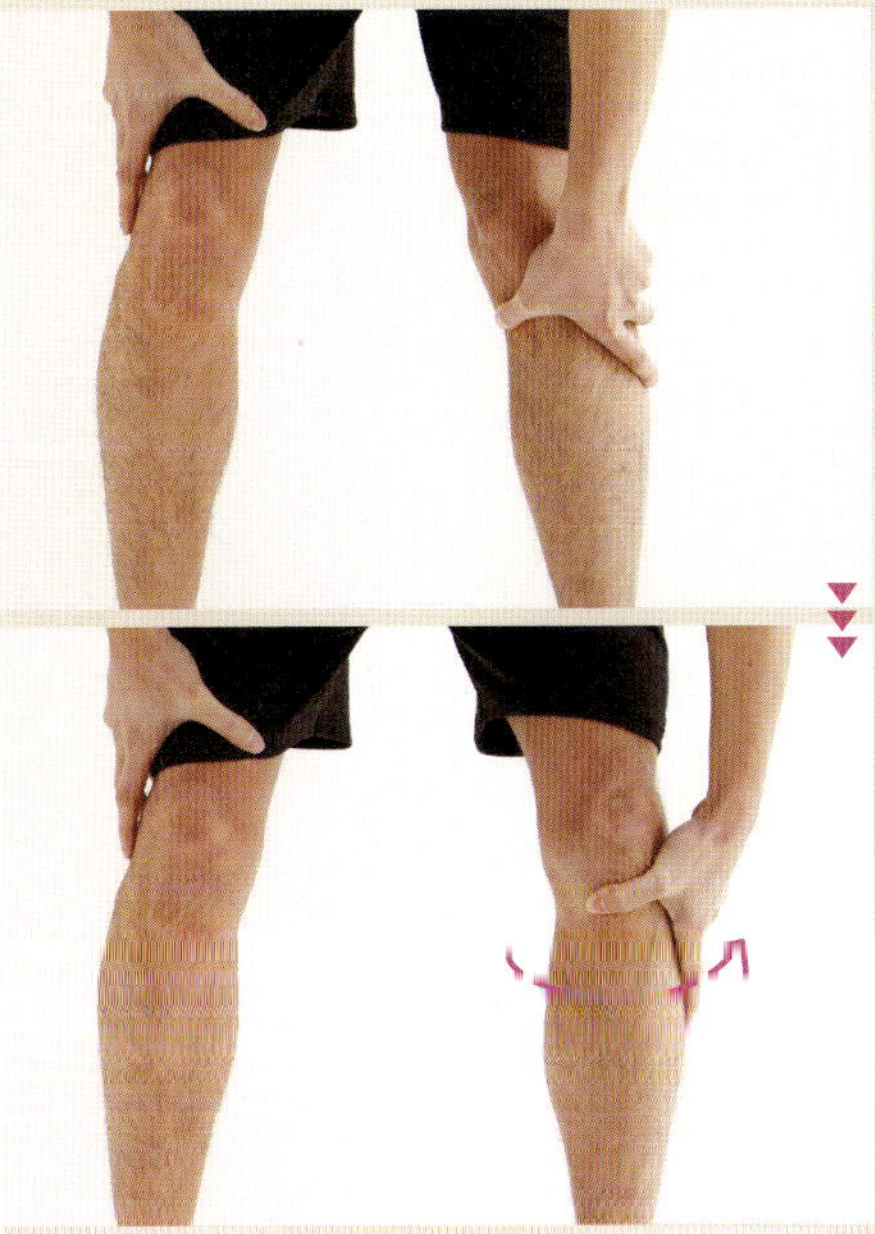

膝下のすねをつかみ、
膝を外側へねじる

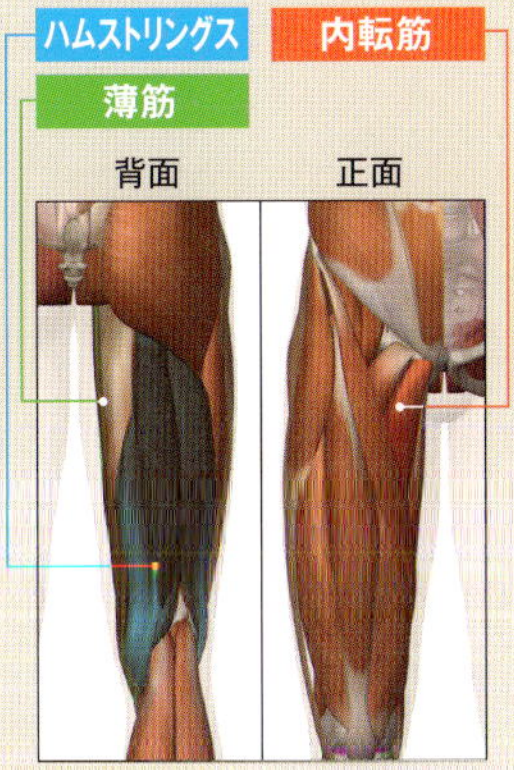

足首のストレッチ Ankle Part1

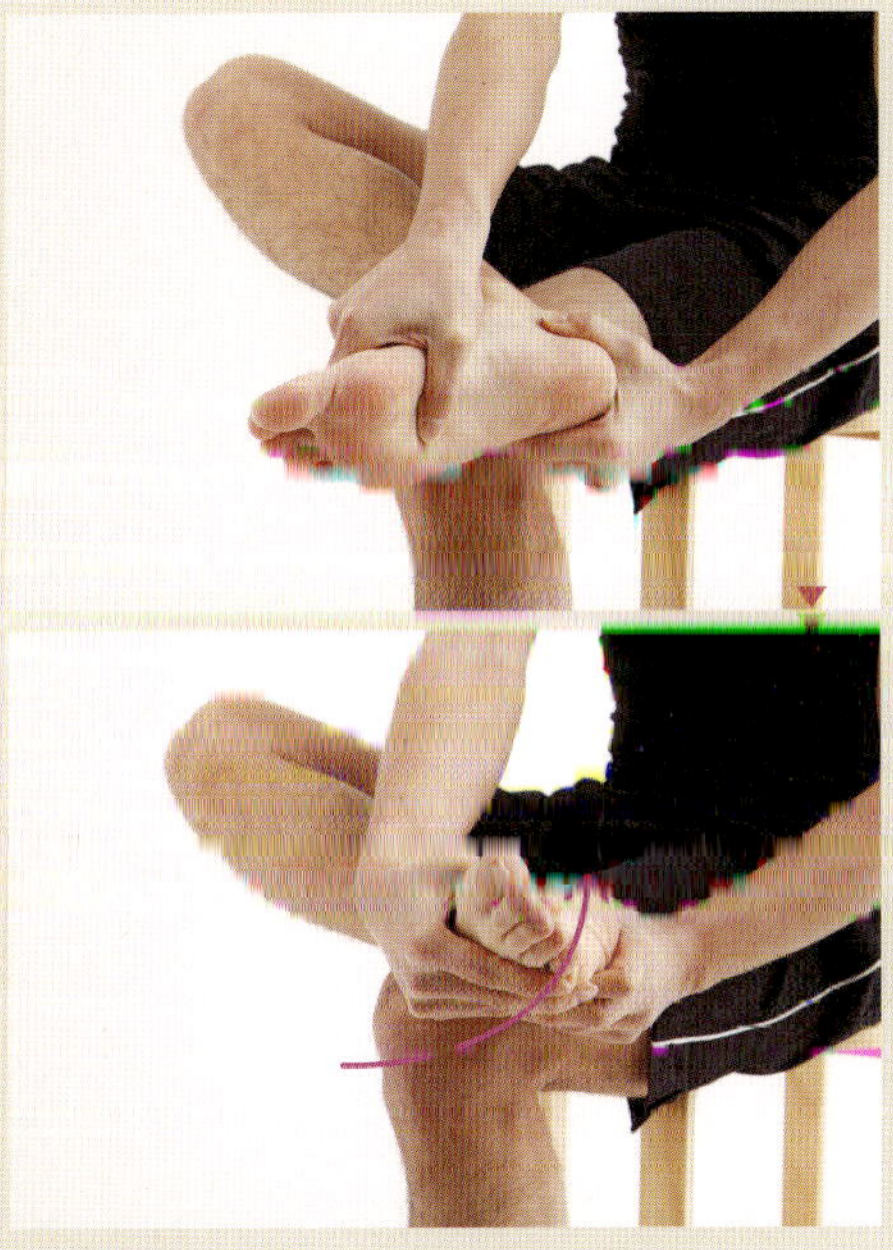

片方の足を反対側の膝に乗せる。乗せた足の両くるぶしの下を押さえ、甲をつかんで、足首を返す

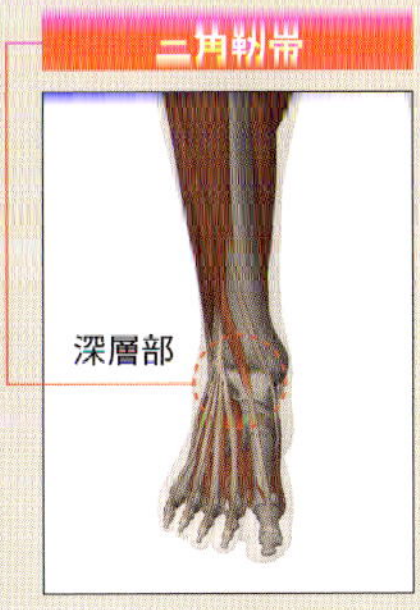

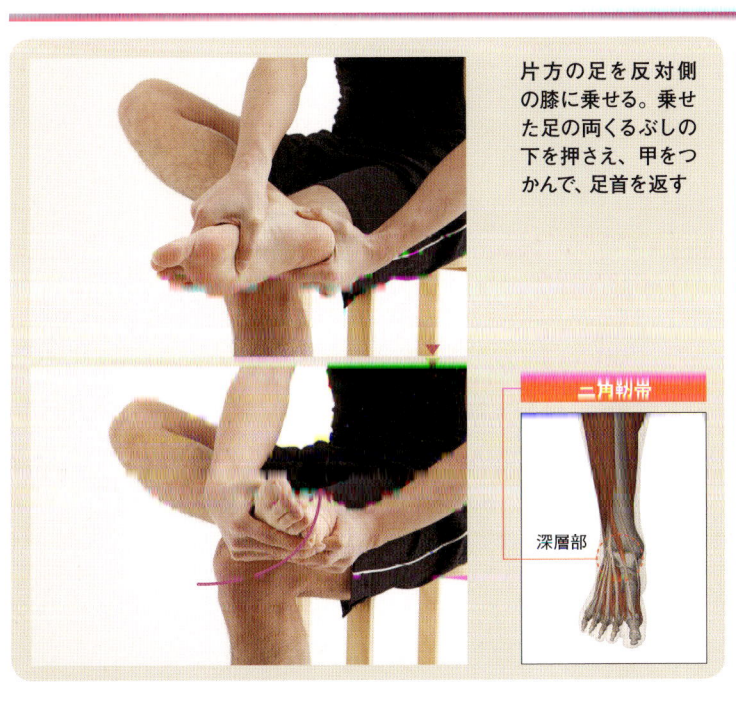

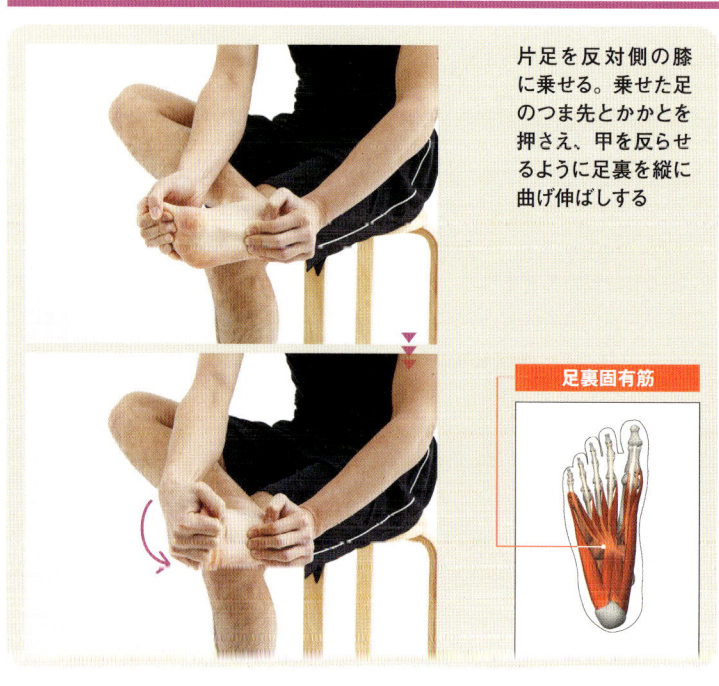

足首のストレッチ

Part 2

両手の親指で膝下を押さえ、つま先を天井に向ける

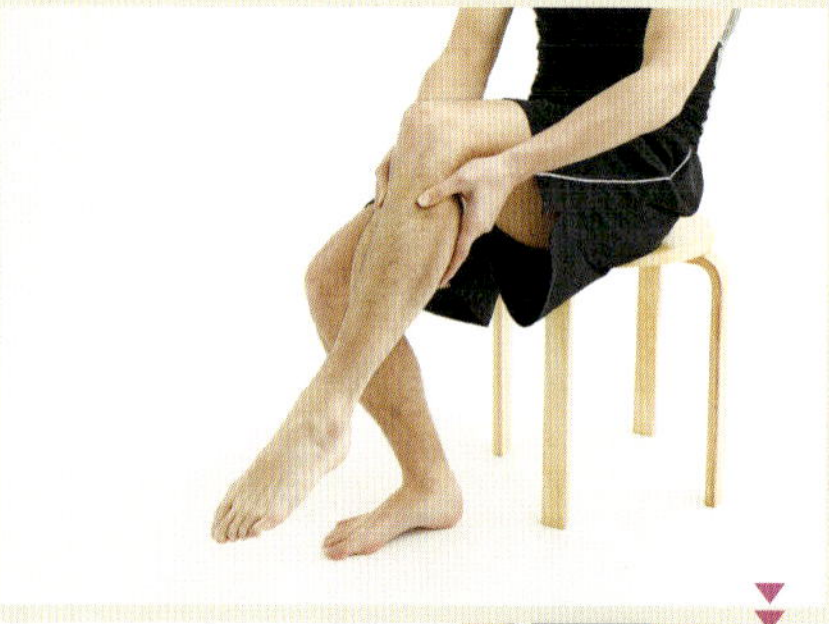

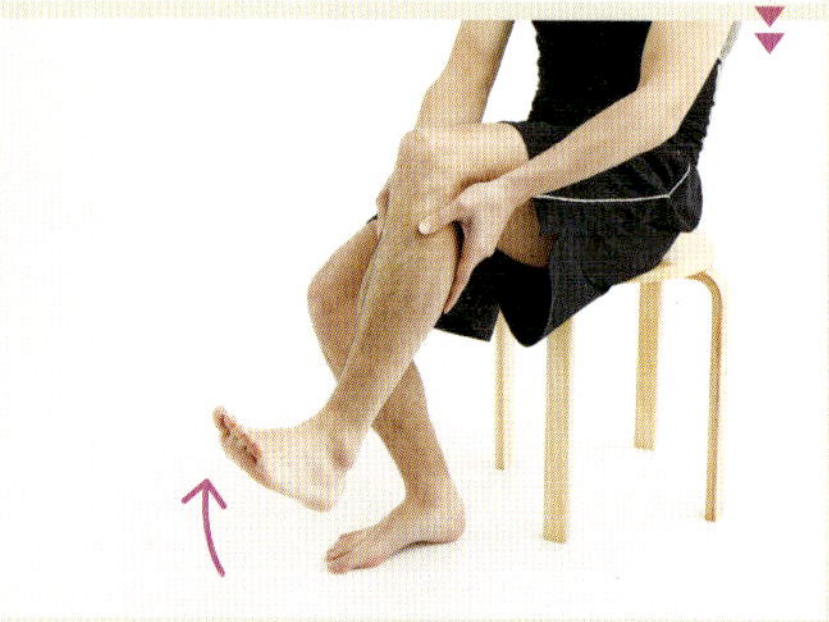

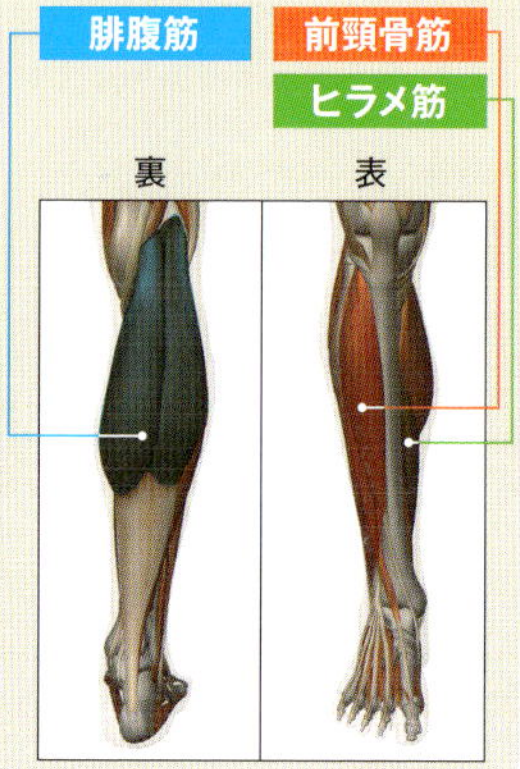

足裏のストレッチ

片足を反対側の膝に乗せる。乗せた足のつま先とかかとを押さえ、甲を反らせるように足裏を縦に曲げ伸ばしする

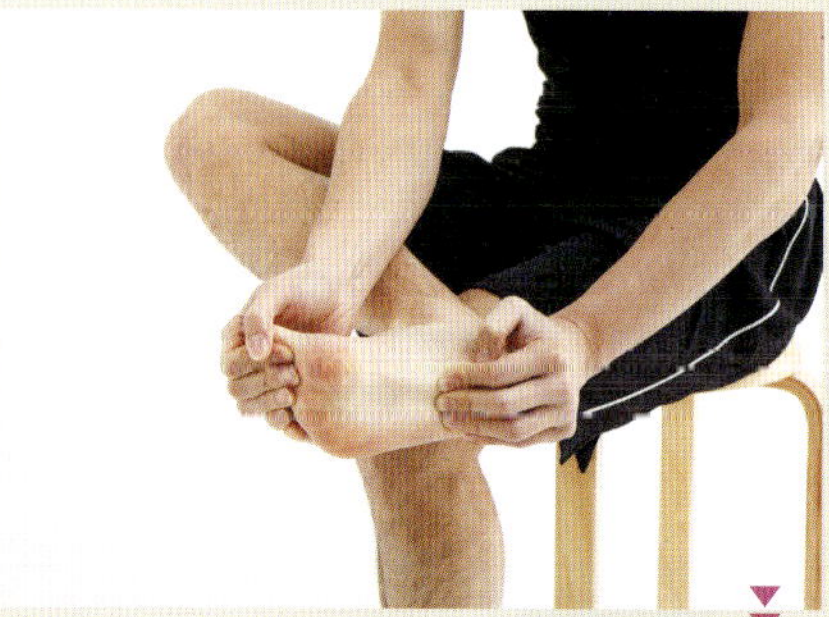

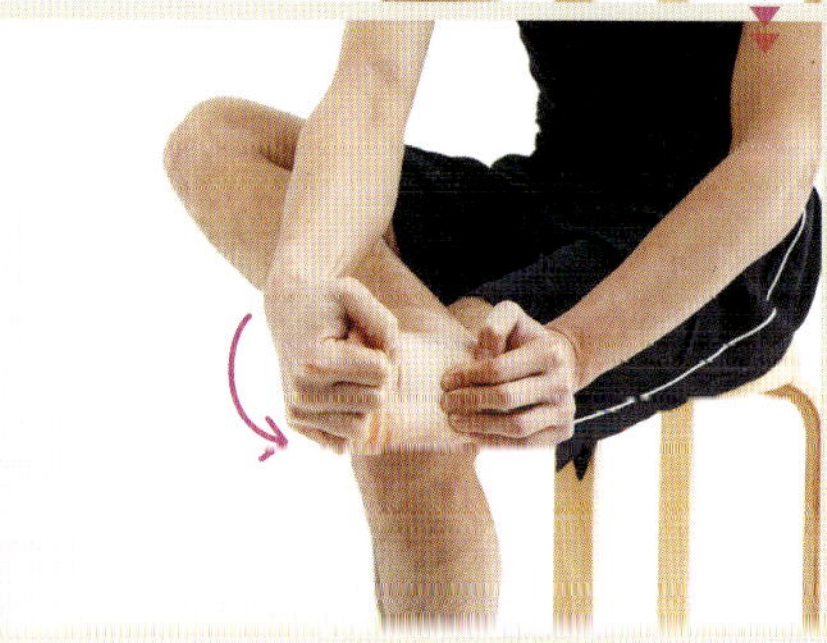

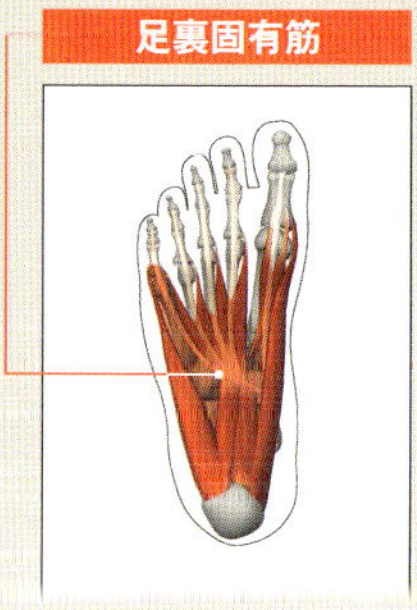

ゴルフピラティス体験談

体幹トレーニングで
脱・自己流ゴルファー！

ピラティスの体幹トレーニングを取り入れたことで、
ゴルフにどんな変化が起こったのか？
実際にレッスンを体験したゴルファーの方に、
体験談を寄せていただきました。
身体の悩み、スイングの悩み、メンタルの悩みなど、
読者の皆さんにも共通するところがあるはず。
ぜひ参考にしてみてください。

ゴルフピラティス受講生の体験談

Part. 1

「ピラティスはスイング改善に不可欠なもの」

64歳
ゴルフピラティス歴5年
松原幹生さん

自己流ゴルフ歴も40年近くなり、ゴルフ本を何百冊、ゴルフ雑誌は毎週のように読みあさり、理論は頭の中にいっぱいでしたが、今思えば頭でっかちでどれも自分のものにはなっていませんでした。調子の良い時と悪い時の差が極端で、調子を崩すと何が原因なのか分からず、本を見てあれこれ直し、これが原因かと思うと一時的には直るがまた悪くなってしまう。その繰り返しの40年、私は典型的な自己

流ゴルフ人間でした。

５年前に「奈良の杜ゴルフクラブ」のメンバーになり、やるからにはシングルを目指そうと目標を持ち、初めてプロの指導を受けることを決断しました。竹内プロのレッスンを初めて受けたときに「いろいろなタイプのアマチュアを指導していると大変でしょう」と言うと、「いえ、楽しいですよ。いろいろ勉強になりますから」とおっしゃられ、このプロはすごいなぁと思ったのを今でも思い出します。

教え方が非常に上手で、われわれが理解できる言葉を使い、生徒の悪い点を真似しながら、スイング矯正に入っていきます。私のスイングの悪い点を分かりやすく表現するために極端なスイングの真似をされるので、そんなに悪いのかと思いながらもおかしくて笑い転げていました。特徴をつかむのが上手いのです。私のスイングの欠点や直すべきポイントなどを最初から見抜いていたのだと思います。

たとえば、「次のレッスンまでに腰から腰までのスイングだけを頑張ってやってきてください」とか、右手だけのスイング、左手だけのスイングなど、多くの課題を与えられながら、私の欠点矯正プログラムが始まりました。課題を与えられると1ヶ月間同じことを繰り返し頑張ったのを思い出します。毎回のレッスンが目から鱗で、「今までの自分のゴルフはなんだったのか」と思わされました。

そんなある日、スイングと関係のないレッスンが入るようになりました。「股関節や肩甲骨まわりが硬いので、このような運動を繰り返し行なってください」、「足首を柔らかくするために、ラウンド中にこんなエクササイズをするといいですよ」というように、ピラティスとレッスンが同時進行していったわけですが、このような運動を今までやったことがなく、ゴルフスイングとどのような関係があるのか、当初はまったく理解していませんでした。腰を90度前屈させるのがやっとだったり、サンドウェッジの両端を胸の前で持ち、そのまま上に上げ、背中側に持っていくなどということはまったくできなかったのが、徐々にできるようになり、身体の柔軟性が高まり、スイングがスムーズになりました。なぜ必要なのかをレッスン中に指導されますので、理解が深まります。今ではスイング改善にピラティスは不可欠のものであり、スイングと密接に関係があることを身をもって感じています。

５年間、丁寧な指導を受け、今ではスイングが悪くなっても、その原因が理解できるようになり、自己流時代のように迷路に入ることが少なくなってきました。しかし、自分のスイングを自分で見ることができず、専門家であるプロに見てもらわないと微妙な狂いが分からないので、レッスンは続けています。

そして、レンジレッスンだけでなく、ラウンドレッスンも受けていますが、最近安定感を増してきたのはスイングの改善とピラティスによる肉体改造の両方の成果が出てきたことに加え、さらにラウンドレッスン中にメンタルトレーニングを受けているのも大きいと思います。自分自身のスイングが大きく変わったことも実感できますし、安定感が増したこともたしかです。ハンディも11になり、シングルまで今一歩のところまできており、今後も指導を受けながら目標を達成し、さらに大きな目標に向かっていきたいと思っています。

「60歳を過ぎても、シングルになれます」という言葉をレッスン当初に竹内の口からいただき、頑張ろうという気持ちになりました。楽しいレッスンなので飽きることがありません。皆さんも一度ピラティスを試されることをお勧めします。

ゴルフピラティス受講生の体験談

Part.2

「しっかりした身体ができてこそ、理想的なスイングができる」

58歳

ゴルフピラティス歴4年

山内正和さん

現在58歳の会社員である私は、平成元年にゴルフクラブを初めて握り、21年が経ちました。当初は社内の同僚が先生で、テレビ番組や雑誌でプロゴルファーのスイングを参考にして、見よう見まねで力一杯クラブを振っていました。始めたばかりの頃は、月1回、よくて月2回ラウンドする程度というサラリーマンゴルファーの典型でしたが、打ちっぱなしには週3回、行けば必ず100球～200球くらいをハアハア言いながら打っていました。そんな状態を10年ほど続けているうちに、たまに90台で回れることもあり、「やったあ！　これで大丈夫」と喜んでいると、次のラウンドでは100を超えてしまうなどスコアが安定しない日々が続きました。練習が足りないと思い込み、ふたたび打ちっぱなしに通うという繰り返しでした。間違った練習は最悪の結果しか生み出さないことに気づかずに……。

　スコアの乱高下状態が続き、「このままの状態でいいのか？」「何か間違っているのではないか？」「自分のスイングはどうなっているのか？」「間違った練習を繰り返しているのではないか？」「誰かに見てもらったほうがいいのではないか？」と悩んでいるときに、所属するクラブでレッスン会のポスターを見て思い切ってお願いしたのがピラティスを始めるきっかけでした。

　レッスンは月2回くらい、今年で丸4年になろうとしています。レッスン当初は長年染みついた自己流のスイングがなかなか抜けず、竹内プロにも大変な思いをさせたと思います。毎回のレッスンは、まずピラティスで股関節や肩関節を柔らかくし、それぞれの可動域を広げます。これによってゴルフスイングに必要な筋肉を動かすことの重要性に気づかされました。

　プロゴルファーのスイングを見て、「素晴らしい、自分もあんな風にできればなあ！」と誰しも考えると思います。しかしプロゴルファーとは身体の鍛え方が全然違うのです。レッスンでも、先生の指導内容は頭では理解できるのですが、実際にその通りにすることはなかなかできません。

　間違いだらけのスイングを矯正するのは、ゴルフスイングにふさわしい、しっかりした身体づくりができてこそだと気づいたのです。スイング軌道がフラットになっていったのは、肩関節が硬く充分に回っていなかったのが原因のひとつですし、体重移動が充分でなかったのは股関節が硬く股関節に体重を乗せることができなかったのだとやっと分かりました。

　ゴルフのスコアアップには、身体のことを熟知したプロの指導を受けることをお勧めします。先輩や同僚にローハンディの人がいて教えてもらえるとしても、身体づくりができていないと同じようにスイングはできないし、どのように指導すれば本人にとって最適かということまでは一般ゴルファーには分からないと思うのです。

　今でも、竹内プロに月2回のレッスンを受けていますが、その時に指導されるピラティスを自宅での夕食後や会社の休憩時間に実践しています。たまに妻とふたりで今まで習ったエクササイズをするのですが、「以前に比べて身体が柔らかくなったね」と言われるとなんとなく嬉しい気分になってしまいます。肩関節の可動域を広げるトレーニングを続けているせいか、同年代が苦しんでいる五十肩もいまだ経験していません。今後も基本をしっかり身につけ、スコアアップをめざし、これからの人生でも楽しくゴルフをして過ごしていきたいと思います。

ゴルフピラティス
受講生の体験談

Part.3

64歳
ゴルフピラティス歴3年
松川靖彦さん

「スイングが安定してスコアも向上」

ゴルフに親しんで20年になりますが、ゴルフ自体がとても好きなので今後も末永くプレーできればと思っていました。しかし、もともと身体が硬いうえ、スイングに悪い癖がついていたので、自分で思うよりも早い時期にクラブを置かねばならないなども感じていました。

そんな矢先、今から3年前の年齢も61歳を過ぎた頃、所属していたクラブでレッスンが始まり、竹内プロに出会いました。「永くプレーがしたいので、原点からスイングを直してください」と申し出て、2006年7月から、週1回1時間の個人レッスンが始まりました。

スイングは全面的に改造しなければいけませんでした。60歳を過ぎた身体は若い頃とは違い、なかなか言うことを聞いてくれず、教えてもらうそばから忘れてしまいますが、セットアップの仕方、体重の乗せ方、テークバック、フォロースルーの方法などあらゆる角度から矯正してもらいました。

そして、スイングとともに指導を受けたのがピラティスです。なかでもたびたび教えてもらったのが、今も続けているスクワットなどによる股関節や腹筋の運動、肩や背中の柔軟体操などです。これらは毎朝最低10分間行います。短い時間ではありますが、サラリーマンの身なので朝はなかなか時間を割けないのも現実です。しかし、確実に日課として続けました。

レッスンを始めてから半年間は、ラウンドしてもOBが5つも6つも連続したり、思うところにボールが飛んでくれず、当然スコアに繋がりませんでした。このまま改造を続けて良いものか、思い悩みました。ゴルフ仲間に「レッスンを受けても悪くなっているではないか」と、冷やかされていた時期です。私はもともと左利きですが、ゴルフは早めに右打ちに変えていました。ところが、左腕の力が強いため右の力をほとんど使えていないというクセが長い間についてしまっていたのです。これがスイングに悪い影響を与えていることは竹内プロに教えてもらって初めて分かりました。ですから、レッスンの最初には、右手一本で短いクラブを振る練習を現在も続けています。そのあとは、10ヤードずつ増やしていくアプローチ練習。その後、短いクラブから長いクラブへ順番に打っていく練習。その間に過去のラウンドで気づいた点を直してもらいました。

　ピラティスを始めてから、体重はあまり減りませんが、だんだん身体が柔らかくなっていくことを実感しました。また、初めは股関節がなかなか開きませんでしたが、今では簡単に開くように。腹筋もゴルフには大切な筋肉ですが、私が一番苦手とするところでした。しかし、竹内プロにコツを教えてもらうことで、徐々に回数をこなすことができるようになりました。

　そして、1年ほど過ぎた頃でしょうか、スコアが安定してきました。レッスンを受け始める前までは、80台が出たかと思うと次は１１０台とブレがひどく、不安定なゴルフが続いていましたが、今は悪くても１０５程度まで。90台のゴルフが多くなり、安定してきました。ハーフ30台が出る時もあるほどです。飛距離は年齢とともにダウンするものだと思いますが、維持できるどころか以前より30ヤードから50ヤードは飛んでいます。とくに方向性が良くなり、OBが激減してきているのも嬉しい点です。

　レッスンを続けてきて本当によかったと思います。正しい練習により悪いクセをとるのも大切ですが、この年齢になると筋肉量が減り、体力が落ちます。しかし、基礎的な体幹運動であるピラティスにより、思いどおりに身体が動かせるようになった点が高齢者のゴルファーにとっては非常に大きなメリットを生んでいると思うのです。

　今後は日課のピラティスにもう少し多様性を持たせ、念願の「末永くゴルフを楽しむ」という夢を実現していきたいと思います。

ゴルフピラティス受講生の体験談

Part. 4

「腰の痛みが軽減され、ゴルフが楽しめる身体に」

ゴルフピラティス歴１年

ゴルフピラティスインストラクター

太田律子さん

43歳

私がピラティスを始めたきっかけは、長年にわたって悩まされ続けてきた腰痛を治したいという切なる願いからでした。

　もともとスポーツが大好きだった私は、社会人になるとゴルフに没頭。女性ひとりでも参加できるようにと、サークルに入ってゴルフを楽しむようになりました。コースに出ると、「もっと飛ばしたい」という欲が出てきます。そこで私は毎日スポーツジムに通い、アウターマッスルを鍛えまくりました。今にして思えば腕力で飛ばそうとする典型的な手打ちゴルファーだったと思います。

　しかし、筋力に頼ったスイングでは当然ながら飛距離は伸びません。ときには筋力の弱い友人のほうが飛ばすこともあり、負けたくない一心でますます筋トレに励むようになりました。そんなふうに身体を酷使しすぎたためか、腰の痛みが出始めます。それ以来、腰痛との長い長い付き合いが始まることになります。

　なんとかして腰痛を治したいと思い、「腰に効く」と言われたことは何でも取り入れました。あるときは「腰痛を治すにはお腹の筋肉をつけるといい」という話を聞き、さっそく実践。しかし、これが大間違いでした。腰を守っているのはインナーにある腹横筋ですが、当時の私にそんな知識はありません。私は一生懸命にアウターマッスルの腹直筋を鍛え始めてしまったのです。当然ながら腰の痛みは引かず、むしろ症状は悪化するばかり。ついには椎間板ヘルニアと診断され、ゴルフも運動も一時禁止、そして数年後にはさらにすべり症と診断、くしゃみをするのもつらい状態に陥りました。

　そんなときに、わらをもつかむ思いで始めたのがピラティスです。ピラティスの考え方は私にとって衝撃と言ってもいいほどのインパクトがありました。なにしろ、これまでよかれと思って取り入れていたことが、すべて否定されてしまったのですから。

「アウターマッスルの筋トレは腰痛を悪化させるだけ。インナーマッスルを鍛えるべき」

「しなやかでやわらかい筋肉をつくることが飛距離アップにつながる」

　とにかく、すべてのメソッドが新鮮で目から鱗が落ちる思いでした。私は腰を守るためにサポーターを巻いてゴルフをしていたのですが、「腹巻きのようにお腹を囲んでいる腹横筋を鍛えればサポーター代わりになる」、ということもピラティスで学びました。

　こうして本格的にピラティスを勉強しようと心に決め、竹内プロの指導資格コースを受講させていただくことになったのです。

　現在は、インストラクターとして活動し、身体の痛みに悩むゴルファーの力になりたいと考えています。指導をしていると、腰や首の痛みを我慢してプレーしている方が本当に多いことを目の当たりにさせられます。もっとよくなる方法や予防法があるということを、少しでも多くの方に広めていくことができればと思っています。

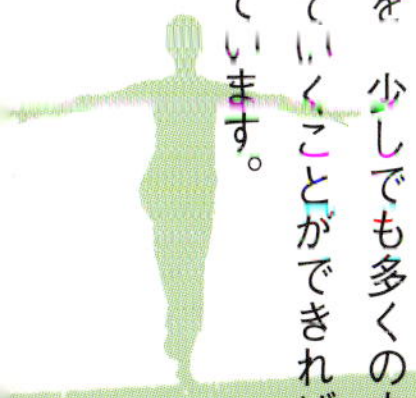

「身体の声を聞けば もっと楽に スイングできる」

あとがきにかえて

**ティーチングプロとして
レッスンに没頭していた私が
ピラティスに出会ったのは、
今から6年ほど前のことです。
たび重なる股関節の故障で、
ゴルフはおろか歩行も
ままならなくなっていた時でした。
たまたま友人とラスベガスで観た
シルク・ドゥ・ソレイユのショー。
これが私にとって大きな転機になるとは、
当時は夢にも思っていませんでした。**

ケガに泣いた日々の向こうに 最高の出会いが待っていた ゴルフとピラティスが融合するまで——

私が初めてゴルフに触れたのは、ゴルフ好きの父のクラブをおもちゃ箱から発見したときでした。

自宅近くの河川敷には「くずはパブリックゴルフ場」というコースがあり、毎年春先には外国選手を招待した「くずは国際トーナメント」が行なわれていました。父は弟を連れて大好きなトム・ワトソンを見にトーナメント会場に足を運んでいたものです。しかし、当時の私は昨今の多くのジュニアゴルファーたちのように幼くしてクラブを握っていたわけではなく、楽しみはもっぱらテニスで、ゴルフにはそれほど興味を示しませんでした。

そんな私がゴルフを始めるようになったのは大学生になってから。アメリカの女子プロ、サリー・リトルのスイングを雑誌の連続写真で見て衝撃を受けたのです。

「なんてきれいなフォームなんだろう。青空の下、こんなに美しいコースでプレーできたら気持ちいいだろうなぁ。しかもこんなふうに華麗にスイングできたらかっこいい！」

彼女に惹かれた理由は、ただ「美しい」「かっこいい」と感じたから。青空と緑鮮やかなコースでプレーできるゴルフは最高に楽しいに違いない！　と確信しました。それまではテニスやスキーなどいろいろなスポーツを楽しんでいましたが、社会人になったらゴルフも人並みにできたほうがいいだろうと思っていたので、その写真を見たときは心にパッと光が射したような気がしました。

「ゴルフを始めよう!」

でも、大学のゴルフ部に入ると合宿や遠征でとてもお金がかかると聞いていましたし、クラブやウェアなど、いろいろ初期費用もかかります。そんなことはなんとなく気が引けて親には言えず……、ゴルフ部への入部は相談することもなく、迷うこともなく自分の中でさっさとあきらめました。

結局、費用の面で割安だったテニスを続けていたのですが、あるとき、通っていたテニススクールの隣にあるゴルフ練習場に「女性ゴルフ教室 生徒募集中」と書かれた大きな垂れ幕が出ているのが目に入りました。

「これだ!」

一瞬にして、これまで心の奥底にしまっていたものが解禁となり、気づけば申し込みの手続きをしていました。

1回のレッスンで打つボールはおよそ70球。むやみに打ってしまってはもったいないので、1球ごとに素振りを10回くらいしてから大事に大事に打ちます。この方法で打っていると70球でもとても時間がかかります。しつこく素振りをするため、いつも一番最初に来て、帰るのは一番最後。「ダウンからは蛍光灯の紐を引くようにおろせ!」とか「布団たたきをするように」とか、いろいろ日常生活の動きにたとえて説明してくれるTプロのレッスンは、駄洒落も交えながらなかなか楽しいものでした。いつしかレッスンの成果が実り、しだいに5Wで150ヤードは飛ぶようになり、ドライバーも当たれば180ヤードくらいは飛んでいくようになりました。

こうして失敗しつつも楽しみながら練習に打ち込んでいきました。初ラウンドは女性ゴルフ教室のレッスンで河川敷のコース。その後、友人と回ったときには、54・62で回れたことを覚えています。これに気を良くして、ますます練習に入れ込んでいったのです。

■遅咲きのスタート

学生生活が終わり、無事商社に就職。海外勤務ができる日を夢みて社会人生活をスタートさせました。平日の女性ゴルフ教室には通えなくなったので、土曜日にプロがサービスでやっていた無料ワンポイントレッスンを目当てにあつかましく毎週出向き、練習を継続。

職場にはゴルフ好きの社員が大勢いて、上司や先輩方にコースに連れて行ってもらいました。プレーフィーはもちろん自腹です。当時1ラウンドすれば3万円くらいかかりました。ちょっともったいない気もして、ラウンドは1カ月に1回。それでもコンペには必ず参加し楽しんでいました。

私が商社に就職したのは、「一生に一度は海外で仕事をし、生活してみたい」という強い希望があったから。しかし、当時の女子社員には海外駐在の機会がないことが徐々にわかってきました。このまま人生が終われば絶対後悔すると

いう思いがどこからともなく沸き上がり、アメリカ留学を考え出したのもこの頃でした。

そんな折、父の友人と会う機会があり、その思いを伝えると、「プロゴルファーになれば海外の試合にも行けて、向こうで生活もできるし稼げるようになるかもしれない」とアドバイスされました。今にして思えば無茶苦茶な助言ですが、当時は「なるほど、そうか。ここでチャレンジしなければ後悔する」と思い、会社を辞めてプロを目指すことに。もちろん周囲はびっくりし、大反対です。会社の上司からは厳しい言葉もかけられました。

「あんたの親代わりになって言うけど、やめとき。プロになんて簡単になれるわけがない」

「何を考えているのか、ゴルフはそんなに甘いものではない」

しかし、そんな言葉に耳を貸すこともなく希望に燃える私は当時24歳。ゴルフ場を紹介してもらい、研修生として仕事をしながら練習を積むことになりました。仕事の合間を見つけてスイング練習。バッグを担いで2・5ラウンドした日もあります。こんな無謀な私を、母だけはとても暖かく支えてくれましたが、そこでも「ゴルフを冒涜している」とか「10人に聞いたら10人が無理だと言うでしょうね」など否定的なことを言う人も少なからずいました。

そんなに甘いものでないことは百も承知。「とにかくやるだけやってみる」と自分を突き動かす情熱に従い、プロゴルファーをめざす生活がスタートしたのです。

しかし、周囲には「女子プロの卵」などと言われていたものの、アマチュアローハンディーの方のほうがずっと上手で、悪戦苦闘している私を見るに見かねて声をかけてくれる方もいました。でも、私には師事しているプロがいたので、「他の人の言うことは絶対に聞かない」と心に強く決めていました。偏屈と言われようが、強情と言われようが、そのことを相手に伝え、私には構わないでくれるようにお願いをしました。「あの子は変わっている。気のきつい子や」と聞こえよがしにいろいろ言われましたが、とにかく上手くなるために必死。時間のない私には遠回りは許されないと、情けないやら、悔しいやらであふれる涙をこらえきれず、泣きながら球を打ち、不安を抱えながらも強がっていました。

■努力すれども結果が出ず

とにかく必死だった当時、今になって思い返せば社会常識からかけ離れた不義理なこともたくさんしてしまったと思います。当時お世話になった方々には、本当に心から感謝しています。同時に申し訳なかったという気持ちもありましたが、お詫びのしようもなく、今でも心の中にはいつか会ってお礼をできればという強い気持ちがあります。ただその時は、「プロになって活躍できれば恩返しできる。とにかくテストに

合格してスタートに立つことだ」と信じていたのです。

それまで試合経験もなく、周囲に親しいプロがいたり、親族にゴルフ関係者がいるわけでもなかった私。まったく未知の世界に飛び込んではみたものの、先を行く人たちに追いつき、追い越すためには並大抵の努力では到底かなわないと自覚していました。当時はトラック1杯分のボールを打ってやっと一人前と言われていた時代です。練習場の壁に憧れのプロのスイング写真を貼り付け、「いつかきっと」と思いながら理論も理屈もわからないまま、とにかくがむしゃらにボールを打ち続けました。「打ってみて分かる。疲れてからが本当の練習」と信じ、明け方のランニングに始まり、陽が落ちてからは素振りが日課。朝、身体が痛くて起きられなかったり、指が痛くて曲げられなくなるほど身体を痛めつけていました。上手くならないのは身体ができていないからだと鉄の棒を振ったりして、疲労骨折も経験しました。

楽しく過ごしたOL生活から一変して肉体強化と修行の毎日。身体がびっくりして高熱を出し、1週間入院をしたことも。現在のような科学的なアプローチもなかったのかもしれませんが、当時の私には知るよしもなく、ただ身体を痛め続けて過ごすしかありませんでした。

■ティーチングプロへの道

「とにかく3年やってダメなら諦める」と決めていた時間はあっという間に過

ぎ、気づけばゴルフ生活にどっぷり浸かっていました。「今年こそは！」と続けるうちに、あっという間に30代半ばに突入。しかし、無理な練習で、若くはない身体が悲鳴をあげるのは時間の問題でした。やがて、多くのゴルファーを悩ます腰痛、股関節痛、背中の痛みでクラブが振れなくなってしまいました。この頃、私の中にふたつの思いがぶつかり合うようになります。

ひとつは、「目標を実現したい。たとえ若くなくてもトーナメントに出られるプロになりたい。ここまできたらとことんやろう」という思い。もうひとつは、「ゴルフの道はツアープロだけではない。これからの生活を考えてレッスンの勉強をしよう」という考えでした。

そこで、悩みに悩んだ末、日本女子プロゴルフ協会（LPGA）に設立されたビジネス部門のティーチングプロ資格を取ることにしました。もともと祖母と母の後を継いで茶道・華道の指導を手伝っていた私にとって，プロをめざした時点で文化系から究極の体育会系への180度転換となりました。ここでもう一歩大好きなゴルフについてもっと深く勉強したいという強い気持ちもあり、一念発起して資格を取得。ティーチングプロの世界へと足を踏み出しました。

ところが、以前のような激しい練習をしなくなったにもかかわらず、股関節の痛みはさらに悪化。整形外科にも何度となく通いましたが原因は分からず、一時は歩行も困難になってしまったのです。

「もうゴルフもできなくなるかもしれない——」

いろいろな治療法を試したものの一向に良くなる気配はなく、そんな思いが頭をよぎるようになりました。

■ピラティスとの出会い

そんなとき、友人と旅行したラスベガスで、シルク・ドゥ・ソレイユの「O《オー》」というショーを見る機会がありました。皆さんもご存知のとおり、シルク・ドゥ・ソレイユは世界有数のエンターテインメント集団。シンクロナイズド・スイミングを取り入れた「O」のショーは、舞台の仕掛けもキャストのパフォーマンスも、見る者の想像をはるかに超えて素晴らしく、瞬く間に引き込まれていきました。

ショーに魅せられる一方で、私はパフォーマーたちのしなやかな身体つきや並外れたバランス能力にも興味を持たずにはいられませんでした。

「毎日こんなに激しいパフォーマンスをしているのに、ケガや故障がなくコンディションも抜群。いったいどんなトレーニングをしているのだろう……」

自分の身体との違いに愕然とした私は、いろいろ情報を集め、彼らが身体のケアにピラティスを取り入れて体幹を鍛えていることを知りました。ピラティスとは初めて聞く言葉でしたが、さっそくDVDを購入し、見よう見まねで実践。今になって思えば、きちんとエクササイズのポイントを理解できていたわけではなかったものの、これまでにない意識を持つことで、「内側から身体を動かす」ということを体感できたような気がしたのです。

■ピラティスの資格を取る

これをきっかけに、「自分の身体を可能な範囲でセルフメンテナンスできるようになれば、どんなに素晴らしいだろう」と考えるようになりました。周囲に腰痛や膝痛で「もうゴルフはできない」と悩んでいる人が何人かいたことも大きかったと思います。

良さがわかれば即行動。単身渡米し、全米唯一の公認資格であるネバダ州立大学のピラティス指導者養成コースを受講することになりました。

ピラティスの資格を取る人の多くは、ダンサーやトレーナーなど身体操作に深く関わる職業の人ばかりです。その中にあって、ゴルファーである私の参加は非常に珍しいケースでした。しかも、長年にわたって片方向へのスイングを繰り返してきた私の身体は、関節が硬く、センターラインも歪んでいて、理想とは程遠い動きしかできません。

しかし、それまで感じられなかった身体の内側の感覚を得て、自分の身体についてまったく気づこうとしていなかったり、理解しようとしていなかったことを痛感。身体の悲鳴を聞かず、やみくもに酷使してきたことを反省しました。それを機に、与えられた身体をいたわり、正しく使いこなせるように努力することの大切さ、思いどおりに使いこなせることの素晴らしさに気づき、身体の声に耳を傾けるようになりました。目的がはっきりして、「もうゴルフのことで自分の身体を責めたり落ち込んだりしなくていいんだ」と目の前が一気に晴れたような気持ちになりました。

こうして、ピラティス指導者の資格を取得し、スイング練習一辺倒だった考え方は１８０度変わりました。その過程でアメリカではすでにゴルフのトッププロたちがピラティスを取り入れていることを知り、自分の感覚は間違っていなかったと確信します。そして、通常のピラティスを基本として、もっとやさしく、どこでも簡単にできてスイングに直結する、「ゴルフのためのピラティス」があったらいいのではないか、と思うようになったのです。

■ピラティスをゴルフレッスンに取り入れる

ピラティスを始めてから日本のゴルフ環境を改めて見回すと、いろいろなことが気になってきました。車でゴルフ場に到着すると、コーヒーで一服。準備体操もそこそこに１番ホールへ飛び出し、いきなりドライバーでフルショット。ほとんどのゴルファーが十分なウォームアップもせずにスタートしていきます。

「あぶないな、ケガや故障につながらなければいいけれど……」

彼らを見ながら、「身体のためにもゴルフのためにも、ラウンド前や練習前に

はきちんと準備しなければいけない」ということをしっかり伝えていくのがプロとしての自分の使命だと考えるようになりました。

そんな折、ずっと心の中にあたためてきたものを提供できる機会が巡ってきました。私が副支配人として仕事をしていた「奈良の杜ゴルフクラブ」で、LPGAの勉強会を開催する機会をいただいたのです。一般のゴルファーにピラティスを取り入れてもらうには、まずプロに実践してもらうことが一番。身体をメンテナンスしながらゴルフに直結させるゴルフピラティスを、女子プロの方たちに体験していただきました。さらにアマチュアゴルファー対象のイベントも企画。「きれいになってうまくなる!」をテーマにした、なんともお得なゴルフレッスンは評判も上々で、定期的にピラティスレッスンを行なうことが決まりました。

まずは新しいエクササイズに敏感なレディースゴルファーを対象に。続いて体力と柔軟性の低下を実感している年配ゴルファーを対象に。

でも、当初は認知度も低く、なかなか理解は得られませんでした。

「ゴルフに来たのになんで体操? 早くボールを打ちたい、早くコースに出たい」。そんな生徒さんたちの逸《はや》る気持ちを抑え、準備運動の大切さやエクササイズがゴルフスイングのどの部分に役立つかを具体的に説明しました。

「短い時間で簡単に、効率よく、スイングしやすい身体をつくる」

お客さま一人ひとりのゴルフの悩みや目標をお聞きして、理想のスイングを実現するための身体づくりを少しずつ進めていきました。

■努力が実を結ぶ

粘り強く取り組んでいくうちに、はじめは半信半疑だった方も身体の内側に意識が向くようになり、スイングにも変化が現われるようになりました。結果が出ればゴルファーは嬉しいもの。効果を実感したお客さんの間で話題になり、次第に浸透していきました。

今では、「あなたのためだから」と説明し、その方に必要なピラティスを行なってもらっています。はじめにセルフチェックを行なうと、どなたも自分の身体の硬さや可動域の左右差を知って驚かれます。しかし、いざエクササイズとなると「今からでも何とかなるのでしょうか?」と半信半疑。でも、続けていくうちに意識が変わります。それまで力まかせに振ることをよしとしてきた人が、身体を効率的に使う方法やパリーをコントロールすることを覚え、軽く振ったつもりでも飛距離が伸び、スイングも安定するようになりました。スコアが縮みハンディが少なくなってきた頃には、エクササイズは習慣となって自宅でも続けていただけるようになりました。やっと私が言い続けていたことを感じ取って納得してもらえるようになったと嬉しく感じています。

■腰痛・膝痛でゴルフをあきらめかけている人へ

ゴルファーのなかには、長年にわたって腰痛、膝痛、肘痛に悩まされ、もうゴルフはできないかもしれないと思っている方もいらっしゃるでしょう。しかし、広いゴルフ場で自分の打った球を追いかけて歩く爽快感や、思いどおりに球を打てたときの喜びは忘れがたいものです。もちろん医師への相談は必要ですが、自分の身体の機能を自分の意志力で少しでも回復へと導くことができればそれに越したことはありません。

ケガや故障なく、長くゴルフを楽しむためには、まずは自分の身体を知り、自分の身体の特徴や傾向を知ることが必要です。大切なのは、本来持っている能力を最大限に引き出せるような身体の使い方をすること。プロのスイングが美しく見えるのは、動きが自然でバランスがとれているからです。バランスよく振り抜いた結果、腕がしっかり伸ばされて身体が回り切りフィニッシュも決するのです。形から作るのではなく、ヘッドの動きを感じ、自然な動きでスイングを作ること。そのための土台となる身体づくりを目標にすれば、自ずと結果はついてくるものなのです。

私は、そのお手伝いをピラティスを通してできればと考えています。とても神秘的な奇跡の人体。生きているのが奇跡的！といつも感謝しています。みなさんも、これからは自分の身体の声に耳を傾け、対話しながらその能力を自ら引き出し、日常生活はもちろんゴルフに活かしていきましょう。

最後になりましたが、今回、未熟な私に出版という機会を与えていただいたことに感謝申し上げます。これまでに培ってきたティーチングプロとしての経験、ピラティスインストラクターとして積み上げてきた経験を元に、あつかましくも「ゴルフのための体幹トレーニング」というテーマで書かせていただきました。私を突き動かしたのは、多くのゴルファーの方々が抱えている悩みを共有し、解決するアイディアを提供したいという熱い思いです。

私自身、思いどおりにスイングできない悔しさや、身体を壊したときの辛さを痛感してきました。だからこそ、本にふれた読者の皆様に楽しく元気で長くゴルフを楽しんでいただきたいと願っています。

体験談を執筆いただいた方々、推薦の言葉をよせてくださった中村悦子LPGA副会長、塩谷育代プロ、ドリー、DMJポジティバランシング、これまで私を支えてくださったすべての方々に深く感謝申し上げます。

そして今回並々ならぬお世話になった編集者の村尾竜哉さん、田辺治樹さん、デザイナーの今村ともみさんほか、スキージャーナルの皆様に心からお礼申し上げます。

最後まで読んでくださった読者の皆様、ありがとうございました。

竹内弓美子

ゴルフピラティス スタジオ案内

GOLF PILATES®

ゴルフのための 体幹トレーニングを実践しよう！

ゴルフピラティスのレッスンは下記の2ヶ所で受けられます。そのほか、ゴルフピラティス指導者資格を有するインストラクターのレッスンが、全国各地のフィットネスクラブやスタジオで開かれています。認定指導者の情報は、DMJボディバランシングのオフィシャルサイトをご参照ください。

http://www.pilates.co.jp

DMJボディバランシング　東京スタジオ

住所	〒108-0071 東京都港区白金台4-1-5
電話	03-3440-3738
アクセス	東京メトロ南北線白金台駅2番出口より徒歩5分
営業時間	平日／10:30～20:30　土・日／10:30～18:00
定休日	年中無休

DMJボディバランシング　大阪スタジオ

住所	〒541-0058 大阪市中央区南久宝寺町2-1-9 船場メディカルビル8F
電話	06-6263-7136
アクセス	地下鉄堺筋線・中央線「堺筋本町駅」より徒歩5分 地下鉄御堂筋線・中央線「本町駅」より徒歩8分 地下鉄御堂筋線・長堀鶴見緑地線「心斎橋駅」より徒歩15分
営業時間	10:30～20:15
定休日	水曜定休

竹内弓美子のゴルフレッスンおよびピラティスレッスンの情報は
下記のオフィシャルサイトにてご覧いただけます

「ゴルフを通して人の和をひろげる」
キャナリープランニング
http://www.canaryplan.co.jp

著者
竹内弓美子
Yumiko Takeuchi

京都府出身。日本女子プロゴルフ協会会員。LPGAティーチングプロ資格A級。これまでに、のべ6万人のゴルファーの指導に携わる。ケガのリハビリ過程でピラティスに出会い、ネバダ州立大学公認ピラティス指導資格を取得。2007年にピラティスの師であるドリー・ケラペスと共同でゴルフピラティスを監修。自身のゴルフレッスンに導入するほか、ツアープロへの指導も行なう。「ゴルフを通して人の和をひろげる」キャナリープランニング代表。
http://www.canaryplan.co.jp

もっと飛ばせる!
ゴルフの
体幹トレーニング
――ゴルフピラティスでブレない軸をつくる――

2010年5月10日　初版第一刷発行

著　者　竹内弓美子
[illegible]
印刷所　株式会社東京印書館
製本所　[illegible]
発行所　スキージャーナル株式会社
〒[illegible]
[illegible]
[illegible]
FAX　03-3353-7852
振替　00100-1-[illegible]

ISBN 978-4-7899-2128-2
C0075
スキージャーナル社ホームページ
http://www.skijournal.co.jp

協力
DMJボディバランシング

モデル
宮崎 京
菅原順二

イラスト
中川原 透
ラウンドフラット

スタジオ
[illegible]

[illegible]
樽川智亜希
石森孝一

デザイン
今村ともみ

編集協力
田辺治樹
[illegible]
丹羽 令

編集
村尾竜哉

大好評 発売中

スポーツ専門出版社だからできる充実のラインナップ！

スキージャーナルの本

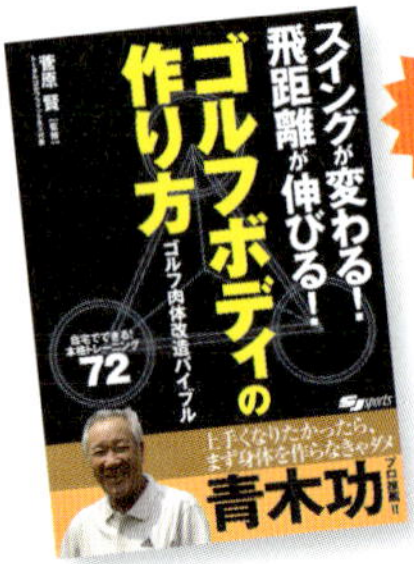

4刷出来！

スイングが変わる！飛距離が伸びる！

ゴルフボディの作り方

ゴルフ フィットネス

上田桃子プロのパーソナルトレーナーを務めた菅原賢氏が、最新理論に基づくトレーニング法を公開。本書で紹介するのは、スイングに必要な「柔軟性」「バランス」「筋力」をトータルに鍛える“トライアングル・メソッド”。ゴルフに特化したフィジカルトレーニングを網羅する画期的な1冊！

菅原 賢＝監修
定価1,470円（税込）／ISBN 978-4-7899-2118-3

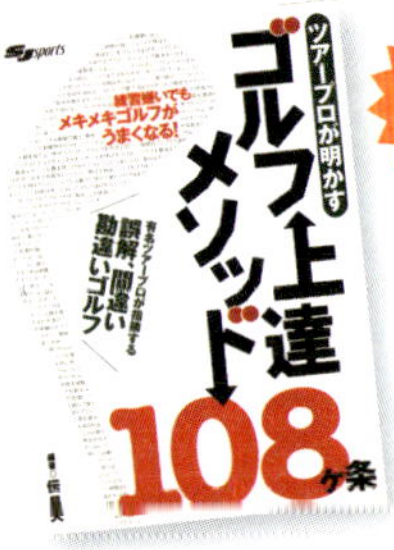

売行好調！

ツアープロが明かす

ゴルフ上達メソッド108ヶ条

ゴルフ テクニック

練習嫌いでもメキメキゴルフが上手くなる！　ちょっとしたヒントで「飛んで」「曲がらず」「寄って」「入る」ゴルフが手に入る！　小田孔明、藤田寛之、矢野東、田島創志ら14人のツアープロがあなたの誤解、間違い、勘違いを指摘するほか、とっておきの流儀を大公開！

伝 昌夫＝編著
定価1,575円（税込）／ISBN 978-4-7899-2125-1

3刷出来！

トップアスリートが実践するピラティスの効能

スポーツに効く！体幹トレーニング

体幹 トレーニング

多くのアスリートが取り入れ始めているピラティスによる体幹トレーニング。「体幹」の重要性を彼らへのインタビューから紐解き、インナーマッスル・アウターマッスルについても詳解。アスリートの意見、解剖学的解説、トレーニング方法という多方面から、徹底的に「体幹」を解明した1冊。

本橋恵美＝著
定価1,890円（税込）／ISBN 978-4-7899-2124-4

反響続々！

習熟したい人のピラティス・テキスト

ピラティスマスタリー

ピラティス エクササイズ

厳選したマット・エクササイズをしっかりマスターできるよう、図版、イラストなどを多用し分かりやすく解説。ピラティスを深く学びたい人や、フィットネスのインストラクターに向けた本格ピラティス本。ピラティス・エクササイズを知り、実践し、指導に活かすための必読書。

Amanda Terease／Marina Digby／新関真人＝共著
定価2,520円（税込）／ISBN 4-7899-2101-8

お求めは全国書店、インターネット書店、または弊社オンラインブックストアで！
オンラインブックストア　http://www.skijournal.co.jp